I0117812

9 781889 626000

# روسيا ومواجهة الغرب

### أزمة القوقاز وأثرها على العالم العربي والمسلم

## الدكتور/ باسم خفاجي

بسم الله الرحمن الرحيم

# روسيا ومواجهة الغرب

أزمة القوقاز وأثرها على العالم العربي والمسلم

تأليف

الدكتور/ باسـم خفـاجـي

الأكاديمية السياسية الوطنية

| | |
|---|---|
| الـعــنـــــــوان: | روسيا ومواجهة الغرب ..أزمة القوقاز وأثرها على العالم العربي والمسلم |
| الـمـؤلـــــف: | د. باسم خفاجي |
| الـنـاشـــــر: | الأكاديمية السياسية الوطنية |
| تـاريـخ النشر: | الطبعة الثانية، نوفمبر ٢٠١٥م |
| الترقيم الدولي: | ٠ ـ ٠٠ ـ ٦٢٦ ـ ٨٨٩ ـ ١ ـ ٩٧٨ |

## إهداء

«إلى مـن يغـارون على مستقبل الأمـة .. ومـن يريـدون لهـا
الخيـر في الدنيا والآخرة .. إلى النخبة مـن قـادة الفكـر
والـرأي الـذين بصــلاحهم يصــلح حـال عالمنـا العربـي
والمسـلم ..  وإلى مـن يحلمـون أن تصبـح أمتنـا إحـدى
القـوى المؤثرة في عـالم الغـد .. إليهم جميعًـا .. أهـدي
هذا الكتاب»

# المحتوى

**المحتوى** . . . . . . . . . . . . . . . . . . . . . ٧

**شكر وتقدير** . . . . . . . . . . . . . . . . . . . . ٩

**مقدمة** . . . . . . . . . . . . . . . . . . . . . ١٣

**الباب الأول: قراءة لواقع أزمة القوقاز** . . . . . . . . . . . . . ١٩

**أولاً: من سيربح القوقاز!** . . . . . . . . . . . . . . . ٢٣

مقدمة. . . . . . . . . . . . . . . . . . . . . ٢٣

روسيا ونهاية حقبة الإذلال . . . . . . . . . . . . . . ٢٦

الأصابع الغربية في القوقاز. . . . . . . . . . . . . . ٣٥

تغير التوازنات الدولية . . . . . . . . . . . . . . . ٣٩

**ثانيًا: روسيا وتداعيات المواجهة** . . . . . . . . . . . . . ٤٧

ماذا حدث؟ تفاصيل أزمة القوقاز. . . . . . . . . . . . ٥٧

رؤى متقابلة . . . . . . . . . . . . . . . . . . ٦٨

**ثالثًا: الأبعاد الاستراتيجية للأزمة** . . . . . . . . . . . . . ٨٣

الاقتصاد: سبب الأزمة أم مفتاح الحل! . . . . . . . . . . ٩١

مصالح أم هويات . . . . . . . . . . . . . . . . . ١٠٢

الدور الصهيوني في القوقاز . . . . . . . . . . . . . . ١٠٦

**رابعًا: نحن وأزمة القوقاز** . . . . . . . . . . . . . . . ١١٥

هل يعنينا ما يحدث في القوقاز؟ . . . . . . . . . . . . ١١٩

التاريخ المعاصر للمنطقة . . . . . . . . . . . . . . . ١٢٠

أثر أزمة القوقاز على العالم العربي والمسلم . . . . . . . . . . . . . . ١٤٤

**الباب الثاني: ملامح عالم الغد** . . . . ١٥٥

**خامسًا: معالم الحرب الباردة** . . . . ١٥٩

احتمالات عودة الحرب الباردة . . . . . ١٦٣

الحرب الباردة الثانية ١ . . . . . ١٧٢

الأقطاب الخمسة لعالم الغد . . . . . . ١٧٧

صراعات القرن الحادي والعشرين . . . . . ١٨١

التقنيات وحروب المستقبل . . . . . . . ١٨٥

**سادسًا: الاستفادة من أزمة القوقاز** . . . ١٩٧

التغيرات الدولية نتيجة أزمة القوقاز . . . . ٢٠١

الموقف العربي والمسلم من الأزمة . . . ٢٠٤

تحديد الأولويات . . . . . ٢٠٨

دروس مستفادة من الأزمة . . . . . ٢١٣

استراتيجيات عملية لصنّاع القرار . . . . . ٢١٧

وبعد . . . . ٢٢٣

**سابعًا: ملاحق ووثائق** . . . . . ٢٢٩

من هم الأبخاز؟ . . . . . ٢٢٩

هل هناك مكان للإسلام في دولة مايكل شاكسفيلي الجورجية المسيحية؟ ٢٣٣

تاريخ الإسلام في القوقاز . . . . . ٢٤٥

# شكر وتقدير

عندما تتصاعد أزمة دولية يمكن أن تغير من شكل الاستراتجيات والسياسات لعقود طويلة قادمة؛ فإن سرعة إصدار كتاب حول هذه الأزمة يصبح عملاً شاقًّا دون مساعدة وعون ودعم الكثيرين، وهذا ما حدث - بفضل الله تعالى - خلال المدة القصيرة التي استغرقها إعداد هذا الكتاب، ولهم جميعًا أتوجه بالشكر والتقدير.

أتوجه بعميق التقدير إلى وحدة الأبحاث والدراسات بالمركز العربي للدراسات الإنسانية على تبنيهم لإصدار هذا الكتاب في وقت قياسي، وإتاحة الفرصة للمؤلف ليتفرغ لإنجازه، وتقديم كل أشكال الدعم والتأييد التي تهوّن من مصاعب العمل الفكري والتحريري. كما أشكر إدارة المركز العربي للدراسات الإنسانية على العون الفكري الذي قدّمه المركز ليخرج هذا الكتاب في أفضل صورة ممكنة، فإليهم، وإلى كل من شارك في قراءة وتقييم وتحسين هذا العمل، أتوجه بخالص الدعاء إلى الله تعالى أن يبارك في عملهم ووقتهم وجهدهم.

لا يفوتني كذلك أن أشكر فريق الترجمة والإعداد والتدقيق ومراجعة النصوص في شركة ماس بالقاهرة على ما قاموا به من جهد وتفان وسرعة في الأداء وجودة في التحرير، ولولا تعاونهم الصادق - بعد الله جل وعلا - لما كان ممكنًا إخراج هذا العمل في وقته وبالشكل اللائق الذي ظهر به.

كما أشكر العديد من الصحفيين والمفكرين والباحثين الذين استفدت من أفكارهم وكتاباتهم ومراجعتهم لهذا الكتاب، وإلى من تحملوا عبء تقديم النصح طوال فترة العمل في هذا المشروع، وحرصهم على تقديم ملاحظات قيمة ومفيدة ساهمت في تحسين مستوى الكتاب، والفائدة المرجوة منه بعون الله.

وأخيرًا أدين بالشكر والعرفان والجميل لمن حولي من أسرة وأبناء وأصدقاء على صبرهم على الانقطاع والابتعاد الذي كان ضروريًا كي يخرج هذا العمل في وقت الأزمة وليس بعدها.

مشروعات الكتابة تكون أحيانًا عبئًا على الكاتب، وتكون كثيرًا فرَصًا للتعبير عن الأفكار والمشاعر والتصورات، ويمكن أن تكون الكتابة أيضًا وسيلة للتغيير أو الإصلاح. لا يحدث أي مما سبق أبدًا من مجرد الكتابة، فالكتاب يبقى فقط حبرًا على ورق إلى أن تلتقي الكلمات بأعين القراء لتتحول حينها ـ وحينها فقط ـ إلى فكرة أو مشروع أو إضافة أو غير ذلك. لذا، يستحق القارئ أعلى درجة من درجات الشكر ـ بعد فضل الله جل وعلا ـ لأنه هو من يعيد الحياة إلى الفكرة التي تحولت إلى كلمة لتعود مرة أخرى بعد قراءتها إلى فكرة حية تساهم في بناء أمة أفضل بإذن الله.

د. بـاسـم خـفـاجـي
b@Dr-Bassem.com
بورسعيد، ٦ من ذي القعدة ١٤٢٩هـ
٤ من نوفمبر ٢٠٠٨م

# مقدمة الطبعة الثانية

في أغسطس ١٩٩٩م، اختار الرئيس الروسي بوريس يلتسين، رئيس وزراء جديد اسمه فيلاديمير بوتن، لإدارة الشؤون الداخلية لدولة منهارة على جميع الأصعدة: عملتها تتهاوى .. اقتصادها متعثر .. الجريمة تجعل الحياة في المدن قاسية .. عقوبات دولية .. استهزاء مستمر من الغرب بانهيار الدب الروسي .. كان احتمال أن تعود روسيا قوية مؤثرة في عالم القوى الكبرى احتمالا بعيدًا يصعب التنبؤ به.

وخلال الأعوام الثمانية التي تلت تولي بوتن لمقاليد السلطة سواء كرئيس وزراء أو رئيسًا للجمهورية، تعافى الاقتصاد الروسي، وانخفضت الجريمة، وتماسكت العملة، وبدأت روسيا تستعيد توزانها الدولي والعسكري أيضًا. اهتمت روسيا كذلك باستعادة علاقاتها مع دول الاتحاد السوفيتي السابق، وبدا واضحا في الأفق أن الدب الروسي لم يمت بعد، وأنه يرغب في استعادة مكانته السابقة ضمن رؤية جديدة طموحة أيضًا.

في عام ٢٠٠٨م شهد العالم بداية العودة الروسية إلى التأثير على الأحداث الدولية كلاعب رئيس، وظهر ذلك واضحًا في أزمة القوقاز في ذلك العام، وكان التدخل الروسي في جورجيا مفاجئًا لكثير من المحللين والمراقبين. عاد التساؤل من جديد .. ما هي طموحات روسيا القادمة. صدر خلال ذلك العام هذا الكتاب في طبعته الأولى ليستشرف أن روسيا ستعود إلى مواجهة الغرب تحديدًا، وليس التعاون معه، أو الخضوع له، وأن هذا التغير سيحدث في الأعوام القادمة.

ازدادت القوة الاقتصادية لروسيا في تلك الفترة مع ارتفاع أسعار النفط والغاز، واستعادة الصناعة الروسية لقوتها، وعودة الحس الوطني الرافض لهيمنة الغرب إلى الظهور مجددًا في الحياة العامة والحراك السياسي، وأحكم بوتن قبضته على الحكم بشكل يصعب

توصيفه بالديمقراطي، ولكنه مع ذلك يحظى بشعبية واضحة لدى الشعب الروسي الباحث عن الاستقرار الاقتصادي من ناحية، واستعادة المكانة الدولية من ناحية أخرى.

ومع صدور الطبعة الثانية من هذا الكتاب، في عام ٢٠١٥م، يبدو المشهد أكثر وضوحًا من ذي قبل. روسيا تتدخل في سوريا وفي أوكرانيا، وتؤثر بشكل أكبر وأكثر ظهورًا في المشهد الدولي، سواء في أوربا أو في مواجهة الولايات المتحدة الأمريكية، أو في صراعات الشرق الأوسط المتزايدة والمتنامية الأطراف.

من أجل ذلك، رأينا أن إعادة طباعة هذا الكتاب، هو عمل يمكن أن يفيد القارئ في الوطن العربي، ويمكن أيضًا أن يحفز الباحثين والمفكرين على الاهتمام بالدور الروسي القادم في عالم الغد، وعلاقة ذلك بالوطن العربي والعالم الإسلامي، وكيف يمكن فهم تأثير هذا الدور وحدوده ومدى إمكانية الاستفادة منه لصالح أمتنا.

**د. باسـم خفـاجـي**
أنقرة، تركيا ٢٥ نوفمبر ٢٠١٥م

# مقدمة

هل عادت روسيا إلى خريطة القوى المؤثرة في عالم اليوم، أم أن الحرب الباردة قد عادت بين الشرق والغرب مرة أخرى؟ وهل سيكون عالم الغد بمفرداته أو معسكراته متشابهًا مع عالم الحرب الباردة الأولى، والتي استمرت ما يقارب من أربعة عقود إلى أن انتهت بسقوط الاتحاد السوفييتي، وإعلان انتصار الغرب في تلك المعركة؟ منذ عقدين من الزمان، انكفأ الاتحاد السوفييتي على نفسه بعد معارك طاحنة في أفغانستان، وتحول إلى كيان ممزق مهلل، قبل أن يسقط نهائيًّا، ويتفكك إلى عدد كبير من الدول والدويلات! ورثت روسيا معظم تراث ذلك الكيان ومشكلاته أيضًا، وسقطت في براثن الأزمات الاقتصادية والاجتماعية طوال تلك الحقبة، وحتى أعوام قليلة مضت.

ومع انتصاف العقد الأول من القرن الحادي والعشرين، ارتفعت أسعار النفط والغاز بصورة كبيرة، وروسيا من أكبر الدول المنتجة والمصدرة لهما معًا، وتزامن ذلك مع تولي فريق جديد من السياسيين لحكم روسيا، يرى أن روسيا مؤهلة لاستعادة دورها العالمي بشكل جديد ومختلف عما سبق من ناحية، وهو كذلك لا يسلم بالهزيمة السابقة للغرب من ناحية أخرى. أصبحت روسيا - تحت إدارة هذا الفريق السياسي - تترقب ذلك اليوم الذي تتمكن فيه من الثأر للهزيمة السابقة، واعتبار ما حدث في نهاية القرن العشرين مجرد جولة في الصراع بين الشرق الأوروبي ممثلاً في روسيا، وبين الغرب ممثلاً في الولايات المتحدة بالدرجة الأولى، وأوروبا أيضًا، ولكن بدرجة أقل.

بدأت روسيا في اتخاذ العديد من الخطوات الدولية التي تعبر عن هذه الاستراتيجية الجديدة التي تهدف إلى استعادة روسيا لدور عالمي بارز. لم يكن ممكنًا أن تختار روسيا عدوًّا سوى الولايات المتحدة من أجل أن تعلن عن عودتها إلى الساحة الدولية. كانت

المخاطرة في ذلك كبيرة، لذا بدأت روسيا تبحث عن مواجهة مع حلفاء أمريكا. وبدأت المناوشات الفكرية والسياسية منذ عام ٢٠٠٥م تظهر بشكل واضح في عبارات المسئولين الروس، ومن خلال مواقفهم المعلنة في المنظمات الدولية، التي سعت دائمًا وبشكل متكرر إلى إضعاف الهيبة الأمريكية، وكذلك الهيمنة الغربية على سياسات العالم.

الغرب كان منهمكًا في نفس تلك الفترة بعدد من المعارك والأولويات، ومنها مستنقع «الحرب على الإرهاب» ومغامرات احتلال أفغانستان والعراق، وتبعات إظهار العداء للإسلام ولدول العالم الإسلامي في المجالات الفكرية والاقتصادية والسياسية أيضًا. كما اهتمت الولايات المتحدة ومعها العالم الغربي تحديدًا بمشروع إعادة صياغة أو تشكيل الشرق الأوسط بشكل يناسب الطموحات الصهيو/أمريكية في إخضاع المنطقة فكريًا وثقافيًا.

تحركت تلك القوى المنافسة لنهضة العالم المسلم، والخائفة من عودة الإسلام إلى عالم الغد لتهمّش من دور الدين واللغة والقواسم العربية والإسلامية المشتركة من أجل إتاحة الفرصة للكيان الصهيوني للبقاء في المنطقة، وتهميش أو وأد روح مقاومة الاحتلال والهيمنة بدعوى أن ذلك يعد شكلاً من أشكال «الإرهاب» أيضًا. وبينما كانت الولايات المتحدة تغوص أكثر في ذلك المستنقع، وتنادي بمشروعات فاشلة على غرار الشرق الأوسط والكبير والموسع، كانت روسيا تعيد بناء كيانها الفكري والاجتماعي والاقتصادي والاستراتيجي، وتحاول بالتدريج أن تستعيد دورًا دوليًّا مؤثرًا، وأن تساهم في زعزعة التفرد الأمريكي في التأثير على المنظمات الدولية.

قويت روسيا كثيرًا في غفلة غير مقصودة من أمريكا وأوروبا، وصاحَب ذلك - وفي نفس الوقت تقريبًا - ضربات موجعة تلقتها السياسات الأمريكية، الفاشلة خارجيًّا في إدارة الحرب على الإرهاب، والمتعثرة داخليًّا في تحسين الواقع الاقتصادي الأمريكي، وغير القادرة على الحفاظ على تحالفاتها الاستراتيجية مع أوروبا كذلك. بدأت أوروبا تُظهر تململها من الأفكار المتطرفة للأصوليين من المحافظين الجدد في أمريكا، كما شاركت الصين التي بدأت تظهر كقوة عظمى اقتصاديًّا واستراتيجيًّا أيضًا في إضعاف التفرد الأمريكي على جبهات متعددة.

ومع انتصاف العِقد الأول من القرن الحادي والعشرين بدأت روسيا تشعر أن الوقت قد حان لمواجهة دولية تظهر عودة روسيا إلى مقاعد الدول الكبرى، وتعيد - من خلال هذه المواجهة - ترتيب ملفات القوى العظمى بالشكل الذي يقضي على فكرة سيادة الغرب،

ويمهّد لظهور مجتمع دولي متعدد الأقطاب تلعب فيه روسيا دورًا مهمًّا يليق بأحلام الشعب الروسي وقيادته التي لم تتخل أبدًا عن طموحات القوة والتأثير الدولي.

كانت جورجيا هي الساحة التي اندفع الطرفان الروسي والأمريكي لجعلها ملعبًا لهذه المواجهة المرتقبة، والتي خططت لها روسيا على مدى السنوات الماضية، وكانت أمريكا تعلم بذلك أيضًا. حاولت الولايات المتحدة من طرفها - بشكل غير مباشر - توريط روسيا في تلك المواجهة على أمل أن يستغل الغرب حدثًا عسكريًّا محدودًا في القوقاز لتضخيم الخوف من روسيا الجديدة، والتنادي عالميًّا من أجل تحجيم طموح القياصرة الجدد. راهن الطرفان على أن تكون جورجيا هي ساحة الفوز لطموحاتهم. إن ما حدث في جورجيا في صيف ٢٠٠٨م لم يكن فقط مواجهة بين روسيا وجورجيا .. ولكنه كان - بدرجة أهم - أول مواجهة بين روسيا وبين الغرب، وحدثت هذه المواجهة على أرض جورجيا.

لم يكن المطلوب هو هزيمة جورجيا عسكريًّا، ولكن الهدف الروسي كان يتركز في تحجيم التواجد الغربي الذي يقترب عسكريًّا واستراتيجيًّا من حدوده ومناطق نفوذه التاريخية. وفي الناحية الأخرى، كان الهدف الأمريكي هو استغلال تورط روسيا في جورجيا من أجل تخويف دول المعسكر الشرقي من تنامي الخطر الروسي، ودفعهم دفعًا إلى القبول بوجود قواعد عسكرية غربية على أراضيهم باسم مشروع الدرع الصاروخي الأمريكي.

جورجيا ليست هدفًا أو ذات قيمة حقيقة ذاتية كبرى لأيّ من الطرفين، ولكن قد يُنظر لها مستقبلاً على أنها كانت الساحة التي انطلقت منها مواجهة الحرب الباردة الثانية بين روسيا من ناحية وبين أمريكا من ناحية أخرى. وعندما يجري استخدام مصطلح «الحرب الباردة» في هذا الكتاب، فلا يعني ذلك بالضرورة أن نكون أمام نسخة مطابقة من الحرب التي انتهت في عام ١٩٨٩م بكافة تفاصيلها وتوجهاتها العقدية أو تحالفاتها. إن مصطلح «الحرب الباردة» قد يشير إلى سلسلة من المعارك السياسية والمواجهات الفكرية بين قطبين من أقطاب المستقبل. سوف تستمد هذه الحرب الجديدة بعض خبراتها من التجارب السابقة، وقد تستدعي الماضي لدعم التوجهات المستقبلية كذلك. إن استخدام نفس المصطلح لا يعني بالضرورة تطابق آليات أو أهداف أو استراتيجيات الصراع.

لن تكون الحرب الباردة هذه المرة بين معسكرين (حلف وارسو في مقابل الحلف الأطلسي)، ولكنها ستكون بوضوح بين دولتين (روسيا وأمريكا). ولن تكون هذه الحرب الباردة ذات توجه عقدي أيديولوجي حادّ (شيوعي في مقابل رأسمالي) كما كانت

الحرب الماضية، ولكنها ستكون حربًا اقتصادية وعسكرية حقيقية من أجل الهيمنة على ثروات المستقبل، ومن أجل التأثير على قرارات العالم بالشكل الذي يخدم الدول التي تدير هذه الحرب الباردة. ولن تكون الحرب الباردة في القرن الحادي والعشرين امتدادًا مباشرًا للحرب الباردة في القرن الماضي، ولكنها قد تشترك معها في سعي أطراف هذه الحرب إلى الابتعاد ما أمكن عن المواجهة العسكرية المباشرة، والتي يمكن أن تكون نتائجها كارثية على العالم أجمع.

إن مصطلح «الحرب الباردة» يعكس هنا، وفي هذا الكتاب، التركيز على بوادر مواجهة شاملة بين روسيا وبين أمريكا، ولكنها مواجهة تبتعد وتتجنب الدخول في صراع مسلح، وهي لذلك مواجهة حقيقية، ولكنها باردة من حيث إنها بين أطراف يأملون تجنب الحروب الدموية ما أمكن، وهو وجه شبه حقيقي مع الحرب بين المعسكرين الشرقي والغربي في القرن الماضي.

ليس هدف هذا الكتاب مناقشة فكرة عودة الحرب الباردة، رغم أنه يشير بوضوح إلى المعالم التي تؤيد فرضية المواجهة، ولا يتوقف بالضرورة عند مسماها أو تطابق المسمى مع مواجهة حدثت في القرن الماضي، ولن تكون بالضرورة امتدادًا لها. الهدف الأهم من هذا الكتاب هو كيف يمكن لنا في العالم العربي والمسلم أن نتفهم أبعاد هذه الحرب الباردة الجديدة، وتأثيرها السلبي أو الإيجابي على عالمنا وأمتنا.

يمكن أن يتحقق هذا الهدف من خلال خطوتين: الأولى هي التعرف على أبعاد الأزمة، والثانية هي تكوين رؤية للتعامل معها. يقدم هذا الكتاب محاولة للتوصل إلى إطار عربي مسلم لكيفية تقليل مخاطر المواجهة بين أمريكا وروسيا على المسلمين في القوقاز، وما هي الخطوات العملية التي يمكن اتخاذها للاستفادة من تلك الأزمة، وحماية الأمة من أن تتحول إلى ساحة يتصارع على أرضها قوى مهيمنة، وأن تتحول الأمة ـ عبر فهم هذه الأزمة وحسن التعامل مع إدارتها ـ إلى قطب مؤثر في عالم متعدد الأقطاب.

يتكون الكتاب من بابين رئيسين: الباب الأول يقدم قراءة لواقع الأزمة الدولية التي ألقت بظلالها على صيف وخريف عام ٢٠٠٨م من جوانبها المختلفة، ويتكون من أربعة فصول: الفصل الأول حول من سيربح القوقاز؟! وهو يقدم للقارئ رؤية إجمالية للأزمة وأبعادها الاستراتيجية والسياسية والاقتصادية. أما الفصل الثاني فيناقش تداعيات الصراع، وما حدث منذ اندلاعه. بينما يناقش الفصل الثالث من الكتاب الأبعاد الاستراتيجية للأزمة وكذلك دور العامل الاقتصادي، والهوية القومية للمنطقة، والنفوذ

الصهيوني في إشعال الصراع حول القوقاز. وأما الفصل الرابع وهو بعنوان «نحن وأزمة القوقاز»، فهو محاولة للربط بين تداعيات الأزمة في منطقة القوقاز، وبين مصالح واهتمامات العالمين العربي والإسلامي، سواء من نواحي الهوية والفكر والثقافة المشتركة، أو من ناحية العلاقات الدولية والاستراتيجية في مطلع القرن الحادي والعشرين.

أما الباب الثاني من الكتاب، فهو بعنوان «ملامح عالم الغد»، وهو استشراف مستقبلي لنتائج أزمة القوقاز وآثارها، وكيفية الاستفادة منها. ينقسم هذا الباب إلى ثلاثة فصول، وهي الفصل الخامس وعنوانه «القوقاز ومستقبل الاستراتيجيات الدولية»، ويبحث في مفهوم ومعالم الحرب الباردة الثانية، وكيف سيتم إعادة تشكيل القوى الصاعدة في العالم، وهو ما يشير إليه الكتاب تحت عنوان «الأقطاب الخمسة لعالم الغد». كما يشرح ذلك الفصل الشكل المتوقع لصراعات القرن الحادي والعشرين، وخصوصًا ما يتعلق بالتقنيات وحروب المستقبل. أما الفصل السادس فيركز على أهمية الاستفادة من أزمة القوقاز، سواء في مجال تحديد الأولويات، أو إدارة الأزمة واستثمارها نحو مستقبل أفضل للعالم العربي والمسلم، أو لتحسين فرص استقرار عالم الغد للبشرية جمعاء. يقدم الكتاب في نهاية هذا الفصل مجموعة من التوصيات العملية تحت عنوان «استراتيجيات عملية لصُنّاع القرار»، ويركز كذلك على دور مؤسسات المجتمع المدني العربي والمسلم في استشراف التغيرات الدولية، وحسن التعامل معها.

يتضمن الفصل الأخير من الكتاب باقة من الملاحق والوثائق التي تقدم المزيد من الإيضاح لأبعاد الأزمة، وتعطي القارئ فرصة أوسع لتفهم طبيعة الصراع في تلك المنطقة ومستقبله أيضًا.

لم يسع هذا الكتاب إلى سرد يوميات الأزمة، أو إعادة الحديث عن الأحداث المجردة التي شكّلت أبعادها، ولكننا حرصنا أن نقدم قراءة متوازنة وعملية لما يحدث في القوقاز، وعلاقة ذلك مع عودة المواجهة بين روسيا والغرب من ناحية، وكيف يمكن أن تستفيد الأمة العربية والإسلامية من التغيرات الدولية التي سوف تنتج عن هذا الصراع من ناحية أخرى. الأمل يحدونا أن نكون قد وُفّقنا في ذلك، وأن يكون هذا البحث مقدمة للمزيد من الدراسات الاستراتيجية العملية التي تخدم مصالح العالم العربي والمسلم، وتُعلي من شأنه. كان هذا هو هدفنا من الكتابة والبحث، فإن وُفّقنا إليه، فهذا من فضل الله تعالى، وهو الموفق والهادي إلى كل خير.

# الباب الأول: قراءة لواقع أزمة القوقاز

الفصل الأول: من سيربح القوقاز ؟!

الفصل الثاني: تداعيات الصراع

الفصل الثالث: الأبعاد الاستراتيجية للازمة

الفصل الرابع: ارتباط العالم العربي والمسلم بالأزمة

# الفصل الأول: من سيربح القوقاز؟!

«يبدو أن روسيا ستفعل ما تشاء في جورجيا، وأن الغرب عاجز عن القيام بأي شيء حيال ذلك. ففي غياب استعداد الغرب لاعتماد الخيار العسكري، تبين أن ما كان يُفترض أن يكون «كلامًا متصلبًا» من الغرب، لم يكن سوى مجرد تبجح ومراوغة».

[ ١ ]

# أولاً: من سيربح القوقاز ؟!

## مقدمة

ليس من السهل إغفال ما حدث في صيف عام ٢٠٠٨م على أنه مجرد صراع عسكري محدود في دولة صغيرة - وهي جورجيا - اعتدت على أقليات تحميها جارة قوية - وهي روسيا- التي تمثل دولة تسعى نحو العودة إلى الساحة العالمية كدولة كبرى. الأمر تعدى ذلك منذ الوهلة الأولى، وأشارت كل الدلائل إلى أن ما يحدث في جورجيا ليس أمرًا محدودًا ، وليس حدثًا إقليميًّا.

ويروَى أن الرئيس الروسي السابق يوري يلتسن لدى وصوله إلى البيت الأبيض في زيارته الأولى لواشنطن في ١٩ يونيو ١٩٩١م، وجد في استقباله على المدخل مستشارة الرئيس جورج بوش الأب في ذلك الوقت للشؤون السوفييتية، كونداليسا رايس التي فتحت باب السيارة للزائر، ولكنه رفض النزول باعتبار أن البروتوكول يقتضي أن يكون في انتظاره الرئيس نفسه، أو على الأقل أحد أركان إدارته. أمام تردد يلتسن، أغلقت رايس باب السيارة، وطلبت من السائق أن يقِلّ الضيف إلى المطار معتبرةً أن الزيارة انتهت قبل أن تبدأ ، فما كان من يلتسن إلا أن ترجل، ليبدأ بعدها عهدًا من العلاقات غير المتكافئة بين الأمريكيين والروس. واستمر ذلك بشكل أو آخر حتى بداية القرن الحادي والعشرين

عندما بدأت روسيا تتمرد على الإذلال الغربي، إلى أن كانت أزمة القوقاز في صيف ٢٠٠٨م، والتي اعتبرها العالم علامة فارقة في العلاقات الروسية الغربية.

إننا أمام إعلان روسي مدوٍّ بنهاية حقبة إذلال روسيا من قبل الغرب، وعودتها أو محاولتها العودة إلى ساحات التأثير العالمي من خلال استغلال هذا الحدث أو صناعته. البعض يسمي هذا «عودة الحرب الباردة»، والبعض الآخر يراها مقدمات فوضى دولية، ولكننا بلا شك نشهد تغيرًا ينذر بعودة أجواء الحرب الباردة، ولكن بشكل مختلف.

غداة انهيار جدار برلين صار مصطلح «الحرب الباردة» يُستخدم مسبوقًا بكلمة «انتهاء» أو «نهاية» أو ما شابههما، ثم في الأعوام التي تلت ذلك أصبحت تلازمه كلمة «السابقة»، فالحقبة التي تعبر عنها هذه «الحرب» قد انتهت ومعها أحكامها وضوابطها وتوازن القوى السائد فيها. ثم عاد هذا المصطلح إلى التداول غداة خطاب الرئيس الروسي فلاديمير بوتين في مؤتمر ميونيخ في العاشر من فبراير من عام ٢٠٠٧م، عندما وصف الولايات المتحدة بالذئب، وسلّط سهام انتقاداته لسياساتها بشكل استنفر محللي السياسة الدولية في العالم الذين اشتموا من كلامه ما ذكّرهم بالحرب الباردة.

استمرت الولايات المتحدة في عملية محاصرة روسيا عبر حلف الأطلسي ودول الجوار الروسي المباشر. كما استمر الرئيس بوتين من جهته، يساعده ارتفاع أسعار الطاقة والتعثر الأمريكي في العراق وأفغانستان، في عملية بعث الإمبراطورية الروسية من سباتها الذي دخلت فيه في عهد سلفه الرئيس يوري يلتسين. وبالموازاة راح تعبير الحرب الباردة يستفيق هو الآخر من سباته؛ ليصير متداولاً مع كل خلاف روسي أمريكي. وبمناسبة الحرب الروسية - الجورجية الأخيرة وتداعياتها، بدأ محللون كثيرون في العالم يستخدمون مصطلح «الحرب الباردة» مسبوقًا بكلمات مثل: «عودة»، «ظلال»، «ذكريات»، «انبعاث».. إلخ.[1]

البعض في الغرب راهن بسذاجة على أن روسيا اليوم ليست الاتحاد السوفييتي، وبالتالي فهي غير قادرة على مواجهة أمريكا ومن خلفها الحلف الأطلسي وأوروبا وحلفائها من دول أوروبا الشرقية. البعض الآخر من مفكري الغرب كان أكثر حكمة وروية، ونبَّه إلى أهمية قراءة الحدث بقدر من القلق والحذر.

---

[1] هل يشهد العالم حربًا باردة جديدة؟، غسان العزي، ملف جورجيا وروسيا، مقال رقم: ١٣٠٦٩، ١٠ سبتمبر ٢٠٠٨م، المركز الدولي لدراسات أمريكا والغرب، ICAWS

فمثلاً كتب المفكر الأمريكي المعروف ريتشارد هاس، وهو رئيس مجلس العلاقات الخارجية قائلاً: «روسيا قد لا تكون قوة عظمى، كما كان الأمر سابقًا، ولكن على الرغم من انخفاض عدد سكانها، فإنها مازالت قوة رئيسة، قوة مازالت في وضع يسمح لها بالتأثير في العقود الأولى للقرن الحادي والعشرين. فروسيا تمتلك ما يقرب من نصف الأسلحة النووية التي يمتلكها العالم كله، وهي أكبر منتج للغاز الطبيعي وثاني أكبر منتج للنفط في العالم، وهي دولة مصدرة رئيسة للأسلحة الحديثة، وتمتلك احتياطيات بالدولارات تصل إلى نحو ٣٠٠ بليون دولار، وبحكم مقعدها كعضو دائم في مجلس الأمن الدولي، فهي في وضع يسمح لها بتسهيل أو تعقيد قدر كبير من السياسة الخارجية الأمريكية».[٢]

خريطة رقم (١): الاتساع الجغرافي لاتحاد روسيا

اكتشف الغرب فور اندلاع الأزمة أن روسيا قد أدركت عناصر القوة التي اجتمعت لها، وأنها أدركت كذلك عناصر الضعف والتفكك التي أصابت خصمها الشرس، وهو الغرب بقيادة الولايات المتحدة الأمريكية. كانت هذه الأزمة هي نقطة النهاية للإذلال

---

٢ كيف يمكن التعامل مع موسكو، طرد روسيا من مجموعة الثماني لن يحل أي مشكلة. علينا أن نربطها بالنظام الدولي، ريتشارد هاس، مجلة نيوزويك الأمريكية، ٢ سبتمبر ٢٠٠٨م.

الروسي من قِبل الغرب، ونقطة ميلاد كذلك لعالم جديد يُعاد تشكيل توازناته واستراتيجياته.

## روسيا ونهاية حقبة الإذلال

يرى بعض المحللين، ومنهم الباحث محمد سعيد، أن للأمم دورات حياتية تشبه كثيرًا دورة الطبيعة للكائنات الحية، فهي تولد من بذور أفكار أبنائها، ومعتقدات عظمائها وطموح قادتها وزعمائها، أي أولئك الذين يصنعون الحياة لها وبها، ويبنون الآمال والأحلام من خلالها، فيروونها بأنفاسهم ودمائهم وأفكارهم، حتى تكبر وتنهض على أقدامها، لتمتد كدورة الكائن البشري ما بين قوة وشموخ، ووهن وضعف وتململ، وذلك حتى ساعة الانهيار والسقوط، أو الاختفاء وراء ستار المجهول وجدران النسيان. ولكن هناك فارق بسيط، ولكنه جذري وحاسم، ألا وهو أن لبعض تلك الأمم القدرة على ضخّ دماء الحياة من جديد إلى شرايينها الميتة، وإعادة الأنفاس إلى رئة خنقتها التحولات الحتمية والتقلبات التاريخية في مسيرة الصراع الأزلي بين الأمم، فتعود من جديد .. لتصنع لها مكانًا آخر بين أطياف الأمم الحاضرة.

ويرى هذا الباحث، المتخصص في الشأن الروسي، أن من أبرز الأمثلة الحاضرة على ذلك النوع من الأمم التي تحاول النهوض مرة أخرى كلما أصابتها كبوة أو هزيمة، هي الإمبراطورية الروسية، التي كانت نقطة بدايتها عام ١٤٨٠م. في ذلك العام أعلن إيفان الثالث، أمير دوقية موسكو، التمرد على حكم التتار، ليؤسس عبر ذلك الإمبراطورية الروسية من خلال تكوين ما عُرف في التاريخ بعملية «تجميع الأراضي الروسية». واستمرت تلك الإمبراطورية في التمدد جغرافيًّا، وتثبيت عناصر ملكها حتى أواسط القرن التاسع عشر، عندما أخذت التناقضات الخارجية بين مصالح الإمبراطورية الروسية والإمبراطوريات الأخرى كالإمبراطورية العثمانية والألمانية والفرنسية والصينية واليابانية تنمو وتتزايد على نحو مطَّرد. اضطرت الإمبراطورية الروسية إلى الدخول في حروب خاسرة استنزفت جُلّ طاقتها ومدخراتها وثرواتها البشرية والمادية، كحرب القرم في عام ١٨٥٦م، والحرب الروسية اليابانية عام ١٩٠٤م، والتي أدت بدورها إلى انهيار الإمبراطورية بشكل تدريجي.[٣] ساهمت كذلك التناقضات الداخلية كنظام الحكم

[٣] الرماد المشتعل .. روسيا نموذجًا، ملف: روسيا بين قرنين، محمد بن سعيد الفطيسي، نقلاً عن: قراءات غربية، سبتمبر ٢٠٠٨م، المركز الدولي لدراسات أمريكا والغرب، ICAWS

البوليسي الاستبدادي، والعلاقات الاجتماعية المتخلفة في تعجيل الانهيار بشكل كبير. جاءت نهاية تلك الإمبراطورية مع الحرب العالمية الأولى بتفجر الثورة البلشفية في عام ١٩١٧م، والتي أسقطت القيصر، وأعلنت قيام الوريث الجديد، أي جمهورية روسيا السوفييتية الاشتراكية، والتي عُرفت بعد ذلك بالاتحاد السوفييتي.

منذ ذلك الوقت ظهر الاتحاد السوفييتي كأحد أبرز اللاعبين المؤثرين في بناء التاريخ السياسي الحديث، ونظر إليه الجميع على أنه القوة القادمة لمعادلة القوى الوليدة، وعلى رأسها الإمبراطورية الأمريكية الحديثة. وبالفعل فقد أثبت المارد الروسي قدرةً لا يُستهان بها في ذلك الشأن، ولكنه كغيره من الإمبراطوريات لم يستطع تجاوز عقدة الهيمنة والسيطرة، وحب التوسع والاحتلال وتعميق قبضته الحديدية، وعرض عضلاته على العالم.

ويستمر الباحث مؤكدًا أنه منذ قيام الاتحاد السوفييتي على أنقاض الإمبراطورية الروسية الاستعمارية بتاريخ ٣٠ ديسمبر ١٩٢٢م، وهو يعيش تلك الأهداف الإمبريالية كغيره من الإمبراطوريات، ففي الشمال احتل فنلندا وأستونيا ولاتفيا وليتوانيا، كما احتل في الجنوب الممالك الإسلامية ومناطق شاسعة من منغوليا، كما عاد للتوسع بعد الحرب العالمية الثانية ليحتل عددًا آخر من الدول وليستعمر شعوبها، وبذلك أصبح عدد الجمهوريات التي تشكل الاتحاد السوفييتي ١٦ جمهورية، معظمها تضم شعوبًا ليس لها علاقة عِرقية أو لغوية بروسيا، إلا أن الاتحاد السوفييتي لم يكن يستطيع اتخاذ المزيد من الخطوات للتوسع؛ بسبب خوفه من الردع النووي الذي تملكه الولايات المتحدة الأمريكية. ثم جاءت المفاجأة الكبرى أن دولة بمثل هذه الإمكانيات الهائلة تنهار في أسابيع قلائل وتختفي السلطة المركزية فيها. هكذا انهار الاتحاد السوفييتي، وأُعلن سقوطه بشكل رسمي في ٣١ ديسمبر من العام ١٩٩١م.[٤]

وفي ٢٦ من ديسمبر عام ١٩٩١م، أعلن البرلمان السوفييتي حلّ نفسه والإعلان عن انتهاء الدولة، وبعدها بأربعة أيام فقط .. أي في ٣١ من ديسمبر ١٩٩١م، يعلن انتهاء الاتحاد السوفييتي عمليًّا، وتودع قباب الكرملين المطرقة والمنجل بإنزال العلم الأحمر من سمائها، لتنتهي بذلك حقبة زمنية تجاوزت السبعة عقود من الزمن، كانت لها من السمات والخصائص الكثير، وأبرزها على وجه الإطلاق أن العالم في ذلك الوقت كان يعيش

---

٤ الرماد المشتعل .. روسيا نموذجًا، ملف: روسيا بين قرنين، محمد بن سعيد الفطيسي، نقلاً عن: قراءات غربية، سبتمبر ٢٠٠٨م، المركز الدولي لدراسات أمريكا والغرب، ICAWS

حقبة الثنائية القطبية، والتي كان يتجاذبها حينها الاتحاد السوفييتي من جهة والإمبراطورية الأمريكية من جهة أخرى.

ومرت فترة عصيبة على روسيا عانت منها الأمرَّيْن من الغرب، كما عانت من قيادة سياسية لم تكن تهتم بمصالح روسيا، وإنما بمصالحها الشخصية، وهو ما ميز عصر الرئيس الروسي الأسبق، يوري يلستين. لقد ميز عصر يلتسن تقديم التنازلات للغرب من ناحية، وانخراط عائلته في الفساد من ناحية أخرى. دخل الروس في عصره في ضائقة اقتصادية لم يشهدوا مثلها أيام الحكم الشيوعي، وأخذت الهوة تتسع بين الفقراء وحيتان المال. في تلك الفترة ـ كما يذكر الباحث سمير السعداوي ـ نشأت خلية عمل من مفكرين وخبراء من الأوساط الأرثوذكسية المحافظة، لوضع خطة إنقاذ تطورت لاحقًا إلى ما يُعرف بـ«عقيدة سيرجيوس» نسبة إلى قديس يعتبره الروس حاميًا لهم في الأزمات.

هذه العقيدة الجديدة القائمة على استعادة موقع روسيا، ودورها في العالم، والتي تستند إلى مشاعر قومية ودينية (أرثوذكسية)، هي بحسب محللين، المنطلق الأيديولوجي لفريق الشباب الحاكم في موسكو اليوم، والحريص على أن يبقى قرار الروس في أيديهم، في منأى عن التدخلات الخارجية، خصوصًا من الولايات المتحدة التي تطمح في بسط سيطرتها على مناطق تفصلها عنها مئات الآلاف من الأميال، فيما تنكر على بلد مثل روسيا أن يحتفظ بنفوذه التقليدي في الدول المجاورة.[5] ولكن تلك المرحلة أوشكت كما يبدو على الانتهاء، كما يرى ذلك العديد من المحللين، وعادت روسيا قوية بالدرجة الكافي لحماية مصالحها، بل وإزعاج الغرب في مصالحه كذلك.

كتب أحدهم مؤخرًا: «تبدو موسكو وقد خرجت من بياتها الشتوي التاريخي، وبعد أن غادرت محطة مهانة جرى احتجازها فيها لسنوات، بعد انهيارات موسكو الشيوعية، وتفكك الاتحاد السوفييتي القديم، ووجود رئيس مخمور دائمًا هو بوريس يلتسين، وقد بدا الرجل كعارٍ حقيقي، وكادت روسيا تتحول أيامَه إلى مجرد بلد تابع للنفوذ الأمريكي، وزادت قوة اللوبي الصهيوني في اقتصاد موسكو، وجرت عملية نهب واسعة، واحتقار لثروة العلماء، وإفقار للجيش الروسي، وبدت روسيا وكأنها تخصصت في تصدير العاهرات لا في تصدير القاذفات .. فقد أزاح يلتسين في عملية هادئة جدًا، وبدا كقيصر روسي في لباس دستوري، وترأس الكرملين لمدتين، واستعاد فيها لروسيا معدلات نمو

[5] روسيا..طريق اللاعودة إلى مرحلة التسعينيات، سمير السعداوي، الحياة، العدد ١٦٦٠٥، ٢٠ سبتمبر ٢٠٠٨م

اقتصادي وتصنيعي كبيرة، وركّز على استعادة بريق الترسانة العسكرية الروسية، واستئناف سباق الإنتاج العسكري في المجال الصاروخي بالذات.

جرى التحول بسلاسة، فلدى روسيا موارد قوة كاملة الأوصاف ـ كما يرى الباحث ـ ومنها جغرافيا شاسعة متحكمة ممتدة من قلب أوروبا إلى الشرق الأقصى، وموارد بترول وغاز طبيعي سخية، وشعب متعلم ومدرب، وتطور صناعي يرتكز إلى قاعدة إنتاجية واسعة، ومخزون من القنابل النووية هو الأكبر، والمساوي تقريبًا لمخزون واشنطن، وتطلع شعبي روسي لاستعادة الكرامة، وتركيز للسلطة الديمقراطية في نظام رئاسي قوي، وبدا بوتين ـ مع نجاحاته ـ حائزًا على تأييد شعبي متزايد، بدا كأنه الملك وصانع الملوك في الوقت نفسه، وسلّم رئاسة روسيا لخَلَفه على طريقة الاستنساخ السياسي، اختار تلميذه ميدفيديف للرئاسة بعده، وأجرى تداولاً في المناصب معه، واحتفظ لنفسه بمنصب رئاسة الوزراء، وتكون ثنائي حاكم له إرادة واحدة هي إرادة بوتين ذاتها، وبسلوك القوة الستالينية الذي سحق بها بوتين تمرد الشيشان».[٦]

لقد أدى الرئيس الروسي الجديد ديمتري مدفيديف يوم السابع من شهر مايو ٢٠٠٨م، اليمين الدستورية ليتولى بعدها رئاسة روسيا، خلفًا للرئيس الروسي فلاديمير بوتين، والذي حكم روسيا الاتحادية لمدة ثماني سنوات خلت، استطاع فيها وبكل جدارة أن يعيد للإمبراطورية الروسية الكثير من مكانتها الدولية الاستراتيجية التي فقدتها بانهيار الاتحاد السوفييتي. وكما توقع الجميع، فقد عرض ديمتري مدفيديف على البرلمان الروسي تعيين بوتين رئيسًا للوزراء، ليبقى هذا الأخير في دائرة الضوء من جديد. وبالفعل فقد أقر مجلس الدوما الروسي «مجلس النواب» يوم الثامن من مايو ٢٠٠٨م ترشيح فلاديمير بوتين لمنصب رئيس الحكومة، وأيّد ترشيح بوتين لهذا المنصب ٣٩٢ نائبًا، في الوقت الذي يتطلب فيه إقرار الترشيح تصويت ٢٢٦ نائبًا.

عارض الترشيح ٥٦ نائبًا، ولم يمتنع أي نائب عن التصويت، لتدخل روسيا الاتحادية بعدها مرحلة جديدة من التحديات والتحولات يُتوقع لها أن تكون سنوات غير عادية.[٧] إنها ستكون بالقطع سنوات تعبر عن شكل من أشكال الانتصار الذي طال انتظاره لشعب

---

٦ صحوة السيف الروسي، عبد الحليم قنديل، صحيفة القدس، ٢٢ سبتمبر ٢٠٠٨م

٧ في ظلال الهيمنة، ملف: روسيا بين قرنين، محمد بن سعيد الفطيسي، نقلاً عن: قراءات غربية، سبتمبر ٢٠٠٨م، المركز الدولي لدراسات أمريكا والغرب، ICAWS

روسيا بعد انهيار الحلم أو الكابوس السوفييتي، وما تلاه من فوضى واضطراب اجتماعي وسياسي.

لا شك أن فكرة إذلال روسيا على يد الغرب قد أوشكت على الانتهاء، والسؤال الذي يطرح نفسه بقوة في أروقة صناعة الفكر والاستراتيجية في الغرب هو، وماذا بعد؟ يقترح الرئيس الروسي الأسبق إجابة فورية على هذا السؤال في دراسة نُشرت مؤخرًا، قائلاً: «هناك أحاديث كثيرة تدور حاليًا في الولايات المتحدة، حول إعادة النظر في العلاقات مع روسيا، بينما الحقيقة هي أن هناك شيئًا واحدًا ومحددًا، يجب إعادة النظر فيه، وهي عادة التحدث مع روسيا باستعلاء، وكأن من يتحدث معها يتفضل عليها بالحديث، دون مراعاة لوضع روسيا ومكانتها، ومصالحها».[8]

روسيا بلد قومي عانى من الإهانات، بل وتجري محاولة إهانته وجرح كبريائه كلما تيسر الأمر لواشنطن المتربعة بعدُ على عرش القوة، وذلك على نحو ما تجلى مؤخرًا عبر المغامرة الجورجية الرعناء، ومن خلال إصرار أمريكا على توسيع حلف شمال الأطلسي شرقًا وعلى إقامة منظومة الدرع الصاروخية في بولندا المحاذية لشمالي روسيا، بزعم أن هذه المنظومة موجهة ضد إيران، وهو ما يشكّل إهانة لكرامة بلد في وزن روسيا، واستغفالاً لعقل قيادته القومية الشابة، التي شاهدت بأم أعينها تفكيك الأمريكيين لكثير من المقدرات العسكرية الروسية، في مرحلة بدت وكأنها لحظة سبات تاريخية لبلاد الثلوج والدببة، استفزت منذ ذلك الوقت أعمق ما في مخزون الذاكرة الروسية من مشاعر قومية مجروحة.[9]

يوجد كذلك بُعْد آخر أظهرته الأزمة، وهو الانتقال الروسي من مجرد التصدي للإهانة، إلى مرحلةٍ أخرى تتميز بتحدي الهيمنة، كما يشير إلى ذلك باحث من الكيان الصهيوني قائلاً: «إن روسيا بتحطيمها الاحتكار الأمريكي لاستعمال القوة وحدها، وبغزوها دولة تعد صديقة للولايات المتحدة - وهو شيء لم يجرؤ حتى الاتحاد السوفييتي

---

[8] صراعات القوقاز... لا تُحلّ بالقوة، ميخائيل غورباتشوف، صحيفة الاتحاد الإماراتية، ٢٨ سبتمبر ٢٠٠٨م

[9] البعد الاقتصادي للأزمة الجورجية، عيسى الشعيبي، ٩ سبتمبر ٢٠٠٨م، ملف جورجيا وروسيا، ملف رقم: ١٣٠٦٣، المركز الدولي لدراسات أمريكا والغرب، ICAWS

على فعله قط ـ تتحدى الهيمنة الأمريكية التي نشأت بعد انكسار الاتحاد السوفييتي في الحرب الباردة».[10]

## سيمفونية الانتصار

عندما سقط حائط برلين في شهر ديسمبر من عام ١٩٨٩م سعى الغرب إلى إبراز الحدث على أنه النقطة الفارقة في المواجهة مع الاتحاد السوفييتي، وأنه بمثابة «إعلان الانتصار» في الحرب الباردة الأولى. حدثت في ذلك الوقت قصة كانت لها دلالاتها الإعلامية والفكرية أيضًا. فبدعوى التعبير عن الانتصار، نقلت وكالات الأنباء الغربية على الهواء مباشرة صور الموسيقار ليونارد بيرنستين وهو يعزف سيمفونية بيتهوفن التاسعة عند جدار برلين، وقدم الإعلام الغربي ذلك على أنها «سيمفونية النصر».

وبمرور عقدين من الزمان تجرعت فيهما روسيا أصنافًا من الإذلال الغربي إلى أن جاء صيف عام ٢٠٠٨م، واقتحم الجيش الروسي جورجيا ـ ليس للدفاع عن أوسيتيا الجنوبية كما نقلت وسائل الإعلام في تلك الأيام ـ ولكن للإعلان عن عودة روسيا إلى القوى المؤثرة في العالم، ونهاية حقبة الإذلال الغربي. وقد قال الرئيس الروسي ديميتري ميدفيديف لمجموعة من قدماء محاربي الجيش الأحمر في كورسك في تلك الأيام: «نحن لا نريد أن نفاقم الوضع الدولي. ما نريده ببساطة هو الاحترام لدولتنا، ولشعبنا، ولقيمنا».[11]

لم تنس روسيا ما حدث في ديسمبر ١٩٨٩م، ولم ينس قادة روسيا القصة الرمزية التي حدثت عند أسوار حائط برلين المتهاوي في ذلك الوقت. وبين ركام تسخينفالي، عاصمة أوسيتيا الجنوبية، رفع فاليري غيرغييف، المولود في أوسيتيا، والذي يعتبر أشهر موسيقار روسي عصاه الموسيقية، وانطلق يعزف سيمفونية لينينغراد التي ألّفها شوستاكوفيتش، وشاهد ذلك العرض ملايين من الروس عبر الأقمار الصناعية.

لم ينقل معظم وسائل الإعلام الغربية الحفل؛ لأن الغرب أدرك في ذلك اليوم أن الحفل الموسيقي ليس مجرد احتفال بتوقف المعارك في أوسيتيا، ولكنه احتفال ببدء «الحرب الباردة» الجديدة، أو الجولة الثانية منها بين روسيا وبين أمريكا في هذه المرة، وهو

---

[10] طموحات الدب الروسي، شلومو بن عامي، يديعوت احرونوت، ٩ سبتمبر ٢٠٠٨م، نقلاً عن: ملف جورجيا وروسيا، ملف رقم: ١٣٠٦٣، المركز الدولي لدراسات أمريكا والغرب، ICAWS

[11] روسيا تفرض احترامها، حرب بوتين كثّفت الحوار حول مستقبل الأمة، أوين ماثيوز، مجلة نيوزويك الأمريكية، ٢ سبتمبر ٢٠٠٨م.

كذلك يؤرخ لنهاية مرحلة بدأت بعزف سيمفونية غربية عند حائط برلين المتهاوي في عام ١٩٨٩م، وانتهت بعزف سيمفونية أخرى .. روسية هذه المرة .. بين حطام مدينة تسخينفالي في صيف عام ٢٠٠٨م.

الغرب كان دائمًا يسعى إلى إبقاء روسيا ضعيفة ومهلهلة ومنكفئة على نفسها. ولكن الأزمة الأخيرة مع جورجيا أكدت للعالم ليس فقط أن روسيا لم يعد من السهل إذلالها، ولكنها أكدت كذلك على أنها تريد أن يعرف العالم الغربي تحديدًا ذلك.

ويرى ديمتري ترينين، كبير الباحثين في مؤسسة كارنيجي للسلام الدولي في أمريكا، ومؤلف كتاب Getting Russia Right «فهم روسيا بصورة صحيحة» أنه «حتى الحروب الصغيرة يمكن أن تكون مفاصل مهمة. فالحرب الأخيرة في القوقاز كانت بمنزلة نهاية لحقبة سعت فيها موسكو، بقوة متداعية، لإدخال نفسها في نظام أمني مشترك مع الغرب، فيما كان الغرب، الذي كان يحاول «التعاطي مع موسكو» يقوم في الغالب بإدارة انحدار روسيا».[١٢]

تعاطَف العالم العربي والمسلم مع هذه الإفاقة الجديدة للكيان الروسي، وعبر عن ذلك العديد من الباحثين والمفكرين عبر وسائل الإعلام العربية، ومثال ذلك ما قاله أحدهم: «إن الشعب الروسي، الذي شعر بالذل من بيع كل من الرئيس غورباشوف والرئيس يليتسن لمصالح أمته ذات التاريخ العظيم، والذي شعر بالإذلال تلو الآخر خلال العقدين المنصرمين، قد قال أخيرًا بالروسية مترجمة إلى الأمريكية «كفاكم .. كفاكم» enough is enough، وهكذا بدأت صفحة جديدة من التاريخ! بل ربما هي في واقع الأمر تكرار لما جرى عبر التاريخ من تنافس محموم (حرب باردة) بين القوى الكبرى، وهو ما كان ينتهي في غالب الأحوال إلى حرب فعلية.[١٣]

الأمر كان له خلفياته المعاصرة أيضًا. فلقد شكَّل إصرار الغرب على استقلال إقليم كوسوفو بداية تحول الإدراك الروسي لمساس الغرب بأمنه القومي بشكل واضح، وراح

---

[١٢] تتحرر من أمريكا، الإجماع في واشنطن يتمثل في أنه يجب وقف عودة وصعود روسيا كقوة متمردة تسعى إلى الانتقام قبل فوات الأوان، ديمتري ترينين، مجلة نيوزويك الأمريكية، ٢ سبتمبر ٢٠٠٨م.

[١٣] الروس للأمريكيين: كفاكم!، محمد حسين اليوسفي، صحيفة البيان الإماراتية، ٥ سبتمبر ٢٠٠٨م، العدد ١٠٣٠٦

هذا الإدراك يتصاعد إلى أن وصل ذروته مع إصرار الغرب على ضم جورجيا وأوكرانيا إلى حلف شمال الأطلسي، وإصرار أمريكا على تفعيل خطة منظومة الدرع الصاروخي.[١٤]

**تغير الخطاب الروسي**

تعتبر الحروب والأزمات عادة فرصة مناسبة لتغيير معالم الخطاب الإعلامي والسياسي للدول التي شاركت في هذه الأزمات المسلحة. ففي الحروب، تنبعث الحماسة في أوساط الشعب، وتتأجج المشاعر الوطنية. وبحسب استطلاعات الرأي الأخيرة، غمرت الفرحة الروس إثر اقتصاص جيشهم من الجورجيين، وتجاهله موقف أمريكا، ومنظمة حلف شمال الأطلسي، وأوكرانيا وغيرها من الدول.[١٥]

لقد رصد الباحثون والمفكرون تغير طبيعة الخطاب السياسي الروسي خلال الأعوام الماضية من خطاب تصالحي، إلى خطاب يبحث عن المواجهة من أجل إعادة مكانة روسيا الدولية. وتذكر باحثة عربية أن «روسيا قد لا تكون في مزاج الإجماع، وإنما قد تلجأ إلى نقيضه. لهجة السفير الروسي فيتالي تشيركين ازدادت حِدّة نحو مختلف الملفات، ورافقتها نكهة الإيحاء بأن هناك ترابطاً ما بين المواقف من المسائل المطروحة أمام المجلس، أقله لناحية المقايضات في التفاهات».

ويلخص هذا الواقع الباحث الروسي أنطون أوريخ قائلاً: «إن ما حدث في حرب القوقاز الأخيرة، إنما يمثل فرصة ذهبية لروسيا للانتقام من الغرب، وإعادة اعتبارها في الساحة الدولية؛ رداً على الإهانات والصفعات الكثيرة التي تلقتها في عقر دارها وفضائها الإقليمي جراء تمادي حلف الناتو الغربي وتطاوله على حرمة بيتها وحدودها، واستخفاف الغرب بها عندما اعترف باستقلال إقليم كوسوفو، رغماً عنها وبخلاف رغبتها. لقد بلغ تهديد الدول الغربية لروسيا حد تبني ودعم الثورات الملونة التي قامت في محيطها الإقليمي، كالثورة الوردية في جورجيا عام ٢٠٠٤م، والثورة البرتقالية في أوكرانيا عام ٢٠٠٣م، واللتين شهدتا حلول حكومات تميل إلى الغرب محل الحكومات التي كانت تميل إلى روسيا.

يعني هذا أن الذي يجري في القوقاز بالنسبة إلى روسيا ليس مجرد رد فعل على خطأ ارتكبته جورجيا في أوسيتيا الجنوبية، بل هو تحول نوعي في سياستها الإقليمية والدولية،

---

[١٤] هل تشكل أزمة جورجيا نقطة تحول في النظام الدولي؟، حسن نافعة، صحيفة الحياة، لندن، ٣ سبتمبر ٢٠٠٨م

[١٥] بماذا يخوض معسكر روسيا الحرب المرجوة؟ أنطون أوريخ، موقع يجيدنيفني جورنال الإلكتروني الروسي، ٩ سبتمبر ٢٠٠٨م

لدرجة أنها أعلنت عن عدم حاجتها للعلاقات مع حلف الناتو، مبدية في الوقت نفسه استعدادها لقطع علاقات التعاون، ووقف التنسيق مع هذا الحلف في جميع المسائل العسكرية والسياسية، في إشارة إلى عودة هواجس الحرب الباردة».[١٦]

هناك إجماع سريع بدأ يتبلور في أوساط النخب السياسية الروسية على أنواعها، مفاده أن الغرب لا ينوي لا منح روسيا الدور الدولي الذي تستحق في الشؤون العالمية والإقليمية، ولا حتى دمجها في نظامه المتعولم، وهو كما فكّك الاتحاد السوفييتي في السابق، ينوي الآن تفكيك الاتحاد الروسي نفسه وخنق الأمة الروسية بأنفاسها الداخلية.

ويرى باحثو مركز الخليج للدراسات الاستراتيجية أن روسيا تحاول من خلال الحضور المكثف في العديد من الأزمات والقضايا، إعلان بداية حقبة جديدة في تاريخها.. حقبة تتخذ فيها مواقف تتحدى الهيمنة الأمريكية المطلقة، وتؤشر إلى نشوب حرب باردة جديدة تسير وفق معادلات للقوى تختلف بشكل أو بآخر عن تلك التي كانت سائدة من قبل.[١٧]

إن روسيا وارثة الأمجاد السوفييتية الغابرة، ذات المصادر الطبيعية الوفيرة، هي اليوم غير ما كانت عليه غداة تفكك القوة العظمى الثانية في العالم. فهي اليوم أول بلد مصدّر للغاز، وثاني بلد مصدّر للنفط، بدخل يومي يبلغ نحو ألف مليون دولار يوميًا، مما يعني أن روسيا الجديدة هي في وضع اقتصادي أفضل بكثير مما كان عليه الاتحاد السوفييتي السابق، ليس فقط بناتج محلي إجمالي يزيد عن ترليوني دولار سنويًا، وفوائض مالية يفوق حجمها قدرة استيعاب الاقتصاد الروسي على توظيفها، وإنما أيضًا بفوائض اقتصادية وتجارية وغذائية أخرى، لعل أكثرها دلالة أن روسيا باتت اليوم تصدّر القمح فيما كان الاتحاد السوفييتي يستورده من الولايات المتحدة ذات عهد مضى وانقضى، ويا للمفارقة الفارقة في صراع الإرادات بين الأمم.[١٨]

الغرب لم يكتف فقط خلال العقود الماضية بإذلال روسيا ومحاولة إخضاعها، بل إنه حاول تحجيم روسيا جغرافيًّا أيضًا، من خلال إحاطتها بسياج من الدول الموالية للغرب، أو

---

١٦ حرب القوقاز وهواجس الحرب الباردة، د. هايل ودعان الدعجة، صحيفة الرأي الأردنية، ١٦ من سبتمبر ٢٠٠٨م

١٧ حرب باردة جديدة بأدوات مختلفة واستراتيجيات متنوعة، مركز الخليج للدراسات الاستراتيجية، نشرة قراءات غربية، المركز الدولي لدراسات أمريكا والغرب، ٢ سبتمبر ٢٠٠٨م.

١٨ البعد الاقتصادي للأزمة الجورجية، عيسى الشعيبي، ٩ سبتمبر ٢٠٠٨م، ملف جورجيا وروسيا، ملف رقم: ١٣٠٦٣، المركز الدولي لدراسات أمريكا والغرب، ICAWS

تشجيع معاداة تلك الدول للنهج الروسي سياسيًّا واقتصاديًّا وثقافيًّا أيضًا. سعى الغرب لكي تكون الدول المحيطة بروسيا دولاً موالية للمصالح والأهداف الغربية، ولم تقبل روسيا ذلك بسهولة حتى في فترات ضعفها وكبوتها، وتسعى الآن جاهدة لإعادة تشكيل المنطقة لمقاومة تلك التوجهات الغربية.

## الأصابع الغربية في القوقاز

تمتد الأصابع الغربية في القوقاز منذ بدايات الحرب الباردة في منتصف القرن الماضي، وارتبطت دائمًا بمحاولة تحجيم روسيا التي تمددت منذ منتصف القرن الماضي لتصبح الاتحاد السوفييتي. يذكر الباحث الدكتور مازن النجار ذلك قائلاً: «بدأت الحرب الباردة بين المعسكرين السوفييتي والغربي في ١٩٤٨م عقب الانقلاب الشيوعي في تشيكوسلوفاكيا. وهكذا انضمت دول أوروبية أخرى إلى الحلف، بما فيها ألمانيا التي أعلنت انضمامها عام ١٩٥٥م، بعد إعادة إعمارها وتسليحها. وبعدها بعقود شهد الحلف انهيار حائط برلين، وما تبعه من اهتزاز أركان الاتحاد السوفييتي الذي قبل مكرهًا بوحدة ألمانيا ووحدة القارة الأوروبية بأسرها.

حدث ذلك في ١٩٨٩م في ظل إدارة جورج بوش الأب، الذي استطاع إقناع نظيره السوفييتي ميخائيل غورباتشوف، بأن في وحدة شطري ألمانيا، بجانب استقلال أوروبا الشرقية، ما يخدم المصالح الاستراتيجية الروسية. ولم يقبل غورباتشوف بتوحيد ألمانيا وهدم حائط برلين إلا بعد أن اطمأن إلى عدم اعتزام حلف الأطلسي توسيع نفوذه شرقًا، أو بعبارة محددة قالها وزير الخارجية الأمريكي آنذاك جيمس بيكر: «لن يتوسع الناتو شرقًا ولا بمقدار بوصة واحدة». ولكن الذي حدث هو أن واشنطن نكثت بوعدها ذاك لاحقًا عدة مرات. كانت البداية من قبل إدارة كلينتون، ثم بعد ذلك من قبل إدارة جورج بوش الابن الحالية. واليوم تمدد التحالف العسكري الذي تقوده الولايات المتحدة ليشمل تخوم الحدود الروسية الغربية برمتها، من خليج فنلندا شمالاً إلى البحر الأسود جنوبًا».[١٩]

---

[١٩] غطرسة القوة: مشروعات توسع حلف الأطلسي واستفزاز روسيا، مازن النجار، باب: دعوة للحياة، جريدة الوسط، ٢٧ سبتمبر ٢٠٠٨م، http://www.el-wasat.com/life.php?id=55533324

كما لا يمكن تجاهل الدور الأمريكي المباشر في سقوط الاتحاد السوفييتي، وهو دور اعترفوا به بعد سقوط الاتحاد السوفييتي، وزوال مبررات الكتمان والسرية حول ذلك الدور.

فعندما سئل السياسي والخبير الاستراتيجي الأمريكي زيبنغو بريجينيسكي، وهو أستاذ السياسة الأمريكية الخارجية في كلية الدراسات الدولية المتقدمة في جامعة جونز هوبكنز الأمريكية، ومستشار الأمن القومي في عهد الرئيس جيمي كارتر عما إذا كان نادمًا على دوره خلال تلك الحقبة، والذي نتج عنه انهيار الاتحاد السوفييتي، أجاب: «أندم على ماذا؟ على فكرة رائعة كفلت استجلاب الدب الروسي إلى المستنقع الأفغاني، وتريدني أن أندم؟ ففي اليوم الذي اجتاح فيه الجيش السوفييتي الحدود الأفغانية، أبرقت إلى الرئيس كارتر قائلاً: «الآن لدينا فرصة إهداء الاتحاد السوفييتي «فيتنامه» الخاص به، وبالفعل فقد تكبدت موسكو طوال عشر سنوات عناء حرب لا طاقة لها على احتمالها، وهوت معنويات جيشها في البدء، ثم انهارت الإمبراطورية السوفييتية برمتها بعد ذلك».

خريطة رقم (٢) جورجيا والمناطق المتنازع عليها

وعبر عن نفس الفكرة بريجينيسكي في سياق آخر قائلاً: «جاءت هزيمة الاتحاد السوفييتي نتيجة اثنين وأربعين عامًا من جهد الحزبين - الجمهوري والديمقراطي - الذي امتد عبر رئاسات هاري ترومان، وداويت أيزنهاور، وجون كينيدي، وليندون جونسون، وريتشارد نيكسون، وجيرالد فورد، وجيمي كارتر، ورونالد ريجان، وجورج اتش دبليو بوش. قدم كل رئيس أمريكي تقريبًا بطريقة مختلفة مساهمة كبيرة في النتيجة .. فقد عزز دوايت أيزنهاور حلف الناتو، ولم يتحد جون كيندي محاولات الكرملين تحقيق اختراق استراتيجي في أثناء أزمتي برلين وكوبا في أوائل الستينيات فحسب، وإنما أطلق أيضا السباق إلى القمر، وهو ما استنزف الموارد السوفييتية، وحرم الاتحاد السوفييتي من انتصار سياسي ذي مغزى أيديولوجي قوي سعى إليه بشده». إن السياسة الأمريكية تجاه ذلك الخصم لم تتغير أبدًا في جوهرها مع تعاقب واختلاف الحكومات والرؤساء، وهو ما يجب أن يعيه كل من يحاول فهم السياسات الخارجية الأمريكية في عالم اليوم.

ومع عودة روسيا تدريجيًّا إلى ساحات التأثير الدولي، حاول فلاديمير بوتين مرارًا استمالة الغرب، وتجنب عودة العداء بين المعسكرين الشرقي والغربي، ولكن باءت معظم محاولاته ليس بالفشل فقط، ولكنها امتزجت من الغرب بقدر من السخرية والتهكم والتهميش أيضًا، وهو ما ساهم بشكل مباشر في استعادة روسيا للروح القومية ونهضة الهوية الروسية مرة أخرى بين عموم المجتمع. وفي هذا السياق يقول فياشسلاف نيكونوف، وهو باحث في العلوم السياسية، ومستشار دائم لدى الكرملين، متحدثًا عن إعادة النظر في السياسات بعد الثورات الملونة، بأن «أوهام بوتين قد تبددت عن أمريكا، فمهما بلغ حجم الدعم الروسي للولايات المتحدة، كانت واشنطن وستظل على نفس الموقف العدائي لروسيا، ومنذ ذلك الوقت، تزايدت المخاوف من التطويق الغربي مع فتح حلف شمال الأطلسي «ناتو» أبوابه أمام عضوية جورجيا وأوكرانيا، وسعيه إلى وضع درع دفاعي مضاد للصواريخ في بولندا وجمهورية التشيك».

لقد اعتبر تعليق الحكومة الروسية لمعاهدة الحد من انتشار القوات التقليدية في أوروبا بتاريخ الأول من يوليو ٢٠٠٧م تمردًا غير متوقع من قبل الإمبراطورية الروسية، ونموذجًا مستحدثًا لسياسة استثنائية قادمة تواكب التغيرات التي حدثت على الصعيد الدولي بشكل عام، وتجاه الإمبراطورية الأمريكية على وجه الخصوص. وقد وصف بيان أصدره الكرملين الأسباب التي دعت لاتخاذ هذه الخطوة بـ«ظروف غير عادية ... تهدد أمن الاتحاد الروسي، وتستوجب إجراءات فورية تجاهه». وفي نفس الوقت أضاف الزعيم الروسي الأخير للاتحاد السوفييتي جورباتشوف، والذي وقَّع هذه المعاهدة باسم الاتحاد

السوفييتي عام ١٩٩٠ في تصريح له قائلاً : «إنه من غير المفهوم أن تبقى روسيا البلد الوحيد الذي ينفذ هذه المعاهدة، بينما لم تقم الأطراف الأخرى إلا بمجرد التوقيع عليها».. وأوضح جورباتشوف أنه مما يزيد من حدة المسألة الإصرار على نشر عناصر للدرع الصاروخية الأمريكية في أوروبا الشرقية، وهذا ما ينتقص من حقوق روسيا، مؤكداً أن قرار الرئيس بوتين مبرر تماماً وهو ليس قراراً انفعالياً، وهو ما يؤكد أن هناك صحوة روسية شعبية وقيادية، تهدف إلى ترسيخ مكانة هذه الإمبراطورية، وإعادة مكانتها وهيبتها التي افتقدتها بسقوط الاتحاد السوفييتي.[٢٠]

لقد أدركت روسيا بوضوح أن الأصابع الغربية تعبث بكل المصالح الروسية في منطقة القوقاز، وأنه لا نهاية لطموح أمريكا إلا بالتصدي له، وأن الحوار ليس هو الطريق الأمثل لتحقيق ذلك. بدأت بعض الدول الغربية في الوقت نفسه في مراجعة مواقفها على ضوء تصاعد الأزمة الراهنة، ومحاولة الانفكاك من أسر الموقف الأمريكي المتشدد والمعادي لروسيا أيضاً. عبّرت عن هذا التغير أحد الصحف الألمانية في افتتاحيتها قائلة: «لم تسع الولايات المتحدة الأمريكية ولا حلف الناتو ولا الاتحاد الأوروبي إلى سلوك طريق الحوار، وكانت الفرصة متاحة لذلك في المجلس المشترك بين الناتو وروسيا وفي قمة مجموعة الثماني. لكن الغرب وقف موقف المعاند وضرب المقترحات الروسية بشأن المصالح المتبادلة عرض الحائط. لقد آن الأوان للعودة إلى أخذ الكرملين كشريك حوار مأخذ الجد، بدلاً من توجيه اللوم إليه. وهنا فإن على ألمانيا بوجه خاص أن تلعب دوراً مهماً؛ إذ إن قربها الجغرافي من روسيا يحتّم عليها أن تقوم بدور الوسيط، كما أنه ليس من مصلحتها نشوب حرب باردة جديدة».[٢١]

يظن الكثير من المحللين والمراقبين أن وقت الحوار البنّاء والتعاون بين الغرب وبين روسيا قد مضى إلى غير رجعة في الحقبة القادمة، وأن المواجهة قد أصبحت هي الخيار الوحيدة والأمثل للطرفين أيضاً، وهو ما سيتسبب في إعادة تشكيل منظومة العلاقات الدولية في ظل التوازنات الجديدة القائمة على المواجهة، وليس على الحوار بين روسيا وأمريكا.

---

[٢٠] الرماد المشتعل .. روسيا نموذجاً، ملف: روسيا بين قرنين، محمد بن سعيد الفطيسي، نقلاً عن: قراءات غربية، سبتمبر ٢٠٠٨م، المركز الدولي لدراسات أمريكا والغرب، ICAWS

[٢١] تداعيات أزمة القوقاز، افتتاحية صحيفة باديشي نويستي ناخريشتن Badische Neueste Nachrichten الألمانية، ٢٩ أغسطس ٢٠٠٨م.

وهناك قناعة أصبحت راسخة عند السياسيين الروس، وحتى بين أنصار التفاهم مع الغرب منهم، أن العالم الغربي يريد إحراج روسيا، والتهوين من شأنها. يقول الرئيس الروسي الأسبق ميخائيل جورباتشوف معلقاً على رد الفعل الغربي على الأزمة الأخيرة: «إن المخططين لهذه الأزمة كانوا يريدون، كما هو واضح، أن يتأكدوا أن روسيا، وبصرف النظر عن المحصلة النهائية للأزمة، سوف تتعرض للوم بسبب مسؤوليتها عن تفاقمها، من خلال هجوم دعائي مخطط له ومكيف، يشنّه عليها الغرب، وتقوده شبكة وسائل الإعلام الخبرية الأمريكية الهائلة».[٢٢]

## تغير التوازنات الدولية

تتغير التوازنات الدولية عندما تحصل دولة من دول العالم على قوة استراتيجية جديدة يصاحبها حسّ قومي بهوية يرى أهلها أحقيتهم في أن تكون دولتهم أو كيانهم قوة فاعلة في سياسات العالم. وعندما يجتمع ذلك مع رغبة سياسية في التأثير على الساحات الدولية، تحاول تلك الدولة أن تعيد تشكيل التوازنات العالمية من أجل أن تحصل على المساحة اللائقة بها، أو التي تطمح في الوصول لها.

ولعل إعلان تغير التوازنات الدولية على هذا المستوى ـ كما يرى المراقبون ـ قد بدأ حينما انتقد الرئيس السابق فلاديمير بوتين السياسات الأمريكية في خطابه أمام مؤتمر السياسة الأمنية في ميونيخ ٢٠٠٦م؛ حيث وصف الولايات المتحدة بأنها تخطت حدودها بالانفراد دولياً بالقرارات، وتجاهلت روسيا ومراكز قوى جديدة في العالم يجب أن تؤخذ في الاعتبار ضمن نظرة جديدة لعالم متعدد الأقطاب.[٢٣]

وما يحدث اليوم على الصعيد الدولي، هو نتاج طبيعي لهذه الانتقالة المعبرة ـ كما يرى الباحث محمد بن سعيد الفطيسي ـ عن بداية صراعات إثنية عالمية لا بد أن تحدث لتوطيد أسس الاستقرار فيما بعد، وذلك لنيل المكانة الرئيسة والقيادية على مسرح السياسة الدولية خلال هذا القرن، وقد مر العالم بهذه المرحلة عشرات المرات على مدى التاريخ؛ من حيث صراع القوى العظمى مع بعضها، وانتشار العنف والإرهاب والإبادة الجماعية والموت

---

[٢٢] صراعات القوقاز... لا تُحل بالقوة، ميخائيل غورباتشوف، صحيفة الاتحاد الإماراتية، ٢٨ سبتمبر ٢٠٠٨م.

[٢٣] حرب باردة جديدة بأدوات مختلفة واستراتيجيات متنوعة، مركز الخليج للدراسات الاستراتيجية، نشرة قراءات غربية، المركز الدولي لدراسات أمريكا والغرب، ٢ سبتمبر ٢٠٠٨م

بالملايين والفوضى المستشرية في كل مكان، مع التأكيد على بعض الفوارق من حيث عدد القوى المؤثرة في كل مرحلة من الناحية الكمية والنوعية، ومدى التأثير النوعي الذي تركته بصمات تلك القوى على تلك المرحلة نفسها.[٢٤]

وتتغير التوازنات تبعًا لتغير معايير القوة ومقوماتها كما يرى الباحث. فقد تسيدت أسبانيا القرن السادس عشر بشكل جعلها القوة العظمى المسيطرة على تلك الفترة الزمنية من التاريخ، وقد مكنّها من ذلك قوتها الاقتصادية الناتجة عن ملايين السبائك الذهبية والقوة التجارية الاستعمارية، والجيوش المرتزقة، وعلاقات الأسر الحاكمة القوية ببقية أنحاء العالم، ولكن مع بداية القرن السابع عشر ظهرت قوة جديدة هي القوة الهولندية التي اضطرت للصدام مع الأسبان بكل دموية وعنف؛ وذلك لتأكيد زعامتها على القرن الجديد، وبالطبع فقد دارت الصراعات نفسها التي نعيشها اليوم في تلك الفترة، مع بعض الفوارق الناتجة عن أسلوب الصراع والأدوات المستخدمة فيه.

تكرر نفس الحال مع فرنسا في القرن الثامن عشر والتي تسيدت العالم في ذلك الوقت مؤكدة هيمنتها النابعة من قوة صناعاتها الريفية، والإدارة القوية للدولة، وجيشها القوي، وثقافتها الطرية الناعمة التي استطاعت أن تستوعب الجميع في ذلك الوقت. كذلك كانت المملكة البريطانية في القرن التاسع عشر.[٢٥] ثم مارست الولايات المتحدة ومعها الاتحاد السوفييتي نفس الأمر في النصف الثاني من القرن العشرين الذي انتهى بإعلان البعض في أمريكا نهاية التاريخ والانتصار النهائي لمشروع الليبرالية الغربية والهيمنة الأمريكية على العالم، وكم كانوا متسرعين ومخطئين في ذلك الوقت! فسرعان ما تبين ذلك مع بداية القرن الحادي والعشرين الذي بدأ بتحالف عالمي غير معلن، ولكنه مؤثر للتحجيم من خطر الهيمنة الأمريكية على عالم الغد.

إننا في عالم تغيرت توازناته ليس فقط بسبب عودة روسيا كيانًا قويًا، ولكن قد يكون السبب الأهم هو أن الغرب، وعلى رأسه الولايات المتحدة الأمريكية قد أصبح كيانًا أكثر ضعفًا كما يشير إلى ذلك الباحث الأمريكي كليفورد جي غادي، وهو كبير باحثين في مؤسسة بروكينجز الفكرية الأمريكية. يقول الباحث: «يبدو أن روسيا

---

[٢٤] الحتمية التاريخية للصراع الجيوستراتيجي على العالم، ملف: روسيا بين قرنين، محمد بن سعيد الفطيسي، نقلاً عن: قراءات غربية، سبتمبر ٢٠٠٨م، المركز الدولي لدراسات أمريكا والغرب، ICAWS

[٢٥] الرماد المشتعل .. روسيا نموذجًا، ، ملف: روسيا بين قرنين، محمد بن سعيد الفطيسي، نقلاً عن: قراءات غربية، سبتمبر ٢٠٠٨م، المركز الدولي لدراسات أمريكا والغرب، ICAWS

ستفعل ما تشاء في جورجيا، وأن الغرب عاجز عن القيام بأي شيء حيال ذلك. ففي غياب استعداد لاعتماد الخيار العسكري، تبين أن ما كان يفترض أن يكون «كلامًا متصلبًا» ليس سوى مجرد تبجح ومراوغة».[٢٦]

روسيا لا تمتلك اليوم كثيرًا من الخيارات، والغرب كذلك. والروس والأطلسيون هم نظريًا «شركاء في تحقيق السلام»، في عالم ما بعد الحرب الباردة، أو الأصح ما بعد الثنائية القطبية، وهناك اليوم مجلس روسيا - الناتو، وهناك بعثة روسية دائمة في مقر قيادة الحلف في بروكسل، إضافة إلى مكتب عسكري، في مقر قيادة العمليات التابع للقيادة العليا لقوات الحلفاء في أوروبا. ويحتفظ الناتو بمكتب اتصال عسكري، ومكتب معلومات في موسكو.

هناك سبع عشرة هيئة فرعية تعمل تحت مظلة مجلس الناتو - روسيا. وهناك تعاون مشترك في مجال الإصلاحات الدفاعية، وعمليات البحث والإنقاذ البحرية، إضافة إلى مشروع جماعي لتدريب موظفين من أفغانستان وآسيا الوسطى على مكافحة المخدرات. كذلك وقّعت روسيا اتفاقية في إطار الشراكة من أجل السلام مع الناتو، تسمح لألمانيا وفرنسا باستعمال ممرات آمنة عبر أراضيها للوصول إلى أفغانستان.[٢٧]

إن الصراع الحالي في القوقاز يؤثر كذلك على القوى الصاعدة في عالم الغد متعدد الأقطاب. فالصين مثلاً تهتم بهذا الصراع من أكثر من جانب، كما تؤكد الباحثة ماري هينوك قائلة: «إن دعم روسيا للأقاليم الانفصالية في أوسيتيا الجنوبية وأبخازيا، مثل دعم الولايات المتحدة لانفصال إقليم كوسوفا في وقت سابق من هذا العام، أمران يتجاوزان الخط الأحمر الدبلوماسي للصين الذي وُضع لتجنب أي تساؤلات ذات صبغة تدخلية في موضوع التبت وتايوان وشنجيانج. كذلك فإن عودة روسيا تعني أنها قد تحاول أيضًا أن تعزز من نفوذها في دول آسيا الوسطى التي سعت الصين أخيرًا لتقوية العلاقات معها من خلال منظمة شنغهاي للتعاون».[٢٨]

---

[٢٦] رؤية خاطئة لمعاقبة موسكو، روسيا تحتل المرتبة الثالثة في استثماراتها في سندات خزينة الحكومات الغربية، كليفورد جي غادي، مجلة نيوزويك الأمريكية، ٢ سبتمبر ٢٠٠٨م

[٢٧] الغرب يتحد في مواجهة روسيا، عبد الجليل زيد المرهون، جريدة الرياض، ٢٩ أغسطس ٢٠٠٨م، العدد ١٤٦٧٦

[٢٨] مضطر للانحياز، الصراع في جورجيا يهدد حيادية الصين وقد يدفعها للوقوف مع جانب ضد الآخر، ماري هينوك، مجلة نيوزويك الأمريكية، ٢ سبتمبر ٢٠٠٨م

وأما بالنسبة للجانب الأمريكي، فإن تغير التوازنات الدولية يربكه من ناحية، ويكشف عجزه من ناحية أخرى. وكما يذكر الخبير الاستراتيجي، الدكتور حسن نافعة، فإنه «ما إن انطلق المشروع الإمبراطوري الأمريكي حتى بدأت تتكشف تدريجيًّا حدود القوة الأمريكية، وينكشف عجز هذه القوة عن تحقيق الأهداف الطموحة للمشروع. تجلى هذا الانكشاف من خلال: ١) عجزها عن السيطرة على الأوضاع في العراق وأفغانستان، ٢) تمكن حزب الله من إلحاق الهزيمة بحليفتها إسرائيل في حرب مفتوحة بدت أمريكية أكثر منها إسرائيلية. وبالتوازي مع هذا الانكشاف، بدأت روسيا تدرك، خصوصًا بعد أن تحقق لها قدر كبير من الاستقرار الداخلي، وظهرت الفوائض المالية الناجمة عن ارتفاع أسعار النفط، أن أمامها الآن فرصة ذهبية للتصرف على الساحة الدولية كدولة مستقلة تمامًا. وهذا هو السياق الذي اندلعت في إطاره الأزمة الجورجية.[٢٩]

كما نشأت مشكلة أخرى، وهي أنه حتى داخل الغرب، ليس هناك إجماع على آلية أو أسلوب التعامل مع أزمة القوقاز، وما يتعلق باحتمال انضمام جورجيا إلى الحلف الأطلسي «الناتو» أو مع طموحات روسيا. وتؤكد المجلات والصحف الأمريكية أن الغرب «مازال منقسمًا بشكل عميق حول كيفية الرد على هذا التهديد لأعضاء مرجحين في المستقبل. فألمانيا وإيطاليا - ليس من قبيل المصادفة أنهما من أكبر زبائن الغاز الروسي - سعتا للإبقاء على ما دعته المستشارة الألمانية أنجيلا ميركيل «حوارًا مفتوحًا»».

بالمقابل قدم جورج دبليو بوش دعمًا لا شك فيه إلى العاصمة الجورجية تبليسي، وهدد روسيا بـ«عواقب جدية» إذا لم تنسحب من جورجيا. ووقع البولنديون فورًا على خطة الولايات المتحدة لنشر صواريخ دفاعية مضادة للصواريخ على أراضيهم - مما أدى إلى تهديد روسي فوري من نوغوفيتسين بأن: «بولندا، عبر وضعها [النظام] على أراضيها، تعرض نفسها لضربة نووية بنسبة احتمال تقدر بـ ١٠٠ بالمائة» - كما ذكرت مجلة نيوزويك الأمريكية.

التوازنات الدولية ستصبح أكثر تعقيدًا في المرحلة القادمة، ومن المتوقع أيضًا أن تسهم الأزمة الحالية في المزيد من الانشقاق داخل الكيان الغربي سياسيًا وفكريًا واستراتيجيًا. وفي افتتاحية صحيفة زود دويتشه تسايتونج الألمانية Süddeutsche Zeitung ، كتب فريق التحرير بعد اندلاع الأزمة قائلين: "يجب على أوروبا أن تتجنب سلوك طريق العقوبات ضد

[٢٩] هل تشكل أزمة جورجيا نقطة تحول في النظام الدولي؟، حسن نافعة، صحيفة الحياة، لندن، ٣ سبتمبر ٢٠٠٨م.

روسيا. ومن يريد تجميد المفاوضات حول اتفاقية الشراكة الأوروبية الروسية، أو إلغاء القمة الأوروبية الروسية المقررة في شهر نوفمبر، فإنه يُضيِّعُ فرصًا أكيدة لحوار مبني على الثقة مع موسكو. كما أنه لا يمكن فرض عقوبات اقتصادية؛ نظرًا للعلاقات المتينة والمتداخلة في المجال الاقتصادي ومجال الطاقة بين أوروبا وروسيا».[٣٠]

إن الأزمة الروسية ـ الجورجية لن تتوارى سريعًا من وسائل الإعلام، بل ستصبح أحد أهم أحداث المرحلة القادمة، وقد كتب عن ذلك الكاتب غيل ميخائيل قائلاً: «المسألة الروسية آخذت تصبح القضية الرئيسة في النظام الدولي، وكشفت الأزمة الأخيرة عن حقيقة أن الاتحاد ذا الـ٢٧ دولة غير قادر على التوصل إلى اتفاق استراتيجي حقيقي .. لقد مكّن انقضاء الحرب الباردة أوروبا من أن تتقدم من مجرد سوق مشتركة إلى إطار ذي أفق سياسي، وعودة روسيا إلى اللعبة قد تعيد أوروبا إلى الوراء. وبخلاف الإشاعات، لم ينته التاريخ ـ بل خرج في عطلة فقط، ومنذ عاد إلينا كشف عن شبه كبير بالقرن التاسع عشر».[٣١]

$$\text{---} \bowtie \text{---}$$

---

[٣٠] افتتاحية صحيفة زود دويتشه تسايتونج الألمانية Süddeutsche Zeitung ، ٣٠ أغسطس ٢٠٠٨م

[٣١] علاقة روسيا وإسرائيل إلى الثلاجة مؤقتًا، خلف خلف، ٢٠ أغسطس ٢٠٠٨م.

# الفصل الثاني: روسيا وتداعيات المواجهة

«الأزمـة لم تكـن أزمـة حقيقيـة تصـاعدت تـدريجيًّا، ولكنهـا في الغالـب كانـت أزمـة مفتعلـة، شـارك في افتعالها جميع الأطراف التي تمحورت الأزمة حولها. كـل طرف كـان يعتقد أن صناعة الأزمة ستساهم في خدمـة أهـداف محـددة علـى المدى القصيـر، وأهـداف واستراتيجيات هامة على المدى الطويل».

[٢]

## ثانيًا: روسيا وتداعيات المواجهة

الأزمة التي حدثت في صيف عام ٢٠٠٨م لم تكن مفاجئة للباحثين والمهتمين بمنطقة القوقاز. ما كان مفاجئًا حقًا هو الاستعداد الروسي للتصعيد، واستخدام الحدث من أجل تحقيق أكبر عدد ممكن من الأهداف الاستراتيجية والسياسية.

كانت المفاجئة للغرب حقيقية، وأظهرت الارتباك الغربي في التعامل مع هذه الأزمة، وعدم قدرة الولايات المتحدة بالدرجة الأولى، وأوروبا بدرجة أقل .. من تفهم طبيعة وحدود تغير السياسات الروسية.

لقد رضخت روسيا لسياسة الإملاءات الأمريكية طوال الحقبة التي أعقبت سقوط الاتحاد السوفييتي بسبب ضعف مؤسساتها الداخلية من ناحية، وحاجتها الماسة لدعم مالي وسياسي خارجي من ناحية أخرى.

اضطرت روسيا لتقديم تنازلات ما كانت لتقبل بها في الأحوال العادية. لكن ما إن بدأت تستعيد قواها النسبية حتى راحت تعبر عن تبرمها من سياسات ومواقف غربية

عديدة، اعتبرتها في البداية غير ودية تجاهها، ولا تراعي مصالحها بالقدر الكافي، قبل أن تنظر إليها بعد ذلك باعتبارها ماسّة بأمنها القومي وبالتالي معادية لها صراحة.[٣٢]

وبدأ القلق الروسي من جورجيا يتصاعد جديًّا منذ عام ٢٠٠٢م، حينما سمحت جورجيا باستقبال قوات أمريكية على أراضيها بذريعة تعقب مقاتلي القاعدة الفارين لجبال القوقاز. وخلال افتتاح قمة حلف الأطلسي في بوخارست في شهر أبريل ٢٠٠٨م، وردًّا على دعوة الرئيس بوش لضم جورجيا وأوكرانيا للحلف، قال وزير الخارجية الروسي سيرجي لافروف: إن بلاده «لن تقف مكتوفة الأيدي أمام قرار توسيع الحلف باتجاه أوكرانيا وجورجيا، وأن موسكو لن يكون ردها مماثلاً لطريقة طفل صغير تعرض للضرب في المدرسة، واكتفى بصفع الباب، والذهاب إلى غرفة الصف باكيًا!»[٣٣]

لم تكن روسيا في العقد الماضي قادرة تمامًا على الرد على الانتهاكات الأمريكية للمجال الإقليمي لروسيا، ولكن منذ تولى فلاديمير بوتين رئاسة روسيا عام ٢٠٠٠م، دبت في أوصال الدب الروسي روح الحياة مرة أخرى، بعد سنوات أتاحت الفرصة للفساد لكي يتفشى في الداخل - خلال السنوات الأولى من التحول الاقتصادي - فاغتنى الفاسدون، واتسع نطاق أنشطة المافيا في مجالات متعددة، وظهرت آثار التحلل الاجتماعي. استفادت الولايات المتحدة الأمريكية والدول الغربية من ذلك، فتم إعلان «النظام العالمي الجديد»، ليكون أحادي القطبية بقيادة الولايات المتحدة الأمريكية. كانت أمريكا في الفترة الأولى من العلاقة مع روسيا بعد انتهاء الحرب الباردة حذرة وحريصة على عدم التسرع في الدخول إلى المجال الإقليمي الروسي. كان الرئيس جورج بوش (الأب) على دراية واسعة بالشؤون الدولية، ودفعته حنكته السياسية إلى عدم امتهان الروس، تفاديًا لاستفزاز المشاعر القومية الروسية في مرحلة الانهيار والمشكلات الداخلية، وحتى لا يقدم لهم مبررًا لتوحيد جهودهم في مواجهة تحدٍّ خارجي - كما يذكر عدد من المحللين.

واستمر الحال على هذا النحو في عهد خلفه الرئيس بيل كلينتون، حتى تولى الرئاسة جورج بوش (الابن) باسم المحافظين الجدد، واتبع سياسة توسيع نطاق عضوية حلف الأطلنطي باتجاه الشرق، لمحاصرة احتمالات عودة روسيا إلى وضع الدولة العظمى الثانية في العالم، وتزامن ذلك مع الحشد الغربي في سياق «الحرب ضد الإرهاب»، كما تزامن

---

٣٢ هل تشكل أزمة جورجيا نقطة تحول في النظام الدولي؟، حسن نافعة، صحيفة الحياة، لندن، ٣ سبتمبر ٢٠٠٨م

٣٣ حرب أوسيتيا رسالة روسيا لأمريكا، محمد جمال عرفة، إسلام أونلاين، ٢٩ سبتمبر ٢٠٠٨م.

مع وجود بوتين في سُدّة الرئاسة بموسكو، فتهيأت الظروف للمواجهة بين الطرفين، ولم يكن هناك سوى انتظار سبب لذلك. وفي ظروف الاندفاع الأمريكي العنيف باتجاه الشرق - في عهد بوش (الابن) - سواء كان ذلك بذريعة «الحرب ضد الإرهاب»، أو مواجهة الدول «المارقة» مثل إيران، أو احتواء روسيا بشكل مباشر، ومساومة موسكو مقابل تأييد مطلبها في الحصول على عضوية منظمة التجارة العالمية، كان هناك أكثر من سبب لاستفزاز الدب الروسي، وهو يشعر أن الحلقة تضيق عليه، بانضمام أو ضم الدول التي كانت أعضاء في حلف وارسو المنحل إلى الحلف الأطلسي «الناتو»، وحتى بعض الدول التي كانت منضوية تحت لواء الاتحاد السوفييتي السابق، حتى أصبحت حدود ذلك الحلف على أبواب موسكو.[٣٤]

خريطة رقم(٣) موقع جورجيا في منطقة القوقاز

لقد جاءت الأزمة الجورجية الأخيرة بمثابة انعطافة مهمة في وضع العلاقات الدولية الراهنة؛ لأنها أظهرت بوضوح أنه ليس في مقدور واشنطن حماية جورجيا، رغم سيادة

[٣٤] صراع جديد بين الشرق والغرب، عبد الله حمودة، صحيفة الوطن العمانية، ٣٠ أغسطس ٢٠٠٨م

شعور دولي وإقليمي عام قبل ذلك بأن واشنطن لن تتردد في الدفاع عن جورجيا أمام الهجوم الروسي الواسع الذي تعرضت له، خاصة أن الجيش الأمريكي هو الذي تولى تدريب وتسليح نظيره الجورجي، وبسبب كل ما اعتادت واشنطن على إبدائه لجورجيا ولقيادتها من طمأنة بخصوص حمايتها والدفاع عنها. السبب وراء هذا التقاعس الأمريكي، كما يرى بعض المحللين، هو أن واشنطن متورطة على نحوٍ ما في العدوان الذي شنته جورجيا على قوات حفظ السلام الروسية المرابطة في أوسيتيا الجنوبية.[٣٥] إن أمريكا دفعت جورجيا إلى هذه الحرب غير المتكافئة، ولم تكن تتوقع رد الفعل الروسي الذي حدث، وبالتالي خشيت من استمرار المغامرة، وآثرت أن تترك جورجيا، وتتخلى عمليًّا عن مساندتها حتى يمكن حل الأزمة بشكل سلمي سريع.

## مبررات الأزمة

أكد المراقبون خلال الأعوام الماضية أن روسيا تبحث عن فرصة للظهور الدولي بشكل مستقل ومخالف للصورة النمطية التي تكونت في الغرب عن روسيا بأنها «دب من ورق». الموقف الروسي اعتمد على الكثير من التغيرات العالمية والإقليمية والمحلية لاختيار التوقيت والأسلوب الذي يحقّق هذه الفوائد. هناك مجموعة من العوامل قد دفعت روسيا في هذا الاتجاه ـ طبقًا لدراسة نُشرت مؤخرًا ـ فعلى المستوى الداخلي بدأ التحول التدريجي لاستعادة الدور المفقود منذ أن تولى فلاديمير بوتين مقاليد السلطة؛ إذ طرح رؤى مغايرة للنهوض الروسي اعتمادًا على أن بلاده تعد أكبر مصدّر للطاقة في العالم، وتمتلك أكبر مستودع للغاز على سطح الكرة الأرضية، ومستفيدًا من الارتفاع الذي حدث لأسعار النفط العالمية، الذي أدى إلى زيادة عائد الناتج المحلي الإجمالي في عام ٢٠٠٦ بنسبة ٨,٦٪ مقارنة بالعام السابق له، ووصوله إلى ما يعادل تريليون دولار، وذلك في الوقت الذي تحتل فيه روسيا المركز الثالث في العالم من حيث حجم الاحتياطي من الذهب والعملات الصعبة (بعد اليابان والصين)، الذي بلغ في عام ٢٠٠٦ حوالي ٣٠٣ مليارات دولار.[٣٦]

لم يسلّم بوتين رئاسة روسيا إلى زميله ميدفيديف ليصبح بوتين رئيسًا للوزراء إلا بعد أن أدرك أن روسيا «القوة الصاعدة» قد أصبحت جاهزة لمناطحة أمريكا «القوة المثخنة

---

٣٥ ليلة الهجوم الجورجي: أين العالم الحر؟، ويليام فاف، الاتحاد الإماراتية، وجهات نظر، ٣٠ أغسطس ٢٠٠٨م

٣٦ حرب باردة جديدة بأدوات مختلفة واستراتيجيات متنوعة، مركز الخليج للدراسات الاستراتيجية، نشرة قراءات غربية، المركز الدولي لدراسات أمريكا والغرب، ٢ سبتمبر ٢٠٠٨م.

بجراح» عدة من ضربات متتالية تلقتها في أفغانستان والعراق، وخدوش أصابتها من كوريا الشمالية وإيران، وخيبة أمل من فشلها في صنع السلام في الشرق الأوسط.. إلخ! وهكذا ومن خلال السياسات الخرقاء لأمريكا والضربات التي تلقتها، حانت الفرصة لبوتين وميدفيديف لإعلان القوة الجديدة.

ومع هذا الإعلان بدأت الحرب الباردة مرة أخرى بعد أن خمدت نارها دهرًا من الزمن، وقد زاد تأجج تلك الحرب الباردة أن الإدارة الأمريكية وقّعت اتفاقًا مع بولندا لإقامة الدرع الصاروخية لمحاصرة روسيا، وهو تهديد خطير للأمن القومي الروسي، فبولندا لا يفصلها عن الحدود الروسية سوى جمهورية بلاروسيا.[٣٧]

الأزمة لم تكن أزمة حقيقية تصاعدت تدريجيًا، ولكنها في الغالب كانت أزمة مفتعلة، شارك في افتعالها جميع الأطراف التي تمحورت الأزمة حولها. كل طرف كان يعتقد أن صناعة الأزمة ستساهم في خدمة أهداف محددة على المدى القصير، وأهداف واستراتيجيات هامة على المدى الطويل. لذلك ليس مهمًا حقًا أن نعرف من الذي أطلق شرارة الأزمة، فالجميع كان يتوقع حدوثها، وكان يخطط أيضًا لاستثمارها.

الأهداف قصيرة المدى كانت واضحة للجميع: الرئيس الجورجي ميخائيل ساكاشفيلي الذي يشعر بصعوبات أمام المعارضة، والذي وعد باستعادة أوسيتيا الجنوبية وأبخازيا، رأى الفرصة مواتية للهروب من مشاكله الداخلية بعد أن تلقى دعمًا من «جهة أمريكية» كما يقول الكرملين، هي نائب الرئيس تشيني على الأرجح. نائب الرئيس الأمريكي ديك تشيني، وهو من الحزب الجمهوري، يبدو أنها رآها أيضًا فرصة مناسبة لدعم المرشح الجمهوري جون ماكين، وإحراج منافسه الديمقراطي الصاعد باراك اوباما، وتوافقت الإرادتان على شنّ هجوم مباغت على أوسيتيا الجنوبية يبتغي زجّ روسيا في صراع يقود إلى عزلتها الدولية، ويسرع مسار دخول جورجيا في حلف الأطلسي الذي سيجتمع في ديسمبر ٢٠٠٨م.[٣٨]

---

٣٧ أين موقع العرب من الحرب الباردة وصراع النفوذ الجديد؟عيد بن مسعود الجهني، هيئة الإذاعة والتلفزيون، سورية، ٢٠ سبتمبر ٢٠٠٨م

٣٨ هل يشهد العالم حربًا باردة جديدة؟، غسان العزي، ملف جورجيا وروسيا، مقال رقم: ١٣٠٦٩، ١٠ سبتمبر ٢٠٠٨م، المركز العربي للدراسات الإنسانية، ICAWS

يؤكد على فكرة ارتباط الأزمة بالانتخابات الأمريكية أحد المفكرين العرب قائلاً: «إن توقيت الأزمة الجورجية، والذي يواكب انتخابات رئاسية أمريكية تبدو بالغة الحساسية بسبب وصول مشروع اليمين الأمريكي المتطرف إلى مأزق، يضع السياسة الخارجية الأمريكية برمتها أمام مفترق طرق، ويشجع الأطراف الطامحة للعب دور أكثر فعالية في النظام الدولي، ومنها روسيا للتحرك والمبادرة من دون الاكتفاء برد الفعل».[٣٩]

وأما روسيا فلا شك أنها كانت تبحث عن مشكلة إقليمية تؤكد من خلالها عودتها إلى الساحة العالمية، وقدرتها ـ بل ورغبتها ـ في استخدام القوة الصلبة والناعمة معًا من أجل استعادة مكانتها الدولية. كما احتاج الرئيس الروسي الجديد مدفيديف إلى ذريعة للرد على إعلان استقلال كوسوفو، والبرهنة على قدرة وتناغم الثنائي الحاكم في الكرملين على قيادة البلاد.

قامر الثنائي على أن الأزمة ستؤجج المشاعر القومية الروسية لدى المواجهات مع «الإمبريالية الأمريكية» وحلف الأطلسي، وهو ما حدث فعلاً، فقد تسبب الصراع مع جورجيا في رفع شعبية الرئيسين إلى ٧٨ بالمائة بحسب استطلاع للرأي نشرته صحيفة «الكومرسانت» الروسية بعد اندلاع الأزمة.

لكل أزمة مبرراتها وأهدافها، وكان الهدف الرئيس لروسيا أن ترسل رسالة واضحة لا لبس فيها للغرب، عبر إبقاء قواتها منتشرة في جورجيا، ملخصها أن جورجيا ستبقى داخل دائرة نفوذ موسكو. كانت موسكو تشعر بإحباط في السنوات الأخيرة إزاء ما تعتبره محاولات الغرب لإيجاد موطئ قدم له على تخومها. كما تتهم روسيا وكالات المخابرات الغربية بتمويل المجموعات المعارضة الروسية بشكل سري. وما لبثت روسيا تنظر بغضب إلى امتداد حلف الأطلسي في منطقة بحر البلطيق، وزادت غضبها الوعود الغربية لأوكرانيا وجورجيا بقبول هذين البلدين في عضوية حلف الأطلسي.

إضافة لذلك كله، تعتبر موسكو الخطط الأمريكية لنشر درعها الصاروخي في أراضي بولندا وجمهورية التشيك بمثابة تهديد مباشر لأمنها القومي. وقبل عقد ونصف من الزمن، كانت روسيا دولة فقيرة وضعيفة قد خسرت توًّا إمبراطوريتها، وتعتمد على فتات

---

[٣٩] هل تشكل أزمة جورجيا نقطة تحول في النظام الدولي؟، حسن نافعة، صحيفة الحياة، لندن، ٣ سبتمبر ٢٠٠٨م

الموائد الغربية. أما اليوم، وبفضل عائدات النفط والغاز، تشعر روسيا بالقدرة على استعراض عضلاتها وإعادة نفوذها المفقود، والدفاع عن مصالحها المباشرة.[٤٠]

**مفاهيم خاطئة**

قبل الحديث عن تفاصيل الأزمة وأحداثها، من المهم بيان بعض المفاهيم الخاطئة المرتبطة بها، وأهمها أن هذا الصراع هو مجرد خلاف حدودي بين جورجيا وروسيا. يعلق على هذا الفكر التبسيطي المخل الرئيس الروسي الأسبق ميخائيل جورباتشوف قائلاً: «أولئك الذين يسارعون بالحكم على حقيقة ما يحدث في القوقاز، أو هؤلاء الذين يسعون إلى تحقيق نفوذ لهم هناك، يجب أولاً أن تكون لديهم فكرة عن تعقيدات المنطقة. فالأوسيتيون يعيشون في جورجيا وفي روسيا، والمنطقة بأسرها عبارة عن مزيج فسيفسائي من الجماعات العرقية، التي تعيش على مقربة من بعضها البعض. لذلك فإن أي أقوال من مثل «هذه أرضنا»، و«سوف نحرر أراضينا»... هي في حقيقتها أقوال فارغة من المعنى؛ حيث يجب علينا أن نفكر أولاً في الناس الذين يعيشون على هذه الأرض قبل أن نفكر في الأرض ذاتها أو نتحدث عنها. مشكلات القوقاز لا يمكن حلها بالقوة، كما تثبت التجربة التاريخية القريبة.[٤١]

من المفاهيم الخاطئة أيضًا تصور أن الغرب بإمكانه في المرحلة الحالية أو القادمة تحجيم روسيا. «لقد ذهبت واشنطن بعيدًا باعتقادها أنه بإمكانها تجميد روسيا وشل فاعليتها، سواء بتوسيع حلف شمال الأطلسي على حساب الأمن القومي الروسي أولاً، ثم نشر قواعد الدرع الصاروخي على تخومها ثانيًا، ثم إبقاؤه في حالة دفاع عن النفس في مواجهة أزمات مفتعلة واتهامات جاهزة. ذهبت أمريكا إلى أبعد من ذلك عندما اعتقدت أن اعتراضات روسيا على الاستفزازات الأمريكية في البلقان والقوقاز مجرد احتجاج ليس إلا. كان الرد على الاستفزاز الجورجي غير متوقع بهذه السرعة، وبهذا الحجم وبهذه الطريقة التي أصابت الغرب عمومًا بالذهول ومنذ اللحظات الأولى، وكان الرد بمثابة رسالة واضحة لمن يعنيه الأمر، أنّ روسيا عائدة إلى المسرح الدولي وبقوة، وأنّ كافة التهديدات الأمريكية والأطلسية بتوتير العلاقات لا تهمّها، ولا تؤثّر عليها».[٤٢]

---

٤٠ المخطط الروسي في جورجيا، ستيف روزنبيرج، محطة الإذاعة البريطانية، بي بي سي، ٢٧ سبتمبر ٢٠٠٨م

٤١ صراعات القوقاز... لا تُحل بالقوة، ميخائيل غورباتشوف، صحيفة الاتحاد الإماراتية، ٢٨ سبتمبر ٢٠٠٨م

٤٢ مرحبًا بعالم متعدد الأقطاب، جمال سلامة، صحيفة القدس، ١٩ سبتمبر ٢٠٠٨م

ويقرر الدكتور حسن نافعة في بحث متميز حول التحول في النظام الدولي بسبب أزمة القوقاز مفهومًا خاطئًا آخر عندما يؤكد أن علينا أن نتذكر مجموعة من الحقائق المتعلقة بالسياق العام لتطور العلاقة بين روسيا والغرب منذ سقوط الاتحاد السوفييتي. إن سلوك الولايات المتحدة كدولة منتصرة في الحرب الباردة تعتقد أنه يحق لها أن تجني كل الغنائم التي تركها الطرف الخاسر، وهو الاتحاد السوفييتي، وأن تعيد تشكيل النظام الدولي، وتحدد قواعد السلوك فيه وفقًا لمصالحها ورؤيتها وحدها، وبما يضمن لها الهيمنة المنفردة عليه لأطول فترة ممكنة. وتأسيسًا على هذه الرؤية، اعتبرت الولايات المتحدة أن هدفها الاستراتيجي الأول في المرحلة المقبلة يجب أن يتركز في العمل بكل الوسائل الممكنة للحيلولة دون تمكين أي قوة أخرى من العودة للمنافسة على صدارة النظام الدولي. كما تعمدت الولايات المتحدة إهمال وإضعاف مؤسسات العمل الجماعي الدولي، والتي لا تمتلك فيها أمريكا أدوات كافية تمكّنها من السيطرة عليها، وبالذات بعض المؤسسات التابعة للأمم المتحدة، مع السعي في الوقت نفسه لتنشيط وتطوير أدوار مؤسسات أخرى متعددة الأطراف تتمتع فيها أمريكا بمزايا نسبية خاصة، وإعدادها للعمل كمؤسسات بديلة للأمم المتحدة. وضمن هذا السياق، جرى توسيع حلف الأطلسي ليضم معظم الأعضاء السابقين في حلف وارسو، وفي الاتحاد السوفييتي نفسه، وتمت إعادة تحديد أهدافه، وبناء آلياته لتصبح صالحة للاستخدام كذراع عسكري بديل كلما اقتضت الضرورة.

خريطة رقم (٤): الموقع الجغرافي لجورجيا بين الدول المحيطة

إن سلسلة متعاقبة من السياسات التي اتبعتها إدارتا كلينتون وبوش وكذلك «البنتاجون»، هدفت إلى إظهار مجاني لقدرة الولايات المتحدة على انتهاج سياسة الترهيب، والمضي في بناء وتوسيع حلف «الناتو» في الدول المجاورة لروسيا. بل مضت تلك السياسات خطوة أبعد منها في التهور والطيش، بلغت حد تصور إمكانية استيلاء حلف «الناتو»، أو تحت مظلته باسم الدول الجديدة التي سيتم ضمها إليه في منطقة القوقاز، على بعض «المحميات الروسية» التقليدية المعروفة تاريخيًّا. والهدف وراء هذه السياسة الغربية المغامرة هو أن تعرف روسيا من هي القوة العظمى الأولى في عالم اليوم![٤٣]

## حقبة جديدة من الصراع

عندما سعت روسيا في الأعوام الماضية إلى التخلص من الإذلال الغربي لها، ظهرت ملامح هذا التغير على الخطاب الرسمي والشعبي كذلك في روسيا. وقد لاحظ أغلب المحللين والمراقبين للشأن الروسي الكثير من التغييرات الجذرية على المستويين النظري والعملي في السياسة الروسية الحديثة، وعلى وجه التحديد أثناء الفترة الرئاسية الثانية لبوتين، والتي بدأت بتاريخ ٧ مايو ٢٠٠٤م، وخصوصًا في نوع وطبيعة العلاقة مع الغرب. فعلى المستوى العملي ساءت العلاقة بين روسيا والاتحاد الأوروبي كثيرًا، هذا بخلاف علاقتها المتوترة أصلاً مع الولايات المتحدة الأمريكية.[٤٤]

أما من الناحية النظرية فقد تغيرت حتى لغة الخطاب السياسي الروسي على مستوى السياسة الخارجية، وذلك من خلال بروز تلك النبرة القومية العاطفية التي يغلب عليها أسلوب استعراض الماضي السوفييتي والتاريخ بحرقة وحسرة، والرغبة في استعادة دور الإمبراطورية الروسية التاريخي وسيادتها العالمية، وازدياد لغة الامتعاض وعدم الرضا من التهميش المتزايد لروسيا من قبل الولايات المتحدة الأمريكية على وجه التحديد، وتجاهل المكانة الروسية ودورها التاريخي في الرؤية الدولية تجاه الوقائع والأحداث. ذلك التغيير الاستثنائي في لغة الخطاب السياسي الروسي لم ينبع من أعلى رموز روسيا فقط، أي الرئيس فلاديمير بوتين في ذلك الوقت، وإنما الحقيقة تؤكد أن ذلك التغيير قد عم مختلف

---

٤٣ ليلة الهجوم الجورجي: أين العالم الحر؟، ويليام فاف، الاتحاد الإماراتية، وجهات نظر، ٣٠ أغسطس ٢٠٠٨م

٤٤ في ظلال الهيمنة، ملف: روسيا بين قرنين، محمد بن سعيد الفطيسي، نقلاً عن: قراءات غربية، سبتمبر ٢٠٠٨م، المركز الدولي لدراسات أمريكا والغرب، ICAWS

شرائح المجتمع، بداية من السياسيين ومرورًا بالعسكريين وليس انتهاء بالشعب الروسي، وكأنما أصاب الشعب نوع من الهستيريا الوطنية القومية تجاه النزوع إلى الماضي.[٤٥]

وتشير أغلب خطابات الرئيس فلاديمير بوتين الموجهة إلى الأمة الروسية خلال فترة رئاسته الثانية - كما رصدها أحد المحللين المتخصصين - وأولها خطابه بتاريخ ٦ سبتمبر ٢٠٠٤م، إلى هذه النزعة الجديدة؛ إذ قال فيه مستذكرًا: «إننا نعيش اليوم في الظروف التي انبثقت بعد تفكك دولة كبيرة وعظيمة، دولة تبين أنها غير قادرة على الحياة ويا للأسف في الظروف المتغيرة بسرعة في العالم، لكن بالرغم من جميع الصعوبات أفلحنا في صيانة نواة هذا العملاق - الاتحاد السوفييتي، وأطلقنا على البلاد الجديدة اسم روسيا الاتحادية».

أما في خطابه السنوي التالي في العام ٢٠٠٥م فقد قال بأنه لن يقبل بأقل من «تغيير قواعد العالم»، وتابع بوتين في ذلك الخطاب قوله: «ينبغي للعالم أن يستعد للتعامل مع روسيا قوية»، ووصف بوتين في نفس الخطاب انهيار الاتحاد السوفييتي بأنه «أكبر كارثة جيوسياسية في القرن الـ٢٠». وفي خطابه حول حالة الاتحاد الروسي والذي ألقاه بتاريخ ١٠ مايو ٢٠٠٦م، وجه بوتين انتقادات شديدة اللهجة إلى السياسة الأمريكية، وقال: «بعضهم ما زال يعيش في حقبة الحرب الباردة، ويسعى إلى تعزيز نفوذه في المناطق التي يعتقد أننا ضعفاء فيها، وعلى روسيا أن تستعد لذلك».

وفي مقابل ذلك حرص الغرب على استفزاز روسيا من خلال المدح المستمر لرئيس جورجيا، وهو الذي جاء إلى الحكم عبر انقلاب وردي - كما أسماه الغرب - ليؤيد طوال سنوات حكمه فكرة التمهيد لوجود أمريكي دائم على أراضي جورجيا. وكما يذكر الرئيس الروسي الأسبق، فإن «الغرب دأب على إغداق الثناء على سكاشفيلي، ووصفه بأنه حليف مخلص لأمريكا وديمقراطي حقيقي، خصوصًا وأنه كان من أوائل من بادروا بتقديم المساعدة لواشنطن في حربها على العراق. أما الآن، فإن صديق أمريكا هذا، جلب الاضطراب والفوضى للمنطقة، وهو ما يلزمنا جميعًا - نحن المدنيين الأبرياء في المنطقة - بالعمل على إزالة آثار الدمار».[٤٦]

---

٤٥ في ظلال الهيمنة، ملف: روسيا بين قرنين، محمد بن سعيد الفطيسي، نقلاً عن: قراءات غربية، سبتمبر ٢٠٠٨م، المركز الدولي لدراسات أمريكا والغرب، ICAWS

٤٦ صراعات القوقاز... لا تُحل بالقوة، ميخائيل غورباتشوف، صحيفة الاتحاد الإماراتية، ٢٨ سبتمبر ٢٠٠٨م

# ماذا حدث؟ تفاصيل أزمة القوقاز

لم يتوقع قادة جورجيا ومن دفعوهم إلى المغامرة العسكرية أن تتحرك روسيا عسكريًّا، وخاصة مع تزامن الأزمة مع انعقاد الألعاب الأوليمبية في الصين، ووجود الكثير من قادة العالم هناك. يشرح هذه النقطة الباحث الأوكراني فلاديمير سادافوي قائلاً: «كان يتصور أن روسيا ستتصرف بشكل دبلوماسي، ولن تلجأ بهذه السرعة لاستخدام القوة العسكرية، وهذا في حد ذاته خطأ كبير وجهل سياسي وقصور حاد في فهم الأوضاع الدولية وموازين القوى على الساحة الدولية؛ إذ إن روسيا التي استعادت قوتها بشكل ملحوظ تحتاج الآن بالتحديد لمثل هذه الحروب مع دول صغيرة وضعيفة، من أجل استعراض قوتها وإثبات هيبتها على الساحة الدولية، والعملية قد تكون أيضًا بالنسبة لروسيا أشبه بمناورات عسكرية حية لاستعراض بعض الأسلحة لديها، بهدف الترويج لصناعة السلاح الروسي الذي استعاد مكانته في السوق العالمية أخيرًا».[٤٧]

كان هناك فزع أمريكي من عودة روسيا إلى التأثير في منطقة القوقاز، ومنها إلى العالم أجمع. ويؤكد ذلك ما أعلنه بوضوح وزير الدفاع الأمريكي روبرت غيتس؛ إذ قال في هذا الإطار: «نتساءل حول بعض السياسات الروسية التي تعمل من خلالها؛ إذ تبدو أنها ضد الاستقرار الدولي مثل نقل الأسلحة، والرغبة في استخدام مصادر الطاقة كوسيلة للإجبار السياسي، وتحريض إيران على المضي في تخصيب اليورانيوم، وعدم التعاون مع الوكالة الدولية للطاقة».

كما رفض غيتس حسب ما تناقلته وسائل الإعلام، مخاوف بوتين حول منظومة الدرع الصاروخي الدفاعي وقال : «إنها ليست موجهة ضد روسيا.. إنها ليست موجهة لتقويض نظام الردع لديهم»، كما اتهم روسيا بالسعي لمزاحمة بلاده إلى جانب إيران في منطقة الخليج والشرق الأوسط.[٤٨]

الانزعاج الأمريكي لم يكن سببه تنامي القوة الروسية الناعمة والصلبة فقط، ولكن الأهم كما عبر عن ذلك وزير الدفاع الأمريكي، هو مزاحمة روسيا للمصالح الأمريكية، أو الوقوف أمام الطموح اللامتناهي في الهيمنة الكاملة على العالم، وهو أمر

---

[٤٧] الحروب بالوكالة لن تفيد جورجيا، فلاديمير سادافوي، ١٠ أغسطس ٢٠٠٨م.

[٤٨] المتسللون من خلف الخطوط الحمراء، ملف: روسيا بين قرنين، محمد بن سعيد الفطيسي، نقلاً عن: قراءات غربية، سبتمبر ٢٠٠٨م، المركز الدولي لدراسات أمريكا والغرب، ICAWS

لا تقبله أمريكا إلا على مضض. لذلك لا عجب أن تبدأ حملة هجوم غربية أمريكية على روسيا من جديد على المستوى الإعلامي والفكري والسياسي أيضًا.

المفارقة في الأمر أن الحماس الظاهر من جورجيا حول أبخازيا وأوسيتيا الجنوبية ليس له أي سند تاريخي حقيقي، فمن الناحية التاريخية البحتة، لا تبدو وجهة النظر الجورجية حول المنطقتين وجهة نظر مقنعة أو غير قابلة للجدل. فهذان الإقليمان قد لا يكونان تاريخيًّا إقليمين جورجيين خالصين. ذلك أن ستالين هو الذي ألحقهما بمسقط رأسه جورجيا. ومن اللافت للنظر أن ينصح الغرب الآن بشدة أن تُحترم توجيهات ستالين هذه، رغم المعارضة الواسعة التي يبديها الأوسيتيون والأبخاز وقسم كبير منهم روس وغير روس.[٤٩]

## ما قبل الأزمة

يقدم الباحث الدكتور يوسف نور عوض، تسلسلاً مفيدًا في التعريف بخلفيات الأزمة في مقال بعنوان «الصراع الجورجي الروسي ومواقف الدول الغربية» نقتطف منه بعض المعالم الأساسية لخلفيات الصراع، والتي شكّلت الأرضية التي انطلقت منها أزمة القوقاز في عام ٢٠٠٨م. وأهم تلك الأحداث والمواقف بين جورجيا وروسيا:

- كانت روسيا توجه اتهاماتها لجورجيا منذ العقد الأخير في القرن العشرين بأنها كانت تقدم دعمًا للانفصاليين الشيشان الذين كان بعضهم يتمركزون في مناطق جورجيا الشرقية.
- هددت روسيا بشنّ هجوم كاسح عليهم في عام ٢٠٠٢م، وذلك ما أرغم جورجيا على اتخاذ خطوات لحفظ النظام في المنطقة. وفي عام ٢٠٠٦م قال وزير خارجية جورجيا لإحدى الصحف الروسية: «إن روسيا فقدت دورها كوسيط في المشكلة الأبخازية، وبالتالي فإن جورجيا ستبذل جهودها للتعامل مباشرة مع الأبخازيين».
- خلال هذه المرحلة منحت روسيا جنسيتها لكثير من الأبخازيين والأوسيتيين، وذلك ما جعل جورجيا تتهم روسيا بأنها مستمرة في التدخل في شؤونها

[٤٩] جورجيا: النفط وتوسيع الناتو، جهاد فاضل، جريدة الراية القطرية، ٢٩ سبتمبر ٢٠٠٨م

الخاصة، ومن جانبها اتهمت روسيا جورجيا بأنها تعد لعمل عسكري ضد قواتها في المنطقة وضد الانفصاليين في أبخازيا وأوسيتيا.

- شهدت العلاقات الجورجية ـ الروسية تدهورًا حادًّا في عام ٢٠٠٦م، عندما قامت السلطات الجورجية باعتقال أربعة من الروس بتهمة القيام بأعمال تجسس، وقد ردت روسيا على ذلك بفرض عقوبات على جورجيا وقطع علاقاتها الدبلوماسية معها.

- خلال هذه الأزمة بدأت روسيا في ترحيل المواطنين الجورجيين من أراضيها، وقد أدى ذلك بجورجيا ومنظمات حقوق الإنسان إلى اتهام روسيا بأنها تسيء معاملة المهاجرين الجورجيين على أراضيها. وقد رفعت الحكومة الجورجية مشروع قضية إلى محكمة حقوق الإنسان الأوروبية، وصفته روسيا بأنه عمل عدائي ضدها.

- في مارس من عام ٢٠٠٧م اتهمت جورجيا روسيا بأنها قامت باعتداءات بالمروحيات على إحدى القرى في أبخازيا، وتبع ذلك سقوط صواريخ روسية في إحدى القرى الجورجية على بعد خمسة وستين كيلو مترًا من العاصمة تبليسي، وقال الرئيس سكاشفيلي: إن هذا الهجوم يأتي في سياق عمل روسي منظم ضد بلاده، وطالب الدول الأوروبية بأن تدين الاعتداء.

- قلّل الرئيس الأوسيتي إدوارد كوكريتي من شأن الاتهامات الجورجية، ووصف التعليقات التي صدرت عن تبليسي بأنها عمل استفزازي.

- ظلت روسيا تنفي الاتهامات الجورجية، وقالت: إن الصواريخ التي أشارت إليها جورجيا ربما كانت قد صدرت عن طائرات جورجية، وذلك ما وصفته جورجيا بالهراء.

- في سبتمبر من عام ٢٠٠٧م ثار جدل من جديد بين روسيا وجورجيا بسبب تصريحات أدلى بها السفير الروسي لدى جورجيا، قال فيها: إن جورجيا أمة منقرضة، وفي طريقها للزوال أمام زحف العولمة، بينما ستبقى روسيا؛ لأنها دولة كبيرة.

- وفي تاريخ السابع من نوفمبر من عام ٢٠٠٧م اندلعت اشتباكات بين المشاركين في مظاهرات احتجاجية في جورجيا وقوى الشرطة، وصفها

سكاشفيلي بأنها تهديد للأمن في بلاده، وقال: إن لديه دلائل على تورط دبلوماسيين روس في هذه الاضطرابات، وإنه سيتخذ قرارًا بطرد بعض هؤلاء الدبلوماسيين الذين يقومون بأعمال التجسس.

- اعتبرت روسيا هذا الموقف بأنه ضرب من عدم المسؤولية، وقالت: إنها ستظل على التزامها بالنسبة لإيجاد حل لمشكلتي أبخازيا وأوسيتيا من خلال تصميمها على حماية الروس الذين يعيشون في هذين الإقليمين.

- في شهر أبريل من عام ٢٠٠٨م أسقطت طائرة بدون طيار في أبخازيا، وقال الانفصاليون الأبخاز: إنهم قاموا بعملية الإسقاط لأن الطائرة اخترقت مجالهم الجوي، ولكن جورجيا أصدرت في اليوم التالي صور فيديو، قالت: إنها دليل على أن الطائرة أسقطت بصاروخ روسي من طائرة كانت تحلق فوق البحر الأسود.

- أنكرت روسيا ذلك وقالت: إنه لم تكن لديها أي طائرة في المنطقة لحظة وقوع الهجوم، وقد عقد مجلس الأمن في الرابع والعشرين من أبريل جلسة خاصة لبحث الأمر، ولكنه فشل في أن يتوصل إلى قرار؛ وذلك بالطبع بسبب الموقف الروسي، بينما أصدرت الولايات المتحدة وبريطانيا وألمانيا وفرنسا بيانًا مستقلاً يعرب عن قلق هذه الدول بشأن إسقاط الطائرة.

- في السادس والعشرين من مايو من عام ٢٠٠٨م أصدرت لجنة خاصة شكلتها الأمم المتحدة بيانًا يتضمن نتائج تحقيقاتها حول الحادثة، وقد أكدت التحقيقات أن الفيديو الذي نشرته جورجيا حقيقي، وأن كل الدلائل تؤكد أن الطائرة أسقطت بواسطة صاروخ روسي.

- أثارت هذه الحادثة مشكلات كثيرة بعد أن اتهمت روسيا جورجيا بأنها تحاول استغلال دعم دول الناتو من أجل حل مشكلة أبخازيا بالقوة، ومحاولة وضع قوات دولية في وادي كودوري.

- قررت روسيا زيادة قواتها في شمال شرق أبخازيا على إثر ذلك، وهددت بأنها سترد على أي استفزاز جورجي.

- في مايو من عام ٢٠٠٨م قالت روسيا وأبخازيا: إن ثلاث طائرات انتهكت المجال الجوي الأبخازي، واتهم الجانبان جورجيا بأنها تعد لاعتداء على المنطقة، وطالبت أبخازيا روسيا بأن تضعها تحت حمايتها المباشرة.

تشير هذه الإطلالة السريعة على العلاقة بين جورجيا وروسيا إلى أن هناك تبادل للتصعيد من الطرفين، ولكل منهما أسبابه ودوافعه. روسيا تحرص على حماية حدودها الإقليمية ومناطق نفوذها من المشروع الغربي، وجورجيا تحتمي بالغرب في محاولة مستمرة لاستفزاز روسيا، التي لم تقبل مطلقاً بالثورة الوردية التي قادها الرئيس الجورجي. أما الغرب فقد وجد ضالته في الرئيس الجورجي الذي كان على أتم الاستعداد أن يضحي بأي شيء من أجل رضا الغرب عنه.

**يوميات أزمة القوقاز المسلحة**

ساهم كل ما سبق في التمهيد لاندلاع أحداث أغسطس ٢٠٠٨م، ومن المفيد أن ننقل أهم وقائع الصراع المباشر والعسكري لها، والذي كانت تدوّنه كل يوم وكالة الأنباء الروسية، التي استندنا لها في نقل وقائع الصراع المجردة، ولكنها تعكس أيضًا بدرجة ما الموقف الروسي من الأزمة، وهو أكثر اعتدالاً وأقرب إلى الحقيقة من الدعاية الغربية التي جعلت من رصد الصراع بشكل مجرد مهمة عسيرة لمن يعتمد على وسائل الإعلام الغربية في فهم هذه الأزمة.

فخلال الساعات الأربع والعشرين الأولى بعد بدء الهجوم، اقتصرت أجهزة الإعلام الغربية على نقل أخبار التقدم العسكري الجورجي، ولم تتحدث عن إصابات أو خسائر بين المدنيين في أوسيتيا. واعتقد كثيرون في عواصم غربية عديدة أن الأمر سيكون مجرد قضية داخلية، تتمكن من خلالها حكومة الرئيس الجورجي سكشافيلي - الموالي للغرب - من إعادة ترتيب الأوضاع في بلاده، وجاء تحرك القوات الروسية مفاجأة لكل من جورجيا وحلفائها الغربيين.[٥٠]

عند هذه النقطة بدأت أجهزة الإعلام الغربية تتحدث عن عدم التكافؤ بين «الدب الروسي» و«الثعلب الجورجي»، وتطرقت إلى ذكر «خسائر بشرية ودمار مادي»، ثم ألقت الضوء على قصف جوي روسي لمواقع عسكرية جورجية بالقرب من العاصمة تبليسي، بعد

[٥٠] واقعة الدب والثعلب، عبد الله حمودة، صحيفة الوطن العمانية، ١٤ أغسطس ٢٠٠٨م

ما تجاهلت الدمار الذي ألحقه قصف القوات الجورجية بالمدنيين في أوسيتيا الجنوبية - كما يذكر الباحث عبد الله حمودة.

ثم نشرت الصحف الغربية صور انسحاب القوات الجورجية أمام رد الفعل الروسي الحازم، مع تغطية مصورة لآثار العمليات العسكرية، تضمنت صورة للرئيس الجورجي وهو يرتدي سترة واقية من الرصاص، وقالت: إنه كان يسارع للاحتماء بأحد الملاجئ، وكأنه ضحية بريئة، وليس مسئولاً عما جرى. وتجدر الإشارة إلى أن التقارير الصادرة عن مراكز الدراسات السياسية والاستراتيجية الغربية - التي يصفها كثيرون بالحيدة والموضوعية، ويأخذون ما تقول على أنه من المسلَّمات - قد تحدثت عن سطوة روسية على الدول المجاورة، وتجاهلت استخدام الغرب تلك الدول مخالب قط لإزعاج الدب الروسي، وهذا درس مهم لكل من يتابع ما يصدر عن العواصم الغربية ومراكز دراساتها، فليست هناك موضوعية وحَيْدة، إذا كان الأمر يتعلق بمصالح الغرب وأولوياته الاستراتيجية. وفيما يلي أهم وقائع يوميات الأزمة المسلحة:

**٨ أغسطس ٢٠٠٨م**

- مقتل ١٢ فردًا من أفراد قوة السلام الروسية، وجرح ١٥٠ آخرين في أوسيتيا الجنوبية.
- ميدفيديف يكلف النيابة العامة العسكرية بتوثيق الجرائم الجورجية في أوسيتيا الجنوبية.
- الجنرال قول أحمدوف: معارك ضارية تدور في وسط تسخينفالي.
- إعلان التعبئة العامة في جورجيا.
- غريزلوف: روسيا ستحمي مواطنيها في أوسيتيا الجنوبية.
- بوتين: من الصعب جدًا منع أعداد كبيرة من المتطوعين من التوجه إلى أوسيتيا الجنوبية.
- ميدفيديف: روسيا كانت وتبقى ضمانة لأمن شعوب القوقاز.
- ميدفيديف: تصرفات جورجيا في أوسيتيا الجنوبية انتهاك فظّ للقانون الدولي.
- زيوغانوف يدعو السلطات الروسية إلى وقف عدوان جورجيا.
- دبابات روسية تدخل إلى أوسيتيا الجنوبية.
- تجدد إطلاق النار على أراضي أوسيتيا الجنوبية بعد فترة قصيرة تلت الـ٢٤ ساعة الماضية. وقد استنفر كل الرجال بعمر دون الـ٥٠ في أوسيتيا الجنوبية .
- قرى أوسيتيا الجنوبية تتعرض لهجوم مدفعي.
- جورجيا تطلب مساعدة دولية
- مقتل أكثر من ألف شخص نتيجة القصف الجورجي لأوسيتيا الجنوبية.
- واشنطن تراقب تطورات الأحداث في منطقة النزاع الجورجي الأوسيتي.
- مجلس الأمن الدولي يستأنف المشاورات الطارئة حول أوسيتيا الجنوبية اليوم الجمعة .
- وزارة الدفاع الروسية: القوات الروسية تُسكت مصادر النيران الجورجية في تسخينفالي .

- جورجيا تشعل نار الحرب في القوقاز.
- الإذاعة الجورجية: القوات الجورجية استولت على تسخينفالي.
- بدء مشاورات في مجلس الأمن تمهيدًا للجلسة الطارئة بشان أوسيتيا الجنوبية.
- بوتين يطلع القيادة الصينية على تفاصيل الوضع في أوسيتيا الجنوبية.
- بوتين: عدوان جورجيا على أوسيتيا الجنوبية يستدعي إجراءات مضادة.
- مجلس الأمن لا يؤيد دعوة روسيا لوقف إطلاق النار في أوسيتيا الجنوبية.

**٩ أغسطس ٢٠٠٨م**

- الخارجية الروسية تعلن عن عدم جواز الخطابات البلاغية للقيادة الجورجية.
- رايس تدعو روسيا إلى سحب قواتها من الأراضي الجورجية.
- جورجيا تسحب قواتها من العراق.
- نشوب حرب بين الولايات المتحدة وروسيا لو كانت جورجيا عضوًا في الناتو.
- جنود مظلات روس يصلون إلى أوسيتيا الجنوبية.
- إجراءات أمنية متشددة على الحدود بين روسيا وجورجيا.
- الرئيس الجورجي يعلن حالة الحرب .
- مسئول أوسيتي: العدوان الجورجي أوقع آلاف الجرحى.
- البرلمان الجورجي يعلن عن تطبيق الأحكام العرفية.
- القوات الأبخازية تبدأ بطرد القوات الجورجية من وادي كودوري.
- الرئيس الروسي: إيقاف العدوان على السلام في أوسيتيا الجنوبية.
- ميدفيديف يردّ على بوش: روسيا تحمي رعاياها في أوسيتيا الجنوبية.
- جنود جورجيون يستسلمون والرئيس الجورجي يدعو إلى وقف النار.

**١٠ أغسطس ٢٠٠٨م**

- جورجيا تبلغ روسيا عن وقف عملياتها العسكرية في أوسيتيا الجنوبية.
- لافروف يخطر رايس بوقائع الكارثة الإنسانية في أوسيتيا الجنوبية.
- ميدفيديف يرفض التحادث مع سآكاشفيلي.
- ميدفيديف: على جورجيا أن تسحب قواتها من أوسيتيا الجنوبية دون شروط مسبقة.
- وزارة الخارجية الأمريكية تجيز لعائلات الدبلوماسيين الأمريكيين مغادرة جورجيا.
- قطع بحرية روسية تتجمع على مقربة من حدود جورجيا البحرية.
- الممثل المفوض لرئيس أوسيتيا الجنوبية: تسخينفالي مُحيت عمليًا من وجه الأرض.
- جنود روس من قوة حفظ السلام يسيطرون على القسم الأكبر من مدينة تسخينفالي.
- وزارة الدفاع الروسية تتجنب ذكر عدد الخسائر الروسية في أوسيتيا الجنوبية.
- القوات الجورجية عاجزة عن نقل قوتها المرابطة في العراق بنفسها إلى أرض الوطن.
- وزارة الخارجية الروسية تتهم الغرب باستخدام المعايير المزدوجة عند تقييم الوضع في أوسيتيا الجنوبية.
- وزارة الخارجية الروسية: ليست لروسيا أية خطط لفرض حصار اقتصادي على جورجيا.

- وزارة الخارجية الروسية تشكك في مدى مسئولية بعض البلدان لدى تقييمها للوضع في أوسيتيا الجنوبية .
- فتح «الممرين الإنسانيين» لإجلاء اللاجئين والجرحى من أوسيتيا الجنوبية.

**١١ أغسطس ٢٠٠٨م**

- ميدفيديف يرفض التحدث مع سآكاشفيلي.
- توقف إطلاق النار حول تسخينفالي.
- شركاء روسيا في «الثمانية» يدعونها لوقف إطلاق النار.
- مجلس الفدرالية يدعو الغرب إلى وقف الحرب الإعلامية ضد روسيا.
- وزراء خارجية روسيا وفرنسا وفنلندا يناقشون يوم غد الوضع في أوسيتيا الجنوبية.
- الطيران الروسي يدمر مروحيتين جورجيتين في قاعدة سيناكي.
- الناتو يستجيب لطلب روسيا بصدد عقد اجتماع عاجل لمجلس روسيا - الناتو.
- كييف تهدد وحدات بحرية روسية.
- سآكاشفيلي يوقع وثيقة لوقف إطلاق النار.
- ميدفيديف: قوات حفظ السلام الروسية ستواصل الدفاع عن المواطنين الروس.
- خوف أوروبي من القتال يحول دون إرسال قوات من الناتو إلى القوقاز.
- محاصرة القوات الجورجية في أوسيتيا الجنوبية وأسر أفرادها.
- بوتين: روسيا ستنجز مهمة حفظ السلام في أوسيتيا الجنوبية.
- مسئول عسكري روسي: تصريحات سآكاشفيلي حول وقف إطلاق النار خداع.
- توقف النقل البحري بين روسيا وجورجيا.
- مصرع ١٦٠٠ من السكان المدنيين في أوسيتيا الجنوبية.
- روسيا تشير إلى إمكانية إنشاء محكمة خاصة بالجرائم التي ارتُكبت في أوسيتيا الجنوبية.
- روسيا تخصص مبلغ ٢٠٠ مليون دولار لأوسيتيا الجنوبية.
- طائرات أمريكية تنقل قوات جورجية من العراق إلى جورجيا.
- إسرائيل تباشر إجلاء اليهود من مدينة غوري الجورجية.
- كوبا تقف مع روسيا.
- إسرائيل تمتنع عن تزويد جورجيا بالأسلحة.
- روسيا ترسل تعزيزات عسكرية إلى أبخازيا.
- أذربيجان توقف ضخ النفط عبر جورجيا.
- لافروف يبحث الوضع في أوسيتيا الجنوبية مع نظيريه الفرنسي والفنلندي.

**١٢ أغسطس ٢٠٠٨م**

- كوكويتي: أوسيتيا الجنوبية ستسعى للاتحاد مع أوسيتيا الشمالية.
- ميدفيديف وساركوزي يتفقان على ٦ مبادئ لتسوية النزاعات في جورجيا.
- ميدفيديف: تطبيع الوضع في أوسيتيا الجنوبية أصبح مرتبطًا بموقف جورجيا فقط.
- ميدفيديف: السؤال الخاص بمصير أوسيتيا الجنوبية وأبخازيا يجب أن يُطرح على شعبيهما.

- دعوة إلى خفض قدرات جورجيا الحربية.
- فرنسا تود توضيح مبدأ وحدة الأراضي الجورجية.
- ميدفيديف: الرد بالقوة كان الرد الوحيد الممكن على تصرفات جورجيا في أوسيتيا الجنوبية.
- ميدفيديف: جنود السلام الروس سيبقون في القوقاز.
- أسطول البحر الأسود الروسي نفّذ مهمته عند شواطئ جورجيا.
- الرئيس الأوكراني عاجز عن تنفيذ تهديداته ضد الأسطول الروسي.
- لافروف: على القوات الجورجية أن تعود إلى ثكناتها.
- البرلمان الروسي يستعد للاعتراف باستقلال أوسيتيا الجنوبية وأبخازيا.
- لافروف: روسيا لن تُجري مفاوضات مع ساكاشفيلي.
- ميدفيديف: روسيا تنهي عملية إرغام جورجيا على السلام.
- بعد مرور ساعة على إعلان ميخائيل ساكاشفيلي الهدنة والمفاوضات بين الطرفين، بدأت جورجيا هجومًا على تسخينفالي، عاصمة أوسيتيا الجنوبية.
- رفع العلم الأبخازي في وادي كودوري.
- أمريكا تحول دون عقد الاجتماع الاستثنائي لمجلس روسيا ـ الناتو.
- ساركوزي يدعو روسيا وجورجيا لإعادة الوضع إلى ما كان عليه في السادس من أغسطس.
- ميدفيديف يُطلع سولانا على إنهاء روسيا عملية إرغام جورجيا على السلام.
- لافروف: الغرب يتحمل مسئولية ما جرى في أوسيتيا الجنوبية.
- ساكاشفيلي يعلن خروج جورجيا من رابطة الدول المستقلة.
- تدمير ما يقارب ٧٠ بالمائة من تسخينفالي إبان العمليات الحربية.
- استمرار العمليات العسكرية في منطقة النزاع الجورجي – الأبخازي.
- نورعلييف: أكثر من ٣٠ ألف لاجئ من أوسيتيا الجنوبية عبروا حدود روسيا.
- ميرونوف: تتوفر كل المسوغات للنظر في طلبي أبخازيا وأوسيتيا الجنوبية حول الاعتراف باستقلالهما.
- روسيا ترفض مشروع قرار لا يتحدث عن العدوان الجورجي.
- سفن أسطول البحر الأسود عند شواطئ أبخازيا تحمي المواطنين الروس.
- القوات الأبخازية تشن عملية عسكرية في وادي كودوري.
- طائرة من وزارة الطوارئ الروسية تحمل مستلزمات طبية غادرت إلى فلاديقوقاز.
- ٣٤ ألف لاجئ من أوسيتيا الجنوبية يعبرون الحدود إلى روسيا خلال يومين.

**١٣ أغسطس ٢٠٠٨م**

- الولايات المتحدة تلغي تدريبات بحرية مع روسيا.
- لافروف يشير إلى احتمال تعزيز الوجود الدولي في أبخازيا وأوسيتيا الجنوبية.
- روسيا أوقفت عملياتها العسكرية في أوسيتيا الجنوبية ليس بطلب من أمريكا.
- الحياة الطبيعية تعود إلى تسخينفالي بالتدريج.
- الاتحاد الأوروبي مستعد لإرسال مراقبين إلى أوسيتيا الجنوبية بتفويض من مجلس الأمن الدولي.

- لافروف يبحث مع وزيرة الخارجية الجورجية تطبيق مبادئ تسوية النزاعات.
- كاراسين: قوة حفظ السلام الروسية تبقى كضمانة لأمن شعبي أبخازيا وأوسيتيا الجنوبية.
- البرلمان الجورجي يبدأ إجراءات قانونية لخروج البلد من رابطة الدول المستقلة.
- سآكاشفيلي يقبل شروط وقف إطلاق النار.
- بوش يعبر عن تأييده لجورجيا ويوفد كوندوليزا رايس إلى تبليسي.
- بوش يطالب بانسحاب كل القوات الروسية من أراضي جورجيا.
- جورج بوش: الولايات المتحدة تتوقع أن تمتنع روسيا عن تنحية سآكاشفيلي.
- لافروف: لا وجود للعسكريين الروس في ميناء بوتي.
- رئيس الوزراء التركي يعرب عن تضامنه مع روسيا الاتحادية بصدد تطورات الوضع في أوسيتيا الجنوبية.
- روسيا تعلن الحداد الوطني على ضحايا الكارثة الإنسانية في أوسيتيا الجنوبية.
- برلمان أوسيتيا الشمالية يدعو قيادة روسيا والمجتمع الدولي للاعتراف باستقلال أوسيتيا الجنوبية.

## ١٤ أغسطس ٢٠٠٨م

- أوسيتيا الجنوبية وأبخازيا توقعان مبادئ تسوية النزاعين مع جورجيا.
- لافروف: لا يمكن إرغام تسخينفالي وسوخومي على الموافقة على التسوية بالقوة.
- ميدفيديف وميركل يناقشان النزاع الجورجي- الأوسيتي.
- البرلمان الجورجي يؤيد انسحاب جورجيا من رابطة الدول المستقلة.
- أبخازيا وأوسيتيا الجنوبية تستبعدان إمكانية إجراء مفاوضات مع جورجيا حول وضعهما القانوني.
- موسكو تطالب واشنطن باتخاذ موقف مسئول تجاه ما يجري في أوسيتيا الجنوبية.
- لافروف ينتقد كييف على قرارها الأخير بشأن أسطول البحر الأسود.
- لافروف يبحث مع وزيرة الخارجية الجورجية تطبيق مبادئ تسوية النزاعات في جورجيا.
- روسيا تأمل أن تتصرف الولايات المتحدة بروح المسئولية في جنوب القوقاز .
- مرتزقة أجانب شاركوا في الاعتداء على أوسيتيا الجنوبية.
- جورجيا تستعيد سيطرتها على مدينة غوري.
- روسيا: تظاهرات مؤيدة لأوسيتيا الجنوبية.
- القوات المسلحة الأبخازية تباشر عملية عسكرية في وادي كودوري.
- ليبيا تساند روسيا.. الانسحاب الجورجي من العراق يُسعد العرب.
- يشهد سعر صرف اليورو هبوطًا ملموسًا يعزوه الخبراء إلى النزاع الجورجي – الأوسيتي.
- الأزمة في القوقاز تؤثر على أهم العملات العالمية.
- إلغاء مناورات «FRUKUS» في بحر اليابان.
- ميدفيديف: روسيا ستؤيد أي قرار يتخذه شعبا أبخازيا وأوسيتيا الجنوبية.

## ١٥ أغسطس ٢٠٠٨

- قوة حفظ السلام الروسية تضبط أسلحة أمريكية في وادي كودوري.
- أكثر من ١١٨ ألف شخص يهجرون منازلهم بسبب النزاع في جورجيا.
- ميدفيديف: على جورجيا أن توقع خطة التسوية.
- ميركل تعتبر الحوار مع قيادة جورجيا الحالية ممكنًا.
- روسيا ستوافق على القرار الذي سيعكس إرادة أبخازيا وأوسيتيا الجنوبية.
- ميدفيديف: روسيا لا تريد إفساد العلاقات مع العالم بسبب النزاع في أوسيتيا الجنوبية.
- سآكاشفيلي يعلن أنه وقَّع اتفاقية وقف إطلاق النار اليوم.
- سآكاشفيلي يعلن أنه لن تكون هناك حلول وسط في قضية أبخازيا وأوسيتيا الجنوبية.
- رايس تعد سآكاشفيلي بمساعدات اقتصادية.
- سفن أسطول البحر الأسود تعود إلى سيفاستوبول ونوفوروسيسك.
- الجيش الجورجي كان ينسحب من مواقعه قبل وصول الوحدات الروسية.
- فنزويلا تدين العدوان الجورجي.
- ميركل تبحث مع سآكاشفيلي الوضع في جورجيا.

**١٦ أغسطس ٢٠٠٨م**

- قوات روسية تحبط عملية تخريبية ضد ممر نقل المساعدات الإنسانية.
- ميدفيديف يوقع على خطة تسوية النزاع في جورجيا.
- القوات الروسية تغنم ٤٤ دبابة جورجية.
- لافروف: ما وقعه سآكاشفيلي يختلف عن خطة وقعها الرئيس الروسي.
- انسحاب قوات روسية من أوسيتيا الجنوبية بعد تحقيق الأمن.
- بوش يتمنى على روسيا أن تعمل على إنهاء الأزمة.
- وزير أوكراني سابق: سآكاشفيلي مسئول عن عواقب قراره الخاطئ.

**١٨ أغسطس ٢٠٠٨م**

- أبخازيا: تأمين الحدود مع جورجيا في وادي كودوري.
- إعلان حالة الطوارئ في أوسيتيا الجنوبية.
- جورجيا أفشلت المفاوضات المتعلقة بتبادل الأسرى.
- ميدفيديف: روسيا سترد ردًا ساحقًا على كل عدوان يستهدف مواطنيها.
- روسيا تباشر بسحب قواتها من جورجيا حسب خطة «ميدفيديف ـ ساركوزي».
- جورجيا كانت تخطط لشن هجوم على أوسيتيا الجنوبية على مدى عدة سنوات.
- روسيا قدمت لأمريكا كافة تفاصيل نشوب وتطور النزاع في أوسيتيا الجنوبية.
- سفن حربية روسية تضمن أمن الملاحة قرب الشواطئ الجورجية.
- اللاجئون الأوسيتيون الجنوبيون في أوسيتيا الشمالية بدأوا يعودون إلى الوطن.

**٢٦ أغسطس ٢٠٠٨م**

- ميدفيديف: روسيا تعترف باستقلال أوسيتيا الجنوبية وأبخازيا.

# رؤى متقابلة

انتهت الأزمة المسلحة في فترة قصيرة نسبيًا، ودون أن تتصاعد إلى أزمة مسلحة دولية، ولكنها أسفرت عن تغيرات متعددة ارتبطت بالرؤى التي يحملها كل طرف من أطراف الصراع.

عاد الغرب لينظر إلى روسيا بنوع من التخوف المشوب بالقلق. فروسيا القوية تمثل إزعاجًا للأحلام الغربية في الهيمنة على العالم. كما أن روسيا القوية لا تكتفي أبدًا بأن تكون قوية في ذاتها، ولكنها دائمًا تسعى إلى القيادة في محيطها، والتأثير القوي في العالم الذي توجد فيه. لذلك عاد بعض مفكري الغرب إلى بثّ عبارات القلق في تحليلاتهم السياسية حول أزمة القوقاز.

فمثلاً يرى الكاتب الأمريكي كليفورد جي غادي أن روسيا «كانت ولا تزال حالة استثنائية. فإرث ماضيها الستاليني لا يزال ملموسًا في سياستها الداخلية والخارجية وحياتها الاقتصادية. وبسبب مخاوفها الأمنية بالأخص، لن تستجيب بسرعة وبشكل متوقع لما قد نعتبره تحفيزات اقتصادية واضحة ومناسبة، سواء كانت إيجابية أو سلبية. فأرباح روسيا المتأتية من النفط والغاز زادت من تعقيد الحسابات المعهودة لمنافع الاندماج. وقد أتاحت لروسيا إعادة إحياء اقتصادها من دون أن «تصبح مثلنا». قد نكون اقترفنا خطأ بافتراضنا بشكل مبكر أن روسيا ملتزمة باتباع مسار التطبيع. لكن ردة الفعل على ذلك الخطأ لا يجب أن تؤدي إلى ارتكاب خطأ آخر أكثر خطورة، من خلال تحويل أكبر دولة مزودة للطاقة في العالم وإحدى أكبر الدول الممولة للعجز الأمريكي إلى دولة منبوذة ومناهضة بشدة لنظام اقتصادي دولي متزعزع نوعًا ما».[٥١]

لذا، وكما يرى الباحث ديمتري ترينين فقد «اتخذت إدارة بوش قرارًا بمعاقبة واحتواء روسيا. وفي الوقت الذي يتطلع فيه الكرملين إلى يوم تضمحل فيه قوة أمريكا العالمية، فإن الإجماع في واشنطن يتمثل في أنه يجب وقف عودة وصعود روسيا كقوة متمردة تسعى إلى الانتقام قبل فوات الأوان».[٥٢]

---

[٥١] رؤية خاطئة لمعاقبة موسكو، روسيا تحتل المرتبة الثالثة في استثماراتها في سندات خزينة الحكومات الغربية، كليفورد جي غادي، مجلة نيوزويك الأمريكية، ٢ سبتمبر ٢٠٠٨م.

[٥٢] تتحرر من أمريكا، الإجماع في واشنطن يتمثل في أنه يجب وقف عودة وصعود روسيا كقوة متمردة تسعى إلى الانتقام قبل فوات الأوان، ديمتري ترينين، مجلة نيوزويك الأمريكية، ٢ سبتمبر ٢٠٠٨م.

الرؤى حول الأزمة كانت مختلفة، وهذا الاختلاف ظهر بشكل واضح بعد الأزمة، وخلال المرحلة التي يحاول كل طرف تحقيق أكبر مكاسب منها. لذلك من المهم أن نحاول التعرف على تلك الرؤى المتقابلة في سياق محاولة فهم الأبعاد المختلفة لهذا الصراع.

**الرؤية الروسية**

يشكل قادة الدول عندما تطول مدد حكمهم الأسلوب الذي تتعامل به تلك الدول مع العالم، ونوع الطموحات التي تتطلع إليها الدولة. وقد نجح فلاديمير بوتين في أن يعيد إلى روسيا قدراً لا بأس به من الهيبة التي فقدها الاتحاد السوفييتي والكيانات التي كونته بعد انتهاء الحرب الباردة في القرن الماضي. وأصبح ما يريده الروس من العالم بعد عودة روسيا إلى الساحة العالمية لا يبتعد كثيراً عن رؤية بوتين للدور الروسي في عالم الغد.

تؤكد على هذه الفكرة الكاتبة راغدة درغام في مقال لها عندما تقول: «ما يريده الروس في عهد فلاديمير بوتين هو الاحترام والاحترام الفائق. يريدون مكاناً مرموقاً ومميزاً في المراتب الدولية، وليس مجرد مرتبة عادية ذات مكانة. يريد روس بوتين أن تؤخذ روسيا ببالغ الجدية، وألا تفترض مواقفها لتؤخذ بأنها مضمونة. بوتين يريد متعة قيامه هو بالمفاجأة، ولا يريد أن يفاجأ على أيدي آخرين. ومن ضمن أهم ما يريده بوتين هو أن تتعامل الولايات المتحدة وأوروبا مع ملفاته المهمة لروسيا بما يلائم موسكو، وإلا انه جاهز لاستخدام الأدوات المتاحة لديه للانتقام إذا لم يفلح في استخدامها للمقايضة».[٥٣]

الإعلام الروسي حرص على نقل وجهة النظر الروسية في الصراع بشكل مباشر، ومواجه للغرب أيضاً. ومثال ذلك ما أشارت إليه الكاتبة الروسية جانا بوريسوفنا - بعد يومين فقط بعد بدء المواجهة العسكرية في جورجيا - من أن «قرار الحرب الذي اتخذه الرئيس الجورجي ميخائيل ساكاشفيلي ضد جمهورية أوسيتيا الجنوبية، لا يختلف كثيراً عن قرار بوش بشن حملته العسكرية ضد العراق عام ٢٠٠٣م، فهما لم يكن ضمن حساباتهما أن يدفعا أي ثمن لهذه المعارك، وإنما من تكبد الخسائر هم السكان العُزّل، فقدوا أبناءهم أو آباءهم وتهدمت منازلهم.. ولن يعوضهم أحد عن هذه الخسائر الفادحة.

لقد تسببت حملة ساكاشفيلي في مقتل مئات المدنيين العزل، وتشريد أكثر من ربع سكان إقليم أوسيتيا الجنوبية، وتدمير عاصمة الإقليم. كل هذه الكوارث يتجاهلها

---

٥٣ بوتين لن يرمي علاقته مع أمريكا في البحر إرضاء لإيران وسورية، نيويورك، راغدة درغام، صحيفة الحياة اللندنية، ١٠ أكتوبر ٢٠٠٧م.

الغرب، ويتحدث عن قصف القوات الروسية لميناء بوتى وبعض القواعد العسكرية الجورجية. يرفض الغرب أن يفهم التركيبة العرقية والسكانية في دول الفراغ السوفييتي السابق؛ لأن الأمر لا يعنيه، فأوروبا والولايات المتحدة لا تهتم بأن أغلبية سكان أوسيتيا الجنوبية من مواطني روسيا، وأن الدستور يلزم القيادة الحالية بحماية هؤلاء المواطنين.. لأن الغرب لا يرى في القوقاز سوى موقع استراتيجي للوجود العسكري، يتطلب أولاً إزاحة الوجود العسكري الروسي».[٥٤]

وفي بيان الرؤية الروسية للحدث، ذهب الرئيس ميدفيديف إلى حد القول: «إن بلاده مستعدة لاحتمالات المواجهة» متوعدًا برد عسكري على منظومة الدرع الصاروخية الأمريكية في أوروبا. ويقول في هذا المجال: «إذا رغب الغرب في تدهور العلاقات مع موسكو فسيحصل على ذلك بالتأكيد. نحن لا نخاف من أحد، ولا تهمنا بروز آفاق الحرب الباردة».[٥٥]

كما أكد بوتين في أكثر من حوار صحفي حرصه على إلقاء اللوم على أمريكا تحديدًا، وذكر أكثر من مرة أن أمريكيين كانوا موجودين في منطقة النزاع «يفعلون ما يؤمرون به، والشخص الوحيد الذي يمكنه أن يصدر لهم مثل هذه الأوامر هو زعيمهم». وقال بوتين: «كانوا يحتاجون إلى حرب قصيرة تنتهي بالانتصار. وحتى لو أخفقوا في ذلك، يمكنهم دائمًا توجيه اللوم إلينا، وإظهارنا كعدو بهدف إعادة إحياء الحس الوطني، وتوحيد البلاد حول قوة سياسية معينة».

رفض البيت الأبيض هذه الاتهامات. وقالت المتحدثة باسمه دانا بيرينو: إن «الإيحاء بأن الولايات المتحدة تدخلت في هذا الأمر لحساب مرشح سياسي يبدو أمرًا غير منطقي».[٥٦] إن التحرك الروسي يدخل كذلك في مجال إشعار الولايات المتحدة بأنها ليست القوة الوحيدة

---

٥٤ الحرب الجورجية وصراع القوى الكبرى، جانا بوريسوفنا، نشرة قراءات غربية، المركز الدولي لدراسات أمريكا والغرب، ١٠ أغسطس ٢٠٠٨م.

٥٥ من البحر الأبيض إلى البحر الأسود: مشاريع حروب ساخنة وباردة! بداية سقوط الأحادية الأمريكية وانبعاث الثنائية التقليدية، عادل مالك، صحيفة الحياة، لندن، ٣١ أغسطس ٢٠٠٨م

٥٦ روسيا تعرب عن غضبها إزاء «انحياز» الغرب بشأن أزمة جورجيا، السبت ٢٨ شعبان ١٤٢٩ هـ، ٣٠ أغسطس ٢٠٠٨، جريدة الشرق الأوسط، الصفحة: أخبار موسكو. لندن العدد ١٠٨٦٨

المهيمنة عالميًّا، وإن هناك أطرافًا لديها مصالح استراتيجية لا بد من احترامها وأخذها بالحسبان.[٥٧]

وأخيرًا يمكن القول أن توجه روسيا نحو الاعتراف باستقلال الإقليمين (أبخازيا وأوستيا)، لا يتوقف عند حد ردّ الاعتبار على استقلال كوسوفا، وإنما يأتي في الأساس كرد على محاولة حلف الناتو ضم جورجيا إلى عضويته، وهي في ذلك تسعى إلى عدة أهداف: ١. تكوين منطقة عازلة موالية لها؛ لفصل حدودها عن جورجيا، بحيث إذا انضمت هذه الدولة إلى الحلف، لا يكون للناتو وجود مباشر على حدود روسيا. ٢. رسالة إلى جورجيا بأن مصلحتها في الأساس تكمن في التقارب مع روسيا وليس الولايات المتحدة، أو أوروبا، خاصة وأنها قادرة على العبث بوحدة أراضيها، وليس بمقدور الناتو أو الولايات المتحدة تقديم المعاونة والمساعدة العسكرية لها. ٣. رسالة إلى الناتو والولايات المتحدة بأن روسيا باتت خياراتها مفتوحة إزاء ما يهدد سلامة أراضيها، وأنها قد تسعى إلى مواجهة مسلحة للحفاظ على استقرار الأوضاع الحالية في محيطها الاستراتيجي والأمني والدول الملاصقة لها. ٤. إضعاف فرصة جورجيا في الانضمام إلى الناتو؛ لأن الحلف لن يسعى في هذه الفترة لضم دولة في حالة حرب؛ إذ سيفرض عليه هذا الانضمام تكلفة عسكرية ومواجهة مباشرة مع روسيا.[٥٨]

### الرؤية الجورجية

هناك في جورجيا من أراد استدعاء التراث التاريخي العدائي بين جورجيا وروسيا من أجل تقديم مبررات للموقف الجورجي، أو لتفسير الخديعة التي وقعت جورجيا في شراكها. تقول سالومي زورابيشفيللي، وهي وزيرة الشئون الخارجية السابقة في جورجيا: «لا شك أن قادة جورجيا حسبوا أن روسيا لن ترد على اقتصاصهم من العصابات الأوسيتية، ولم يعتبروا من تجاربهم التاريخية والعسكرية والدبلوماسية مع روسيا. ووقع الجورجيون في شَرَك روسي، هو سمة ثابتة في التكتيكات الروسية. ففي ١٧٧٢م، أبرمت جورجيا اتفاق تعاون وحماية مع روسيا. ويومها، حثت روسيا جورجيا على مهاجمة الفرس، ووعدت بمؤازرتها في القتال. ولكنها أخلت بالتزامها. وتخلت روسيا في عهد كاترين الثانية عن

---

[٥٧] الأزمة الجورجية في الميزان، أمين المشاقبة، ٩ سبتمبر ٢٠٠٨م، ملف جورجيا وروسيا، المركز الدولي لدراسات أمريكا والغرب، ICAWS

[٥٨] معركة القوقاز .. خلفيات الصراع الجورجي ـ الروسي وأبعاده، عصام زيدان، مفكرة الإسلام، تقارير ومقالات، ٩ أغسطس ٢٠٠٨م، http://www.islammemo.cc/Tkarer/Tkareer/2008/08/09/67806.html

جورجيا، ولم تهب لنجدتها، على خلاف عهدها لها. وفي ١٧٨٣م، أبرم اتفاق تعاون عسكري جديد بين جورجيا وروسيا تعهدت هذه الأخيرة بموجبه بمرابطة فرقتين عسكريتين روسيتين في الأراضي الجورجية. واستفز هذا الاتفاق الشاه محمد خان. وفي ١٧٩٥م هاجمت إمبراطورية فارس جورجيا، وأحرقت تبيليسي، ووقفت روسيا طوال ثلاثة أسابيع موقف المتفرج، ولم تحرك ساكنًا لمساعدة حليفتها المفترضة، على ما فعلت مع حلفائها أرمن تركيا، في ١٩١٥م. ووقعت جورجيا في فخ نصبته موسكو لها بإحكام، وانزلقت إلى الرد العسكري على استفزازات موسكو.[٥٩]

الرئيس الجورجي أراد أيضًا استدعاء الأحلام الغربية في الديمقراطية في نوع من استجداء الدعم من الغرب. يقول الرئيس في مقال نشر في معظم وسائل الإعلام الموالية للغرب، وترجم إلى العربية أيضًا، ونشر في عدد من الصحف والمجلات كذلك «ربما يكون الخطأ الوحيد لجورجيا، في هذه الأزمة، رغبتها في أن تكون بلدًا مستقلاً وحرًا وديمقراطيًا. فماذا إذا تم عقاب الدول الأوروبية على رغبتها فيما نرغب فيه من طموحات؟ ومع تعرض جورجيا للهجوم، علينا أن نسأل: إذا لم يكن الغرب معنا، فمع من يكون؟ وإذا لم يتم توضيح الخطوط الآن، فمتى سيتم ذلك؟»[٦٠]

ورغم الاستدعاء التاريخي من ناحية، ومحاولة ربط المغامرة الجورجية بمشاريع التحرر والديمقراطية، إلا أن العالم ينظر إلى جورجيا الآن على أنها لم تكن ثاقبة الرؤية، وأنها وقعت ضحية لقوتين عظميين أرادتا أن تتخاصما على أرضها، ولم تنجح جورجيا في المقابل في الحصول على أية مكاسب حقيقية.

### الرؤية الأمريكية

هناك شبه إجماع في الغرب - كما يرى الباحث سعيد محيو - بأنه لا يمكن الوثوق بروسيا كشريك استراتيجي. الدلائل على ذلك كثيرة، ومنها نزوع بلاد القياصرة التاريخي إلى التوسع الإمبريالي على حساب جيرانها، خاصة الأوروبيين منهم، وشعور الروس بأنهم يمتلكون هوية أرثوذكسية أوراسية (أوروبية - آسيوية) متميزة تفصلهم عن

---

[٥٩] الشرك الروسي لجورجيا حلقة في سياسة تقليدية، سالومي زورابيشفيللي، صحيفة لكسبريس الفرنسية، ٢١ أغسطس ٢٠٠٨م

[٦٠] الحرب الروسية أسوأ تحدّ، ميخائيل ساكاشفيلي، جريدة الشرق الأوسط، الصفحة: الرأي، ١٥ أغسطس ٢٠٠٨م، العدد ١٠٨٥٣

الحضارة الغربية، ومخاطر قيام كتلة روسية ـ صينية جديدة (عبر منظمة معاهدة شنغهاي) قد تشكل نواة تحالف دولي يهدد الزعامة الغربية العالمية. يضاف إلى ذلك الشكوك الأمريكية القوية بأن روسيا تسعى إلى إشعال الحروب في الشرق الأوسط لرفع أسعار النفط والغاز بشكل شاهق.

حذّر بوش من «أن التصرف الروسي يصعّد فقط التوترات ويعقّد المباحثات الدبلوماسية» حول مستقبل جورجيا. كما قال وزير الخارجية الفرنسي، برنار كوشنير: إن روسيا ربما تكون لها مطامع في بلدان أخرى بعد اعترافها باستقلال أوسيتيا الجنوبية وأبخازيا.[٦١]

وعقب الأزمة مباشرة حاول بعض المفكرين الأمريكيين المتعاونين مع الإدارة الأمريكية تقديم رؤية مغايرة للواقع، ولكنها تعبر عن الرسالة الأمريكية للعالم حول ما حدث في القوقاز. يقول ريتشارد هولبروك، وهو سفير أمريكي سابق، في مقال له نُشر بعد اندلاع الأزمة بأيام قليلة: «إن الذي نعلمه جيدًا هو أن جورجيا قد استجابت لاستفزازات متكررة صادرة عن هجمات انفصاليي أوسيتيا الجنوبية، الذين تمولهم وتسيطر عليهم موسكو. ولم تكن جورجيا راغبة في نشوب حرب كهذه، وخاصة أنها بدأت بسط سيطرتها تدريجيًّا وببطء على إقليمها المتمرد، مستخدمة في ذلك قوتها الناعمة».

ثم عقب هولبروك قائلاً: «أيًّا تكن الأخطاء التي ربما تكون تبليسي قد ارتكبتها، فهي لا تبرر مطلقًا ما قامت به روسيا بغزوها لدولة جارة لها، في عمل عدواني غير شرعي، يمثل انتهاكًا صريحًا لميثاق الأمم المتحدة، وكذلك لمبادئ التعاون والأمن الأوروبيين.. ويشير توقيت شن هذه الحرب الواسعة النطاق على جورجيا، إلى عزم موسكو على الإطاحة بخصمها سكاشفيلي قبل وقت كافٍ من انتخابات نوفمبر الأمريكية، بما يمكّن موسكو من تفادي بدء العلاقات مع إدارة أمريكية جديدة، على خلفية المشاحنات القائمة بين موسكو وواشنطن». ثم ينهي المفكر الأمريكي مقاله بالتعبير عن الرؤية الأمريكية للأهداف الروسية قائلاً: «الذي تهدف إليه موسكو بالفعل، ليس مجرد استعادة الأوضاع إلى ما كانت عليه في أوسيتيا الجنوبية كما تدعي، وإنما تريد تغييرًا كاملاً للنظام الحاكم في جورجيا. والدليل على ذلك أنها فتحت جبهة نزاع أخرى في إقليم أبخازيا المتنازع عليه أيضًا بين موسكو وتبليسي، أي في مدينة «سوشي». ويظل الهدف الرئيس وراء هذه المناوشات هو الإطاحة بالرئيس الجورجي سكاشفيلي، الذي يبغضه

---

[٦١] اتفاق ساركوزي ـ ميدفيديف في ميزان الفحص، نتالي نوغيريد، صحيفة الحياة، لندن، ٢٧ أغسطس ٢٠٠٨م

ويحتقره بوتين، على أن يتم تنصيب رئيس جديد خلفاً له، شريطة أن يكون موالياً لموسكو».

ثم عبّرت وزيرة الخارجية الأمريكية كوندوليزا رايس عن ملخص رؤية الإدارة الأمريكية في أزمة القوقاز بقولها: إن روسيا تزداد «تسلطاً» و«عدوانية»، معتبرة أن انضمامها لمنظمة التجارة العالمية ومنظمة التنمية والتعاون الاقتصادي في أوروبا «بات موضع شك». قالت رايس ذلك في كلمة لها أمام صندوق مارشال الألماني، ولم تتوقف عند ما حدث في صيف ٢٠٠٨م، ولكنها بدت وكأنها تقدم مبررات تاريخية أيضاً لاستمرار الأزمة في قولها: «إن أعمال روسيا في جورجيا تعبر عن تدهور في سلوكها منذ سنوات». وتوقعت الوزيرة الأمريكية ألا تحقق روسيا الهدف من حربها، وقالت: إن الهدف الاستراتيجي الآن هو التوضيح لقادة روسيا بأن خياراتهم تضعهم في طريق له اتجاه واحد يقود إلى ما أسمته العزلة والتهميش الدولي. واعتبرت رايس أنه «يجب على الولايات المتحدة وأوروبا عدم السماح لما أسمته بالعدوان بأن يحقق أية نتائج».

وفي المقابل بدا لافتاً تصريح المندوب الأمريكي في الناتو، كورت فولكر، الذي قال: إن الولايات المتحدة حذّرت جورجيا من محاولة استعادة أوسيتيا الجنوبية بالقوة، وإن هذا التحذير استمر حتى عشية اندلاع الحرب في ليل السابع من أغسطس ٢٠٠٨م. ومن جهته، رأى مساعد وزير الخارجية الأمريكي السابق، ريتشارد آرميتاج، بأنه قد تم تجاوز روسيا عندما قام الرئيس الجورجي ميخائيل ساكاشفيلي بمحاولة استعادة أوسيتيا الجنوبية بالقوة، معتقداً أنه حصل على ضوء أخضر أمريكي. ورأى آرميتاج أن ساكاشفيلي أساء الفهم، وأن الولايات المتحدة لم تعطه الضوء الأخضر لشن الحرب.[٦٢]

يقدم الباحث بهجت قرني قراءة واقعية من الشارع الغربي خلال زيارة له عقب اندلاع أزمة القوقاز، فيقول: «الشارع الغربي في مجمله يشعر بنوع من عدم الثقة إزاء روسيا، ليس فقط بسبب ماضيها الشيوعي، ولكن حتى قبل انتصار الثورة البلشفية عام ١٩١٧م كان هناك تاريخ طويل من التورط الروسي في شؤون أوروبا لازال يلقي بظلاله على نظرة الأوروبيين لروسيا. لكن ما لفت نظري هو أن الجزء الأكبر من الشارع الغربي، حاول تجاوز الحدث في حد ذاته لمناقشة دلالاته وتداعياته، وكان الرأي الغالب هو أننا إزاء الحرب الباردة مجدداً، بل إنه في مناقشة داخل بيت أحد الأصدقاء الفرنسيين كان هناك

---

[٦٢] الغرب يتحد في مواجهة روسيا، عبد الجليل زيد المرهون، جريدة الرياض، ٢٩ أغسطس ٢٠٠٨م، العدد ١٤٦٧٦

مَن رأى أن الحرب لم تنته أصلاً. كل ما حدث هو أن هناك هدنة حتى تسترد روسيا أنفاسها لكي تواصل هذه الحرب![٦٣]

البعض من العقلاء في أمريكا أراد أن ينبّه الولايات المتحدة أنه ليس من صالحها عدم إدراك تطورات العالم، واهتمام القوى الكبرى بمناطق نفوذها. فقد ذكر مثلاً تيد ستريكلاند، وهو حاكم ولاية أوهايو الأمريكية عقب اندلاع الأزمة «أننا يجب أن نتفهم مصالح روسيا ورغباتها في مجال نفوذها». وهناك غيرهم ـ كما يؤكد الباحثين ـ ممن يخشى أن تُجرّ أقدام أمريكا - المتورطة بالفعل في العديد من المآزق في مختلف أنحاء المعمورة- في صراعات جديدة من قِبَل حلفاء لا يمكن التنبؤ مسبقاً بتصرفاتهم، ولا يمكن التحكم فيها، كرئيس جورجيا الحالي على سبيل المثال.

المشروع الأمريكي يسعى لضم كافة دول أوروبا الشرقية لصالح حلف شمال الأطلسي، وإقامة القوة الدفاعية الصاروخية، واحتواء المجال الحيوي الاستراتيجي ضمن فضاء الاتحاد الروسي .. ويأتي ضمن نطاق الاهتمام الأمريكي موضوع نفط القوقاز ومشاريع أنابيب الغاز وجورجيا كدولة تمثل حدودًا متقدمة وقاعدة انطلاق أمريكية لتحريكها متى شاءت في ظل وجود قيادة جورجية غير متزنة وربما متهورة.[٦٤]

وقد انزلقت كلّ من بولندا وجمهورية التشيك إلى إبرام صفقة نصب نظام الدرع الصاروخية الأمريكية في أراضيهما، إلا أنهما اكتشفتا حاليًا أن ما طمأنتهما به واشنطن من توفير الحماية لهما، لم يكن سوى ورقة انتخابية قصدت بها إدارة بوش إرضاء الناخبين الأمريكيين بسياسات حزبها الجمهوري، إضافة إلى أن تلك الصفقة لم تزد عن كونها مدرّة لمزيد من أموال الخزانة الأمريكية.[٦٥]

## الخلاف الأوروبي الأمريكي

كانت كلمات أول أمين عام للناتو في أواخر الأربعينيات بشأن هدف المنظمة العابرة للأطلسي قاسية، ولكنها دقيقة ومعبرة عن رؤية أمريكا لكل من أوروبا وروسيا في

---

[٦٣] الحرب الباردة... بين شارعين!، بهجت قرني، الاتحاد الإماراتية، ٤ سبتمبر ٢٠٠٨م

[٦٤] الأزمة الجورجية في الميزان، أمين المشاقبة، ٩ سبتمبر ٢٠٠٨م، ملف جورجيا وروسيا، المركز الدولي لدراسات أمريكا والغرب، ICAWS

[٦٥] ليلة الهجوم الجورجي: أين العالم الحر؟، ويليام فاف، جريدة الاتحاد الإماراتية، وجهات نظر، ٣٠ أغسطس ٢٠٠٨م

سعيها نحو الهيمنة الكاملة على القارة الأوروبية، عندما قال: إن هدف الحلف سيكون: «إبقاء أمريكا في الداخل (داخل أوروبا)، وإبقاء ألمانيا في الأسفل (تحجيم نموها)، وإبقاء روسيا في الخارج (إي خارج أوروبا)».

الخلاف بين أوروبا وأمريكا حول الصراع في القوقاز لا يرتبط فقط بما فعلته روسيا، ولكنه يهتم أيضًا بمعنى إدخال كيانات ودول صغيرة متهورة ضمن منظومة القرارات الدولية العسكرية. فعندما تصبح جورجيا مثلاً عضوًا في حلف الأطلسي، فإن أي مواجهة مسلحة بين جورجيا وبين روسيا يمكن أن تتحول إلى مواجهة عالمية في ضوء التزام الحلف بمساندة أي دولة من دول التحالف في حال تعرضها إلى اعتداء خارجي.

ويرى بعض المراقبين أن هذا الالتزام قد يدفع بالكيانات والدول الصغيرة إلى مغامرات عسكرية يمكن أن تجر العالم نحو مواجهة عسكرية مسلحة دون مبررات كافية. يقول دبلوماسي أوروبي: إنه «لا أحد في حلف الأطلسي يريد أن يُجرّ إلى حرب في القوقاز بسبب حسابات ساكاشفيلي الخاطئة.. ويقول محللون ودبلوماسيون: إن الصراع على منطقة أوسيتيا الجنوبية الانفصالية جدد الخلافات بين الولايات المتحدة وأوروبا عبر الأطلسي وأيضًا الخلافات بين الدول الأوروبية بشأن جورجيا، وقوّض الثقة في رئيسها غير العملي الذي تدعمه الولايات المتحدة».[٦٦]

وذكر فرانكو فراتيني وزير الخارجية الإيطالي في مقابلة مع إحدى الصحف نُشرت بعد اندلاع الأزمة: «إن هذه الحرب أبعدت جورجيا أكثر ليس عن أوروبا فحسب، بل أيضًا تعقّد (مسألة) مجلس الحلف الذي يعقد في ديسمبر من عام ٢٠٠٨م ..»، وأضاف قائلاً لصحيفة لا ستامبا: «إيطاليا تؤكد أننا لا نستطيع تشكيل تحالف مناهض لروسيا في أوروبا، وفي هذه النقطة موقفنا مقارب لموقف رئيس الوزراء الروسي فلاديمير بوتين». وقال ديفيد لوبين، الخبير الاقتصادي في الأسواق الصاعدة في مجموعة سيتي جروب الأمريكية: «هذا ما يجعل احتمال توسعة حلف الأطلسي أقل. إن آخر ما تحتاجه الولايات المتحدة هو جبهة أخرى. وهذا تحديدًا هو ما تستغله روسيا».

كما اتهم المستشار الألماني السابق جيرهارد شرودر الغرب بارتكاب «أخطاء جسيمة» في التعامل مع روسيا، مضيفًا أن هذه الأخطاء أدت إلى أزمة جورجيا. وقال شرودر،

---

[٦٦] آخر المقامرة: جورجيا خسرت الحرب وخسرت معها أوروبا، بول تايلور، ميدل إيست أونلاين، ١٠ أغسطس ٢٠٠٨م.

المعروف بصداقته الحميمة لرئيس الوزراء الروسي فلادمير بوتين: «إن من بين هذه الأخطاء الوجود العسكري الأمريكي المكثف في جورجيا، واعتراف الغرب بكوسوفو، وخطط نصب درع صاروخي أمريكي في بولندا والتشيك».[٦٧]

وبالنسبة لبعض الدبلوماسيين من حلف الأطلسي والاتحاد الأوروبي - كما يرى الباحث بول تايلور - فقد برَّر هذا الصراع مقاومتهم لجهود الولايات المتحدة لضم جورجيا لعضوية الاتحاد في إطار «أجندة الحرية» الخاصة بالرئيس جورج بوش. وقال مبعوث بارز من إحدى الدول الأوروبية المتشككة طلب عدم نشر اسمه: «حمداً لله أننا لم نضمهم. ولو كانت جورجيا عضواً في حلف الأطلسي، لاستدعى هذا اللجوء إلى المادة الرابعة من بند الدفاع المشترك الذي يقضي بأن تتقدم الدول لمساعدة حليف يتعرض لهجوم».

وأضاف الدبلوماسي «لا أحد في حلف شمال الأطلسي يريد أن يجر إلى حرب في القوقاز بسبب حسابات ساكاشفيلي الخاطئة»، مضيفاً أن الرئيس الجورجي تلقى «مشورة غير صائبة» بإرساله قوات إلى أوسيتيا الجنوبية.[٦٨]

**الرؤية الصينية**

كان الزعيم الصيني السابق ماوتسي تونج بعيد النظر عندما قال في نهاية الستينيات: إن الصين ستتحول إلى قوة عالمية كبيرة مع حلول عام ٢٠٠٠م، وعندما سئل عن مغزى تحديد ذلك العام بالضبط قال: «في ذلك العام تكون الصين قد استعادت هونج كونج من البريطانيين، ومكاو من البرتغاليين، وعندما يحدث ذلك ستصبح عودة منشوريا وتايوان إلى البر الصيني مسألة وقت». وكان السياسي الأمريكي المعروف هنري كيسنجر يعتبر الصين تنيناً هائلاً يمكن أن يبتلع العالم بأسره، ويقول: «التنين نائم، اتركوه نائماً». وجاء صيف عام ٢٠٠٨م ليحمل معه أزمة القوقاز من ناحية، وهي نقطة ميلاد عودة روسيا إلى الساحة الدولية، وكذلك استغلت الصين مناسبة انعقاد الأولمبياد على أرضها في نفس التوقيت لتعلن بشكل آخر أنها انضمت أيضاً إلى القوى الدولية الهامة والمؤثرة في عالم الغد.

---

[٦٧] شرودر يحمّل الغرب تبعات أخطائه مع موسكو، فريق التحرير، قضايا وأحداث، موقع دويتشه فيله، ٢ سبتمبر ٢٠٠٨م

[٦٨] آخر المقامرة: جورجيا خسرت الحرب وخسرت أوروبا، بول تايلور، ميدل إيست أونلاين، ١٠ أغسطس ٢٠٠٨م.

لذلك عندما اندلعت أزمة جورجيا، كانت موسكو تحرص على معرفة موقف الصين من كل ما يجرى، واكتفت بكين بالإعراب عن القلق من اندلاع أزمة القوقاز، الأمر الذي لا يحمل تأييدًا لروسيا لكنه لا يتضمن موقفاً معارضًا لها أيضًا، باعتبار أن الموقف الصيني التقليدي لا يمكن أن يؤدي إلى مواجهة مع الغرب، وهذا ما عكسته نتائج اجتماعات دول «معاهدة شنغهاي»، والتي تضم بالإضافة إلى روسيا كل من الصين وإيران وكازاخستان وأوزباكستان وطاجيكستان وقرغيزستان، من حيث تأكيد خطورة الموقف، وباعتبار العديد من دول المعاهدة يتعاطف مع الموقف الروسي من حيث المبدأ.[٦٩]

كما حرصت الصين على إعادة الأمر إلى المجتمع الدولي، وذكرت جيانغ يوي، المتحدثة باسم وزارة الخارجية الصينية في مؤتمر صحفي دوري: «إذا اشترك المجتمع الدولي والأمم المتحدة في هذه القضية، ستمثل جهودهم إجماع الإطراف المعنية الكبرى، وستساعد في التوصل إلى حل سلمى للصراع من خلال الحوار والتشاور».

كما أن الصين تعرف تمامًا طبيعة الموقف الأمريكي من صعودها المتسارع على الساحة الدولية في الأعوام الأخيرة، ولذلك ترى أن التعاون مع روسيا من شأنه تخفيف حدة الحماقات الأمريكية تجاه الصين. لقد أظهرت الأعوام الأخيرة أن الصين قد اصطدمت مصالحها الاقتصادية مع الولايات المتحدة بالفعل، وذلك حينما حاربت الأولى مصانع لعب الأطفال في الصين؛ بدعوى أنها تنتج ألعابًا غير آمنة، مع أن السبب الحقيقي هو اجتياح تلك الألعاب للسوق الأمريكية ومنافستها على أرضها بأسعار أرخص، والواقع أن كثيرًا منها يحمل علامات أوروبية شهيرة تتمركز مصانعها في الصين لرخص الأيدي العاملة فقط، لكنها تُصنع بمواصفات عالمية غير مضرة على الإطلاق.

لقد أدى التشهير الأمريكي المستمر إلى إغلاق عشرات المصانع الصينية، وانتحار أحد مدرائها، وتشريد آلاف العمال. ثم بدأت الولايات المتحدة بمحاربة الأطعمة الصينية بدعوى وجود مواد ضارة بها، مع أن ملايين الصينيين يتناولونها منذ قرون وعددهم في تزايد! ثم بدأ الغرب أيضًا في التركيز على مشكلة التبت لضرب اقتصاد الصين وتمزيقها، كما حدث للاتحاد السوفييتي.. وأخيرًا انتشر الحديث عن الحليب في الصين والحلوى وغيرها. قد تكون كل هذه المشكلات حقيقية، ولكن الولع الغربي الإعلامي بنشر هذه الأخبار والترويج لها هو ما يشير بوضوح إلى أن الغرب يستخدم كل الوسائل الأخلاقية وغير

[٦٩] من البحر الأبيض إلى البحر الأسود: مشاريع حروب ساخنة وباردة! بداية سقوط الأحادية الأمريكية وانبعاث الثنائية التقليدية، عادل مالك، صحيفة الحياة، لندن، ٣١ أغسطس ٢٠٠٨م

الأخلاقية، والمشروعة وغيرها كذلك، من أجل تهميش وتحقير الخصوم والمنافسين سواء في المجال الاقتصادي ـ كما هو الحال مع الصين ـ أو مجال القوى السياسية ـ كما يحدث مؤخرًا مع روسيا ـ أو في مجالات الفكر والثقافة والرؤى المقابلة لمستقبل العالم ـ كما يحدث مع العالم العربي والمسلم.

الولايات المتحدة تقود حروبًا لحماية مصالحها الخاصة بشكل يبدو وكأنه دفاع عن الصالح العام، مثل تأجيجها لتفكك الدول تحت مسمى الحرية، ومن ثم استغلال الدويلات الوليدة كقواعد عسكرية، ومثل إبداء خوفها على الأطفال لمحاربة التقدم الصناعي الصيني، أو الحديث عن محاربة الإرهاب لوقف المد الإسلامي ونهضة الأمة العربية والمسلمة، أو المناداة بحماية الكيانات الضعيفة لتحجيم روسيا من لعب دور مؤثر على الساحة العالمية. في كل ما سبق، لا تبحث أمريكا عن مصالح العالم، وإنما تحمي مصالحها هي، وتدافع عن هيمنتها هي على شعوب العالم. وقد أدركت ذلك الصين، وهي تسعى من خلف الستار إلى إضعاف قدرة أمريكا على تكرار هذه الحماقات.

إن الحلبة السياسية الدولية تشهد اليوم دخول أعضاء جدد هما الصين والهند، وهما قريبتين إلى حد ما لروسيا فيما يتعلق بالمشروع النووي الإيراني. كما أن الصين تبحث لنفسها عن موطئ قدم في الشرق الأوسط لترويج بضاعتها من ناحية، ولاستمرارية ضخ النفط إلى أراضيها بعد الطفرة الاقتصادية التي تشهدها الصين. من أجل ذلك، نشهد في المرحلة الراهنة تقارب لوجهات النظر بين روسيا والصين والهند، وهو شبه تحالف ضد الغرب وأمريكا، وهو يفسر الموقف الصيني من أزمة القوقاز.

يتلخص مجمل الموقف الصيني إذن في عدم المعارضة العلنية لروسيا من ناحية، والحرص على تأكيد مبدأ الرجوع إلى المجتمع الدولي في حل الأزمات الإقليمية. من المؤكد أن الصين لا تتقبل كذلك فكرة أن تعلن أقليات استقلالها من طرف واحد، وهو ما يمكن أن يتسبب للصين في مشكلات متعددة مع الأقليات الصينية. لذلك حرصت الصين بوضوح على عدم التعليق على استقلال أبخازيا وأوستيا، وإنما ركزت الخارجية الصينية على أهمية الرجوع إلى المجتمع الدولي في حل المشكلة.

## الفصل الثالث: الأبعاد الاستراتيجية للأزمة

«لم يكـن مـا حـدث ﰲ جورجيـا مقبـولاً مـن الناحيـة الاستراتيجية، فالولايات المتحدة تريد لروسيا أن تبقى روسيا يلتسين .. أي روسيا التي تدور ﰲ فلك الولايات المتحدة، ولا تجرؤ على اتخاذ قرار مستقل. وهذا مـا ترفضـه روسـيا، وهـو بالضـبط مـا أعلنتـه مـن خـلال ضربتها العسكرية لجورجيا»

[٣]

## ثالثًا: الأبعاد الاستراتيجية للأزمة

كان افريل هاريمان، أحد كبار الديبلوماسيين في عهد روزفلت، يردد القول: إن «المفاوضة مع الروس هي أشبه بشراء حصان واحد مرتين: فالثمن الذي يسدّد في آخر المطاف أعلى بكثير من الثمن المقدر في بداية المفاوضات».

وفي وقت تصورت فيه الإمبراطورية الأمريكية أن الامتداد الشيوعي للاتحاد السوفييتي أو وريثه الشرعي روسيا، سيكون مجرد صورة معلقة على جدران بيت قديم، كانت الحقيقة مختلفة جملة وتفصيلاً؛ إذ استطاعت روسيا في عهد بوتين أن تفرض نفسها على الساحة الدولية من جديد، وأن تُعيد صمام الأمان المفقود إلى رئة الجسد المتهالك، وترجع بذلك الحياة إلى كيان ميت تصور الكثيرون استحالة عودته إلى الساحة الدولية كمنافس على السيادة والهيمنة السياسية الجغرافية على أقل تقدير، وقد برز ذلك بكل معنى الكلمة في الخطاب التاريخي لبوتين عام ٢٠٠٥م، ذلك الخطاب الذي حطّم كثيرًا من القواعد المتعارف عليها حتى ذلك الوقت، وهي قواعد الانزواء تحت عباءة القوة الأمريكية العظمى؛ إذ حفظ العالم جملة بوتين الشهيرة وهي أن «العالم يجب أن يستعد

للتعامل مع روسيا قوية»، وقال كذلك: «إن انهيار الاتحاد السوفييتي قد شكّل أكبر كارثة جيوسياسية في القرن العشرين».[٧٠]

**المواقف الاستراتيجية**

لم يكن ما حدث في جورجيا مقبولاً من الناحية الاستراتيجية؛ فالولايات المتحدة تريد لروسيا أن تبقى روسيا يلتسين .. أي روسيا التي تدور في فلك الولايات المتحدة، ولا تجرؤ على اتخاذ قرار مستقل. وهذا ما ترفضه روسيا، فهي الدولة الأكبر مساحة في العالم، وإحدى الدولتين الأقوى عسكريًا، وهي دولة لا تخلو من الثروات الطبيعية التي تؤهلها للصدارة العالمية، وهذا بالضبط ما أعلنته من خلال ضربتها العسكرية لجورجيا.[٧١]

الكل يُجمع أن الأهداف الاستراتيجية كانت هي المحرك الرئيس لهذه الأزمة. «فالأمريكيون واعون وعيًا شديدًا بأهمية جورجيا كممر لنفط آسيا الوسطي. ومن المستبعد أن تكون خطوة الرئيس الجورجي ساكاشفالي باجتياح أوسيتيا الجنوبية خافية عنهم. يضاف إلى ذلك ما يُسمّى في السياسة الأمريكية بعقيدة كلينتون، ومؤداها أن لدى واشنطن الحق في استخدام القوة العسكرية للدفاع عن مصالحها الحيوية، مثل ضمان النفاذ غير المقيد إلى الأسواق الأساسية، وإمدادات الطاقة والموارد الاستراتيجية. لذلك، وتنفيذًا لمثل هذه العقيدة، يتعين أن يكون هدف الولايات المتحدة الإمساك بقوة لا نزاع فيها، وضمان حدود أية ممارسة للسيادة من قبل الدول التي قد تتعارض مع مخططاتها الدولية. وفي ضوء ذلك ينبغي أن تتم قراءة وجود قطعة أو قطع بحرية أمريكية في البحر الأسود. إن أمريكا قد تتغاضى عن الوجود الروسي في أبخازيا وأوسيتيا الجنوبية، ولكنها ستعارض حتمًا استعادة روسيا لممتلكاتها السابقة التي كانت لها زمن الاتحاد السوفييتي، سواء في القوقاز أو في أوروبا الشرقية».[٧٢]

وهناك من المحللين الغربيين من يرى أن توسيع الناتو شرقًا خطأ استراتيجي غربي فادح؛ لأنه يثير أو يوقظ الميول العسكرية القومية والمعادية للغرب لدى الروس، ويُحدث أثرًا عكسيًا في موضوع تنمية الديمقراطية في روسيا، ويُعيد من جديد أجواء الحرب

---

[٧٠] الوحوش الرقمية ونشوء نظرية اللا مركزية الكونية، ملف: روسيا بين قرنين، محمد بن سعيد الفطيسي، نقلاً عن: قراءات غربية، سبتمبر ٢٠٠٨م، المركز الدولي لدراسات أمريكا والغرب، ICAWS

[٧١] مرحبًا بعالم متعدد الأقطاب، جمال سلامة، صحيفة القدس، ١٩ سبتمبر ٢٠٠٨م

[٧٢] جورجيا: النفط وتوسيع الناتو، جهاد فاضل، جريدة الراية القطرية، ٢٩ سبتمبر ٢٠٠٨م

الباردة بين روسيا والغرب. هناك بالطبع مؤشرات كثيرة على احتمال عودة هذه الحرب، منها وجود قطع من البحرية الأمريكية في البحر الأسود، وهو أمر لا يمكن لأمريكا أن تسمح للروس بمثله في جزر الكاريبي.[٧٣]

ويرى آخرون أن قواعد لعنة الجغرافيا والديموجرافيا تتقاطع الآن مع القوانين الجديدة للمصالح الاستراتيجية والجيو/سياسية. فالغرب الأوروبي، الذي يزعم أن اتحاده برمته يستند إلى القيم الديمقراطية والإنسانية، لا يريد إغضاب روسيا في أوكرانيا، وقبلها في جورجيا لأسباب نفطية واقتصادية وتجارية، ولا يريد كذلك ضم أوكرانيا .. هذه الدولة الكبيرة والفقيرة إليه لما سيرتبه ذلك من تكلفة مالية باهظة. وفي نفس الوقت يسعى الغرب الأمريكي إلى دفع أوكرانيا إلى التمرد على موسكو أملاً في جعل الدب الروسي يختنق بما يلتهمه هذه الأيام من فرائس في أراضي إمبراطوريته السوفييتية السابقة. رهانات واشنطن الجديدة لن تنجح على الأرجح. وأوكرانيا ستنفجر - إذا ما انفجرت - في وجه أمريكا قبل روسيا، خاصة بعد أن شاهد الأوروبيون الشرقيون بأم العين في جورجيا، كيف يترك الأمريكيون حلفاءهم في العراء، ولا يتحركون لإنقاذهم سوى بعد فوات الأوان.[٧٤]

الجميع كان حذرًا في التعامل مع الأزمة عدا الإدارة الأمريكية التي تصرفت بحماقة كالمعتاد. تصرفت روسيا خلال الأزمة الجورجية كقوة عظمى، لكنها بالمقابل استجابت إلى المطالب الغربية، وهي بذلك بعثت رسالة إلى الغرب مفادها أنها تتمسك بطموحها في أن تكون قوة عظمى يحسب لها الحساب، ولكنها لا تريد خسارة علاقاتها بالغرب. الرد الغربي الأمريكي جاء سريعًا كما لو أنه كان مبرمجًا: تم إبرام اتفاقية الدرع الصاروخي مع بولندا، والتأكيد على ضم جورجيا وأوكرانيا إلى الحلف الأطلسي مستقبلاً، بما يعني محاصرة روسيا وتهديد أمنها الاستراتيجي، إضافة إلى التهديد بعقوبات اقتصادية. فهل تُعرض روسيا عن الغرب لتتزعم قيام تكتل دولي جديد أم تقبل الأمر الواقع على مضض ولو مؤقتًا؟ القادة الجدد لروسيا ليس لهم عقيدة فكرية، وروسيا نفسها لا تملك اليوم عقيدة تبني على أساسها تحالفاً دوليًا مثلما كان الأمر على عهد الاتحاد السوفييتي السابق؛ ليواجهوا بها الأيديولوجيا الليبرالية الغربية. العقيدة الوحيدة

---

٧٣ جورجيا: النفط وتوسيع الناتو، جهاد فاضل، جريدة الراية القطرية، ٢٩ سبتمبر ٢٠٠٨م

٧٤ هل قرر تشيني إحراق أوكرانيا؟، سعد محيو، ملف جورجيا وروسيا، مقال رقم ١٣٠٦٨، ١٠ سبتمبر ٢٠٠٨م، المركز الدولي لدراسات أمريكا والغرب

التي يملكها الروس حاليًا هي العقـيدة الوطنية. ولكن الصراع الدولي أصبح في جوهره صراعًا جغرافيًّا/اقتصاديًّا، وليس صراعًا أيديولوجيًّا، وهو ما يتيح لروسيا بناء تحالف دولي جديد على أساس المصالح الاقتصادية للدول الوطنية المتضررة من الهيمنة الغربية اقتصاديًّا وسياسيًّا.[٧٥]

كما أن الروس استفادوا من النتائج السيئة للسياسات الأمريكية في القارة اللاتينية، فدخلوها من بابها الواسع، مستغلين معارضة عنيفة ضد سياسات الإدارة الأمريكية على مدى ثمانية أعوام في تلك القارة، وهي السياسات الأمريكية نفسها التي تُواجَه بالكراهية في الشرق الأوسط وفي مناطق أخرى في آسيا وإفريقيا. هذه السياسات التي اتسمت باستخدام «القوة» العسكرية و«الهيمنة» تسببت في صراعات وحروب عدة؛ حتى إن حلفاءها الذين طالما آزروها ووقفوا معها بدأوا يتذمرون، ويشعرون بثقل وطأة هذه السياسات عليهم وعلى العالم، ومن ثم التفكير جديًا في فعل ما فعله غيرهم ومعارضة هذه السياسات الخرقاء.[٧٦]

## خسائر محققة

أن أكبر خسارة ناجمة عن ذلك القرار الساذج من جانب الرئيس الجورجي ميخائيل سكاشفيلي، هي ما ألحقه بكل من حلف «الناتو» والولايات المتحدة الأمريكية، علاوة على الخسائر الفادحة التي تكبّدتها بلاده، والتي ستظل دولة ذات سيادة ناقصة محدودة، لفترة طويلة قادمة، إضافة إلى الحرج الذي تسبب به سكاشفيلي لحلفائه الغربيين. فالمتوقع أن تبقى القوات الروسية في أراضي جورجيا ـ سواء بشكل مباشر أو غير مباشر ـ لأمد غير معلوم، بدعوى حماية مواطني إقليمي أوسيتيا الجنوبية وأبخازيا الانفصاليين، واللذين أعلنا استقلالهما مؤخرًا. والمرجح أن يبقى هذان الإقليمان إما تحت الحماية العسكرية الروسية باعتبارهما دولتين مستقلتين، أو أن ينتهي بهما الأمر إلى الانضمام لروسيا.[٧٧]

---

٧٥ أيّ دور للعرب في التحولات الدولية الراهنة؟ عبد الفتاح الحنين، صحيفة القدس، ١٨ سبتمبر ٢٠٠٨م

٧٦ أين موقع العرب من الحرب الباردة وصراع النفوذ الجديد؟.عيد بن مسعود الجهني، هيئة الإذاعة والتلفزيون، سورية، ٢٠ سبتمبر ٢٠٠٨م

٧٧ ليلة الهجوم الجورجي: أين العالم الحر؟، ويليام فاف، جريدة الاتحاد الإماراتية، وجهات نظر، ٣٠ أغسطس ٢٠٠٨م

يرى أحد باحثي مركز بروكينجز الفكري الأمريكي أن المصالح الغربية سوف تتأثر سلبًا «إن تم إلغاء البرامج المشتركة مع الروس في مجالي الفضاء والطاقة النووية مثلاً. وقطع العلاقات الاقتصادية مع روسيا يعني أيضًا ضياع بعض الفرص. بفضل أرباحها المتأتية من النفط، فإن روسيا تحتل المرتبة الثالثة بعد الصين واليابان في استثماراتها في سندات خزينة الحكومات الغربية».[٧٨]

ولإدراك طبيعة اختلاف الأهداف الاستراتيجية للاعبين الرئيسين في هذه الأزمة وهم بالدرجة الأولى روسيا وأمريكا وأوروبا، فمن المهم أن نناقش كل طرف على حدة، ونصل من خلال ذلك إلى تعريف الأهداف الاستراتيجية الأساسية لهذا الطرف في أزمة القوقاز، وهو ما نفرد له الصفحات القادمة.

### الأهداف الاستراتيجية الروسية

يقول الباحث ديتر هيلم من جامعة أكسفورد: «تملك روسيا استراتيجية شديدة الوضوح، وستفضل أن يمر غاز أوروبا عبر روسيا وليس عبر دول مستقلة». يعتمد الاتحاد الأوروبي على روسيا في الحصول على نحو ٢٥ بالمائة من احتياجاته من الغاز. «لا توجد محاولة واضحة لتعطيل الإمدادات.. لكن وجود اضطرابات أمر مفيد لروسيا؛ لأنه يؤكد الثقة في خطوط الإمداد الروسية، ويزعزع الثقة في الخطوط البديلة، كما أنه يجعل التفكير في خطوط أنابيب خارج الأراضي الروسية مخاطرة غير مأمونة العواقب. وقد حدث أكبر تعطل في الإمدادات بالمنطقة قبل نشوب الصراع مباشرة.

وتتفهم أوروبا هذا الهدف الاستراتيجي الروسي، ولذلك ألقى الاتحاد الأوروبي بثقله وراء مشروع خط أنابيب «نابوكو» الذي يُتوقع أن يبدأ تشغيله في عام ٢٠١٣م، وسينقل غاز بحر قزوين إلى تركيا، ومنها إلى غرب أوروبا. وقال هيلم: إن الصراع الحالي يُبرِز الحاجة إلى اتخاذ نهج أشد من قبل الحكومات. وأضاف «الدرس واضح بالنسبة لأوروبا. لا يمكن ترك «نابوكو» والمشروعات المرتبطة به للشركات الخاصة بالكامل. موارد بحر قزوين بحاجة لحماية الحكومات».[٧٩]

---

[٧٨] رؤية خاطئة لمعاقبة موسكو، روسيا تحتل المرتبة الثالثة في استثماراتها في سندات خزينة الحكومات الغربية، كليفورد جي غادي، مجلة نيوزويك الأمريكية، ٢ سبتمبر ٢٠٠٨م.

[٧٩] أوروبا تخشى تأثيرات الصراع في جورجيا على إمدادات الطاقة، لادا يفجراشينا ودميتري زدانيكوف، ميدل إيست أونلاين، ١٠ أغسطس ٢٠٠٨م.

الروس مدركون أن الغرب غير مستعد لخوض حرب مع روسيا من أجل الدفاع عن جورجيا، وموسكو تعلم ذلك جيدًا. فأوروبا تعتمد اعتمادًا كبيرًا على إمدادات الغاز والنفط الروسية، وروسيا تعرف ذلك علم اليقين أيضًا. كما تحتاج واشنطن إلى مساعدة موسكو ليس فقط لتزويدها بالطاقة، ولكن أيضًا لحل الأزمة المستعصية مع طهران حول برنامجها النووي، وفي مجال منع انتشار التسلح النووي بشكل عام.[٨٠]

وقد بات من المؤكد أن اتساع نطاق المواجهة بين روسيا والولايات المتحدة سوف يشجّع روسيا على العمل لتوطيد علاقاتها مع خصوم الولايات المتحدة في منطقة الشرق الأوسط، وعلى وجه التحديد سوريا وإيران. في هذه الحالة لن يقتصر الأمر على دعم روسي للقوة العسكرية السورية، وإنما سيتعدى ذلك إلى تحديث المنشآت النووية الإيرانية. بل وأكثر من ذلك، فإن النفوذ الروسي سوف يمتد إلى الساحة اللبنانية ليشكّل قوة مناوئة للنفوذ الأمريكي الإسرائيلي من ناحية، ودعم القوة القتالية للمقاومة اللبنانية ضد إسرائيل بزعامة «حزب الله».[٨١]

لقد قدم الرئيس بوش ووزيرة خارجيته رايس مؤخرًا وعودًا بعزل روسيا، كما أطلق بعض السياسيين الأمريكيين تصريحات يهددون فيها بطردها من مجموعة الدول الثماني الكبرى، وبإلغاء مجلس «روسيا ـ الناتو»، وإبقائها خارج منظمة التجارة العالمية! هذه ليست سوى تهديدات فارغة. الحقيقة أن الروس يتساءلون عندما يسمعون مثل هذه التهديدات: «طالما أن كلمتنا ليست مسموعة في هذه المنظمات، فهل نحن بحاجة إليها حقًّا؟.. ألا يتحول الأمر في مثل هذه الحالة إلى مجرد الجلوس على مائدة معدة بشكل أنيق، والاستماع إلى ما يُلقى من محاضرات لا شأن لنا بها؟».[٨٢]

روسيا قد اختارت تجميد ما هو أقل أهمية في تعاونها مع الناتو، لتلوّح بورقة ضغط أكثر أهمية، هي أفغانستان، أو لنقل الممر الروسي إلى أفغانستان، أو ما يُعرف بالمسار الشمالي، الذي ينقل عبره العتاد الثقيل للقوات الأطلسية.[٨٣] وفي المحصلة يمكن إجمال الأهداف الاستراتيجية الروسية فيما يلي:

---

٨٠ المخطط الروسي في جورجيا، ستيف روزنبيرج، محطة الإذاعة البريطانية، بي بي سي، ٢٧ سبتمبر ٢٠٠٨م

٨١ خط مباشر القوقاز والشرق الأوسط، أحمد عمرابي، البيان الإماراتية، ٨ سبتمبر ٢٠٠٨م، العدد ١٠٣٠٩

٨٢ صراعات القوقاز... لا تُحل بالقوة، ميخائيل غورباتشوف، صحيفة الاتحاد الإماراتية، ٢٨ سبتمبر ٢٠٠٨م

٨٣ الغرب يتحد في مواجهة روسيا، عبد الجليل زيد المرهون، جريدة الرياض، ٢٩ أغسطس ٢٠٠٨م، العدد ١٤٦٧٦

- التمسك بالطموح أن تصبح روسيا قوة دولية مؤثرة.
- التحكم في إمدادات النفط والغاز وخطوط الأنابيب إلى أوروبا ما أمكن.
- توطيد العلاقة مع خصوم الغرب، سواء في مناطق النفوذ الغربية كالشرق الأوسط، أو مناطق المجال الإقليمي الأمريكي كأمريكا الجنوبية.
- إعادة تشكيل المنظمات الدولية والتوازنات العالمية بشكل يسمح بدور أكبر لروسيا، ودور أقل للغرب والولايات المتحدة الأمريكية.

**الأهداف الاستراتيجية الأمريكية**

حاولت جورجيا طوال الأعوام الماضية أن تقدّم نفسها على أنها الحليف القوي للغرب في القوقاز. واستغلت الولايات المتحدة هذا الحرص الجورجي الشديد على الولاء للغرب في توريط جورجيا في معركة غير متكافئة لخدمة المصالح الأمريكية أولاً، ولعله أيضًا على حساب جورجيا ذاتها. ويذكر الكاتب الأوكراني فلاديمير سادفوي أنها فعلاً «حرب بالوكالة» كما سماها الجميع، ويقول: «لم نسمع من ساكاشفيلي نفسه أي إنكار لهذا الأمر، بل على العكس يوجه النداء تلو النداء لواشنطن والغرب بالتدخل لوقف الحرب التي أشعلها هو. جورجيا الدولة الفقيرة اقتصاديًّا، والضعيفة عسكريًّا، تدخل في حرب ضد عملاق عسكري تخشاه أقوى دول العالم، بما فيها الولايات المتحدة نفسها. لا مجال بالطبع للمقارنة بين القوة العسكرية الروسية وقوة جورجيا، أو حتى قوة جميع الدول المحيطة بروسيا، وهذا أمر بديهي لا أعتقد أن ساكاشفيلي يجهله، لكنه على ما يبدو لم يكن يتوقع هذا الرد القوي من روسيا».

ويؤكد الكاتب الأوكراني «أن النظام الوردي الأمريكي الذي أتى بالشاب ساكاشفيلي للحكم في جورجيا يهدف بالأساس إلى جر روسيا لحرب أو حروب تستنفد قوتها، وتوقف عجلة التنمية فيها، وهذا الأمر تم تكليف ساكاشفيلي به مباشرة، وقد سبق أن اعترف بذلك رئيس جورجيا السابق شيفرنادزة الذي خلعته الثورة الوردية عام ٢٠٠٣م، وقال: إن واشنطن طلبت منه التحرش بروسيا وجرها لحرب في القوقاز، لكنه رفض ولهذا دعموا الانقلاب ضده».[٨٤]

ويعبر الكاتب الأمريكي ريتشارد هولبروك عن الأهداف الأمريكية في مقال نُشر عقب الأزمة مباشرة، يحدد فيها الأهداف الأمريكية، ويلخصها في أربعة أهداف يمكن

---

[٨٤] الحروب بالوكالة لن تفيد جورجيا، فلاديمير سادافوي، ١٠ أغسطس ٢٠٠٨م.

أن تحققها أمريكا، ويجب أن تتبناها قائلاً: «أولاً: ينبغي لها أن تقف إلى جانب حليفتها جورجيا، إلى جانب مواصلة الجهود لوقف الحرب الدائرة، والحفاظ على وحدة تراب جورجيا. كما ينبغي تقديم مساعدات أطلسية مشتركة تمكّن تبليسي من إعادة إعمار ما دمرته الحرب، بمجرد الإعلان عن وقف إطلاق النار. وثانيًا: يجب ألا نتعامل مع روسيا باعتبارها طرفًا محايدًا يمكنه أن يساهم في عمليات حفظ السلام في جورجيا؛ لكونها طرفًا أصيلاً في النزاع. وهذا ما يستلزم الإصرار على نشر قوات دولية تابعة للأمم المتحدة، بدلاً من القوات الروسية الحالية، التي تستخدمها موسكو مخلبًا لتحقيق أطماعها التوسعية في أراضي جيرانها. وثالثًا: يجب مقاومة الضغوط المستمرة من جانب روسيا على جاراتها، وخاصة أوكرانيا التي يتوقع لها أن تكون الهدف التالي لموسكو. وعلى واشنطن والاتحاد الأوروبي، ألا يوافقا ألبتة على أن تتبع جورجيا وأوكرانيا إلى أي صيغة من صيغ المناطق الرمادية المحايدة. ورابعًا وأخيرًا: على موسكو أن تدرك أن مثل هذه الأعمال العدوانية ستكلفها ثمنًا باهظًا في علاقاتها مع واشنطن والاتحاد الأوروبي. وليس من بديل عن الوحدة الأطلسية ودبلوماسيتها القوية، لوقف استئساد موسكو على جاراتها، طمعًا في فرض هيمنتها عليها. وإلا فليضف فشل واشنطن في تعزيز هذه الإرادة الأطلسية، إلى بقية فشل سياسات الإدارة الحالية.. وما أكثرها».[٨٥] ويمكن إجمال الأهداف الاستراتيجية الأمريكية في أزمة القوقاز فيما يلي:

- توريط جورجيا في معركة غير متكافئة لخدمة المصالح الأمريكية أولاً.
- جرّ روسيا لحرب أو حروب تستنفذ قوتها وتوقف عجلة التنمية فيها.
- مساندة الحليف الجورجي بشكل يرهق روسيا إعلاميًّا واقتصاديًّا وسياسيًّا.
- تقديم روسيا في الأزمة على أنها طرف غير محايد.
- مقاومة الضغوط المستمرة من روسيا على جاراتها من حلفاء أمريكا الجدد.
- رفع تكلفة مخالفة روسيا للتوجهات الأمريكية.

### أهداف أوروبا

تلعب أوروبا لعبة حساسة مع روسيا. فهي من ناحية لا تريد أن تعيد العداء السابق، والذي جعل الحياة في أوروبا متوترة لعقود طويلة، وهي كذلك تحتاج إلى الاستفادة من

---

٨٥ مهمة أطلسية... ردع الاستئساد الروسي، ريتشارد هولبروك ورونالد دي أسموس، لوس أنجليس تايمز، ١٠ أغسطس ٢٠٠٨م.

النفط والغاز الروسي، والأهم من ذلك ألا تعتمد بشكل كامل على هذه المصادر الطبيعية الواردة من روسيا على المدى الطويل في حال وجود خلافات دائمة. من أجل ذلك كتبت صحيفة كولنر شتادت أنتسايغر الألمانية Kölner Stadt- Anzeiger في افتتاحيتها في صباح يوم ٩ سبتمبر ٢٠٠٨م قائلة: «يمكن تشبيه اختبار القوة بين روسيا والاتحاد الأوروبي بلعبة البوكر، فقد تمكن الجانب الأوروبي بقيادة الرئيس الفرنسي نيكولا ساركوزي من اللعب بأوراقه حتى الآن بشكل جيد ودون مبالغة .. وهو ثمرة من ثمار ممارسة الضغط على موسكو بصبر لكن وبعناد في الوقت ذاته. وعلى الاتحاد الأوروبي ألا يواصل اللعب حتى الورقة الأخيرة، فمدفيديف سيكون مستعدًّا للموافقة على خطوات أكبر في اتجاه التهدئة، فقط في حال أتيحت له فرصة لحفظ ماء الوجه». ويمكن إجمال الأهداف الاستراتيجية الأوروبية في أزمة القوقاز فيما يلي:

- تحجيم روسيا إقليميًّا، والحد من تأثيرها على الدول المجاورة.
- ضمان استمرار تدفق النفط والغاز إلى أوروبا.
- استقرار أوروبا الشرقية حتى تُتاح فرصة نجاح تجربة أوروبا الموحدة.

## الاقتصاد: سبب الأزمة أم مفتاح الحل ؟!

لقد استعادت موسكو عافيتها الاقتصادية، وانطلاقتها لتصبح إحدى القوى الاقتصادية الكبرى في العالم. ويمكن القول: إن قوة الاقتصاد الروسي وفَّرت دعمًا للقوة الشاملة الروسية، وهو ما بدا في تمويل برنامج الترسانة العسكرية الذي أعلن مؤخرًا بحجم ١٨٩ مليار دولار على مدى السنوات الخمس المقبلة، والذي سيتم خلاله استبدال حوالي ٤٥٪ من أنظمة التسلح الحالية.

كما ازدادت النفقات العسكرية لتبلغ في عام ٢٠٠٧م نحو ٦٠ مليارًا، وهو ما انعكس بشكل لافت على حجم مبيعاتها العسكرية الدولية، التي بلغت ١,٨ مليارات دولار لتأتي في المرتبة الثانية مباشرة بعد الولايات المتحدة (٣,١٠ مليارات دولار).[٨٦]

كما أننا لا نتحدث عن كيان صغير، أو دولة محدودة الموارد. فروسيا تعتبر أكبر دول العالم من حيث المساحة (١٧,٠٧٥مليون كم٢). وهي مساحة غنية بالثروات الطبيعية

---

[٨٦] حرب باردة جديدة بأدوات مختلفة واستراتيجيات متنوعة، مركز الخليج للدراسات الاستراتيجية، نشرة قراءات غربية، المركز الدولي لدراسات أمريكا والغرب، ٢ سبتمبر ٢٠٠٨م.

والمعدنية. فروسيا فيها ٢٢٠ مليون هكتار من الأراضي الزراعية، وفيها أيضًا ١٢٠٠٠ نهر يبلغ طول كل منها ١٠كم فأكثر، بالإضافة أيضًا لحوالي مليون بحيرة عذبة ومالحة أهمها بحيرة بايكال التي تُعد أكبر بحيرة عذبة في العالم. أما عن الثروات المعدنية، فإن روسيا تنتج ١٧٪ من الإنتاج العالمي من النفط، و٢٥ ـ٣٠ ٪ من الإنتاج العالمي من الغاز الطبيعي، ٦٪ من الفحم، و١٧٪ من الحديد، ١٠ ـ٢٠٪ من المعادن الأخرى مثل النحاس والزنك والفضة والذهب وغيرها[٨٧]. إنها كيان ضخم، وقادر على أن يؤثر في اقتصاديات العالم بشكل مباشر.

**البعد الاقتصادي للأزمة**

إن البُعْد الاقتصادي للأزمة الجورجية القائمة، هو أحد أهم الأبعاد الكامنة وراء هذه الأزمة، وربما يكون النفط والغاز أشد عوامل انفجارها وأكثر دواعي تفاقمها في المستقبل المنظور. وغير بعيد عن نظرية المؤامرة، فإنه يمكن الاستنتاج أن الانخفاضات الأخيرة في أسعار النفط، وهي انخفاضات أتت رغم توفر أحد أكثر العوامل الداعية إلى رفع أسعار الإمدادات النفطية تقليديًا، ونعني به التوتر العسكري في حوض نفطي بأهمية بحر قزوين.

إن هذه الانخفاضات غير المنطقية، وربما المتعمدة، قد أتت لإضعاف مصدر من أهم مصادر القوة الروسية، ألا وهو القوة المالية الناجمة عن صادرات نفطية تدر عوائد تفوق الخيال الروسي في زمن الاتحاد السوفييتي بل وزمن القياصرة، فضلاً عن القوة الأخرى الماثلة اليوم بكل جلاء، وهي تحكُّم روسيا بنحو أربعين في المائة من إمدادات الغاز التي تدير العجلة الاقتصادية والحياتية في أوروبا.[٨٨]

إن روسيا عززت موقعها في القوقاز، واستعادت مكانتها التفوقية وقدراتها على التحكم بصادرات الطاقة إلى أوروبا. وهذا الكلام الواضح في غاياته وصل بسرعة إلى دول الاتحاد الأوروبي إذ دعا الكثير من قادة القارة (بريطانيا، فرنسا، وإيطاليا) إلى البحث عن مصادر أخرى للغاز والنفط، وتخفيف الاعتماد على الطاقة التي ترد من روسيا.

---

٨٧ صناعة القرار في روسيا والعلاقات العربية الروسية، نورهان الشيخ، بيروت،مركز دراسات الوحدة العربية، ١٩٩٨م،ص٢١.

٨٨ البعد الاقتصادي للأزمة الجورجية، عيسى الشعيبي، ٩ سبتمبر ٢٠٠٨م، ملف جورجيا وروسيا، ملف رقم: ١٣٠٦٣، المركز الدولي لدراسات أمريكا والغرب، ICAWS

عاصفة القوقاز بدأت تنحسر وأخذت تكشف ميدانيًّا عن تفصيلات على الأرض تتصل بشبكة النقل والأنابيب وخريطتها الجغرافية السياسية.[٨٩]

إثر اندلاع حوادث القوقاز، خرج من روسيا نحو سبعة بلايين دولار، ستة منها في اليوم الأول من الحرب، وبليون واحد في اليوم الثالث. ويرى خبراء أن قيمة رءوس الأموال الهاربة بلغت أكثر من عشرة بلايين دولار. ففي الثامن من أغسطس، سجلت الأسواق المالية رقمًا قياسيًّا في حجم تحويلات العملات الأجنبية إلى خارج روسيا، وبلغت قيمة هذه التحويلات ١٢ بليون دولار. والحق أن حركة تسلل رءوس الأموال بدأت قبل الحرب. ففي يوليو من نفس العام ٢٠٠٨م، شهدت أسواق المال خروج نحو ١٩ بليون دولار. وتُظهر حركة رءوس الأموال في الأشهر السبعة السابقة للأزمة أن مجموع الأموال الهاربة من الأسواق الروسية بلغ نحو ٣٠ بليون دولار. وليست الحرب السبب الوحيد في انخفاض احتياط العملات الأجنبية بروسيا، بل هي عامل من العوامل الباعثة على الانخفاض.[٩٠]

ويؤكد نفس الفكرة باحث من الكيان الصهيوني فيقول: «إن روسيا المصابة بالكثير من الأزمات الداخلية، وبإحساس مزمن بعدم الأمن على امتداد حدودها الهشة، غير معنية بحرب باردة ثانية، فقد قادتها الحرب في جورجيا إلى أصعب أزمة مالية منذ إفلاسها في ١٩٩٨م، عندما خرج ١٧ مليار دولار خارج حدود روسيا في غضون أسبوع واحد، وخسرت بورصة موسكو نحو من ١٥٪ من قيمتها في شهر أغسطس، وتنبأ البنك المركزي الروسي بحدوث انخفاض بنسبة ٢٥٪ للاستثمارات الأجنبية في السنة الحالية».[٩١]

هذه المؤشرات السلبية قد توحي أن الضغط على روسيا اقتصاديًّا قد ينجح في تحجيم الطموحات الروسية، وهو تصور خاطئ، ولكن له أنصار في الفكر الغربي المعاصر. يتوقع البعض في الغرب أن مجرد توقيع العقوبات الاقتصادية على روسيا قد يكون كافيًا لإيقاف الطموحات الروسية في عالم الغد، وهو منطق غير مقبول؛ نظرًا للواقع الاستراتيجي لتلك الطموحات الروسية. ويقول الباحث الأمريكي كليفورد دي غادي: إن

[٨٩] القوقاز والصراع على خريطة الأنابيب السياسية، وليد نويهض، ٩ سبتمبر ٢٠٠٨م، ملف جورجيا وروسيا، ملف رقم: ١٣٠٦٥، المركز الدولي لدراسات أمريكا والغرب، ICAWS

[٩٠] حرب القوقاز ساهمت في هروب رؤوس الأموال الروسية، أولغا كونشينوفا، صحيفة فيدوموستي الروسية، ٢٣ أغسطس ٢٠٠٨م

[٩١] طموحات الدب الروسي، شلومو بن عامي، يديعوت احرونوت، ٩ سبتمبر ٢٠٠٨م، نقلاً عن: ملف جورجيا وروسيا، ملف رقم: ١٣٠٦٣، المركز الدولي لدراسات أمريكا والغرب، ICAWS

«المنطق الكامن وراء الضغوط الاقتصادية هو أنه عندما يدرك رئيس الوزراء الروسي فلاديمير بوتين أن هناك ثمنًا اقتصاديًّا عليه أن يدفعه مقابل تصرفاته غير المقبولة، سيشكل ذلك رادعًا له في المستقبل. المشكلة هي أن بوتين - الذي لا يزال يسيطر بالكامل على مجرى الأمور في موسكو بحكم منصبه الجديد - يعي أن لتصرفاته ثمنًا اقتصاديًّا محتملاً، وهو مستعد أيضًا لدفعه إن اقتضى الأمر. إن بوتين يعي أهمية العوامل الاقتصادية في عالمنا اليوم، وهو ملتزم بتعزيز قوة روسيا الاقتصادية. لكن ذلك وسيلة للوصول إلى غاية، وهي الأمن الاستراتيجي الذي لن يضحي به مهما كان الثمن».

## الحروب الاقتصادية

لقد شكّلت الحروب السياسية (الصراع على السلطة، وإعادة تعريف الهوية القومية - الدينية) ذاك الغطاء الأيديولوجي المطلوب لصرف الأنظار عن الوقائع والمصالح والثروات المدفونة. النفط كان السبب في توتير الأوضاع الأمنية وتفجير الحروب الأهلية والحدودية، فهو الذي شكّل تلك الورقة السرية التي أخذت الشركات الدولية تحركها وتتلاعب بها وتستخدمها للضغط على الدول التي خرجت حديثًا من تحت مظلة «الاتحاد السوفييتي». ولم تقتصر المواجهات على مواقع الإنتاج، وإنما امتدت إلى خارج حدود قزوين لترسيم خطوط النقل، والمناطق التي ستمر بها الأنابيب إلى موانئ الشحن ومصافي التكرير.[٩٢]

إن ما هو معروف من معلومات متداولة عن نفط بحر قزوين، وما يحتويه باطن أراضي ست جمهوريات إسلامية متجاورة، تنتمي جميعها إلى رابطة الدول المستقلة، من مخزونات نفطية مؤكدة، وأخرى غازية هائلة، نقول: إن هذه المعلومات الرائجة تكفي وحدها للقيام بإطلالة سريعة على مشارف البُعد الاقتصادي للأزمة الجورجية، كونه أحد أهم أبعاد هذه الأزمة وأكثر عواملها تفجيرًا؛ إذ من المعلوم أن الاحتياطيات النفطية المؤكدة في حوض بحر قزوين تقدّر بنحو خمسين مليار برميل، فيما التقديرات الغربية تشير إلى أن باطن الأرض في هذا الحوض الشاسع يحتوي على مخزونات نفطية قد تناهز الاحتياطيات المكتشفة في منطقة الخليج. أما فيما يتعلق بمخزون الغاز المؤكد، فإن تلك التقديرات تتحدث أيضًا عن نحو مائتين وخمسين مليار قدم مكعب، فضلاً عما يمكن اكتشافه من مخزونات أخرى تضع هذه المنطقة في صدارة المناطق الأخرى المصدرة للغاز في مختلف

---

[٩٢] القوقاز والصراع على خريطة الأنابيب السياسية، وليد نويهض، ٩ سبتمبر ٢٠٠٨م، ملف جورجيا وروسيا، ملف رقم: ١٣٠٦٥، المركز الدولي لدراسات أمريكا والغرب، ICAWS

أنحاء العالم، وعلى نحو ينافس روسيا بضراوة، وهي البلد الأول على مستوى صادرات الغاز دون منازع حتى الآن.[٩٣]

هذا الجانب الاقتصادي يشكل الأساس المسكوت عنه في المعركة. ويرجح أن تشهد المرحلة المقبلة عودة قوية للاقتصاد ليلعب دوره في توجيه السياسة على المسرح الدولي. فالمعركة في جانبها الاقتصادي يمكن تلخيصها في تعيين الطرف الأقوى في معادلة الإشراف على حماية وإدارة عمليات ضخ الطاقة في خطوط الأنابيب. ومن يكسب معركة النفط والغاز يستطيع أن يحفظ دوره الإقليمي في سياق توازن المصالح وموقع الدول الكبرى في بسط سيادتها على هذه الثروة الحيوية والاستراتيجية ـ كما يرى الباحث وليد نويهيض في دراسة متميزة عن الصراع على خريطة الأنابيب السياسية.[٩٤]

وحتى تضمن موسكو موقعها، توجهت ميدانيًّا إلى دعم الأنظمة «المنشقة» عن الاتحاد السوفييتي سابقًا والموالية لها لاحقًا؛ فأقدمت على توقيع اتفاقات ثنائية تُوِّجت بصوغ معاهدة «الأمن الجماعي» التي ربطت روسيا بشبكة أمان من الدول الحليفة ضمت كازاخستان وبيلاروسيا وقرغيزستان وأرمينيا وطاجيكستان وأوزبكستان. وشكّلت هذه الشبكة الأمنية ذاك الإطار السياسي الذي يضمن المصالح الاقتصادية، ويراقب حقول الإنتاج وخطوط الإمداد والأنابيب. استمر الوضع الإقليمي في مناطق آسيا الوسطى وبحر قزوين والقوقاز يتقلب بين الهدوء والتوتر إلى أن وقعت هجمات ١١ سبتمبر ٢٠٠١م، فاندفعت واشنطن إلى المنطقة بذريعة الثأر والانتقام من «الإرهاب». وشكّلت هجمات سبتمبر محطة في سياق التنافس الدولي ودفعت دول آسيا وقزوين والقوقاز إلى مزيد من التجاذب الإقليمي حين تركز الاختلاف على تعيين معابر النقل وخطوط الأنابيب.[٩٥]

الصراع إذن في جوهره في هذه المنطقة بين روسيا وبين الغرب هو صراع اقتصادي بالدرجة الأولى، رغم وجود عوامل ثقافية ودينية وعرقية لا يمكن إغفالها أيضًا. العامل الأهم في توجيه الاستراتيجيات الخاصة بالصراع حول القوقاز سيبقى في المرحلة القادمة هو

---

[٩٣] البعد الاقتصادي للأزمة الجورجية، عيسى الشعيبي، ٩ سبتمبر ٢٠٠٨م، ملف جورجيا وروسيا، ملف رقم: ١٣٠٦٣، المركز الدولي لدراسات أمريكا والغرب، ICAWS

[٩٤] القوقاز والصراع على خريطة الأنابيب السياسية، وليد نويهض، ٩ سبتمبر ٢٠٠٨م، ملف جورجيا وروسيا، ملف رقم: ١٣٠٦٥، المركز الدولي لدراسات أمريكا والغرب، ICAWS

[٩٥] القوقاز والصراع على خريطة الأنابيب السياسية، وليد نويهض، ٩ سبتمبر ٢٠٠٨م، ملف جورجيا وروسيا، ملف رقم: ١٣٠٦٥، المركز الدولي لدراسات أمريكا والغرب، ICAWS

الاقتصاد ممثلاً في النفط والغاز، وإدارة شؤون وأزمات العالم الاقتصادية أيضًا. وقد استغل رئيس الوزراء الروسي فيلاديمير بوتين الأزمة المالية الأمريكية والأوروبية التي عصفت بالاقتصاد الدولي في خريف عام ٢٠٠٨م ليؤكد على أمرين: الأول هو أهمية الاقتصاد في صراعات المستقبل، والثاني هو عجز الغرب عن تقديم النموذج الأفضل والأسلم لإدارة اقتصاديات العالم.

وسارع رئيس الوزراء الروسي فلاديمير بوتين إلى الانتقاد الحاد للولايات المتحدة بسبب ما أسماه «عجزها عن التعامل مع الأزمة المالية التي تؤثر على الاقتصاد العالمي». ونقلت وكالات الأنباء الروسية عنه قوله: إن «انعدام حسّ المسؤولية» في النظام المالي الأمريكي هو سبب الأزمة المالية التي تخلّ باستقرار الاقتصاد العالمي. كما انتقد بوتين عجز النظام الأمريكي عن اتخاذ القرارات المناسبة، مضيفاً أن «هذا لم يعد انعدامًا للإحساس بالمسؤولية من جانب بعض الأفراد، بل عدم إحساس بالمسؤولية لدى النظام كله الذي يتباهى بالزعامة العالمية».

الصراع في جوهره بين روسيا والغرب سيتركز حول الاقتصاد في المقام الأول، وسيحركه في الغالب موضوعات الغاز والنفط وخطوط الأنابيب، وهو ما يجب أن نوضحه في الصفحات التالية.

**النفط والغاز والأنابيب**

أعلن نائب الرئيس الأمريكي ديك تشيني وهو يضع اللّمسات الأخيرة على استراتيجية السيطرة الأمريكية على كل نفط العالم، والتي وُضعت ملامحها الأولى في أوائل التسعينيات، حين كان وقتها فقط مديرًا في شركة هاليبرتون الأمريكية: «ليس هناك منطقة أصبحت فجأة مهمة في عصرنا كما هو الحال مع منطقة بحر قزوين».[٩٦]

كان نائب الرئيس الأمريكي، ديك تشيني قد عمل مديرًا عامًّا لشركة البنية التحتية النفطية هاليبرتون، وعضوًا في المجلس الاستشاري النفطي الكازاخي، وهو مجموعة أنشأتها الحكومة الكازاخية بعد سقوط الاتحاد السوفييتي، وتضم كبار مديري شركتي النفط الكبريين شفرون وتكساكو. وكان تشيني قد استخدم كذلك في تسعينيات القرن الماضي، نفوذه السياسي، باعتباره وزير دفاع سابق في إدارة جورج بوش الكبير، من أجل ترتيب لقاءات بين مديري هاليبرتون والحكومة الآذرية.

---

[٩٦] ما وراء الحرب الروسية الجورجية، حامد عبدالله العلي، موقع برامج نت، ٢٧ أغسطس ٢٠٠٨م

إن جورجيا تقع اقتصاديًّا في الدائرة المركزية لهذه المنطقة من ناحية تصدير نفط بحر قزوين الذي يعتبره البعض الخليج العربي الجديد، والذي تسعى كل دولة فيه لأن تصبح كدول الخليج العربي برفاهيتها الاقتصادية. تسعى جورجيا إلى الاستفادة من تصدير النفط عبر التكسب من عائدات الرسوم المفروضة على مرور الأنابيب بأراضيها مثلها في ذلك مثل تركيا وروسيا.[٩٧]

ومنذ انهيار الاتحاد السوفييتي عام ١٩٩١م، يسعى المستثمرون الأمريكيون للحصول على حصص ضخمة من اقتصاد الاتحاد السوفييتي السابق، وبخاصة في مجال صناعات النفط والغاز في حوض بحر قزوين. وفي أوائل تسعينيات القرن الماضي، حصلت شركات الطاقة الغربية على حصص من مشاريع التطوير العديدة، مثل تطوير حقل نفط تنجيز في كازاخستان، وحقول آذري تشراغ جونيشلي في أذربيجان، وفي حقل دولت آبار للغاز الطبيعي في تركمانستان. منذ البداية مارست الشركات الأمريكية والمستشارون الأمريكيون ضغوطًا على الجمهوريات السوفييتية السابقة للموافقة على مسارات خطوط النفط التي تتحاشى المرور في دول تعتبرها الولايات المتحدة معادية لمصالحها، وعلى رأسها روسيا وإيران. لم يقتصر دور خطوط النفط هذه على حرمان خصوم الولايات المتحدة من رسوم الترانزيت، والنفوذ السياسي الناشئ عن قدرتها على وقف تدفق النفط عبر خطوط الأنابيب، بل إنها أعطت واشنطن كذلك فرصة تكوين تحالفات إقليمية موالية للولايات المتحدة.

وفي أواسط التسعينيات أبرمت إدارة الرئيس الأمريكي بيل كلينتون تسويات بشأن مشروعي خطوط أنابيب رئيسيين لتصدير نفط وغاز حوض قزوين، مع تحاشي المرور في الأراضي الروسية والإيرانية والصينية. كانت الخطة الأولى لتصدير الغاز التركماني عبر افغانستان وباكستان إلى موانئ على المحيط الهندي ـ وهي خطة أدت بواشنطن إلى دعم حركة طالبان سنتي ١٩٩٥م و١٩٩٦م في محاولة لتوحيد أفغانستان وتهدئة الأوضاع فيها بحيث يمكن بناء خط الأنابيب التركماني الأفغاني الباكستاني. لكن الخطة تعثرت في نهاية المطاف، بسبب عجز حركة طالبان عن السيطرة على شمال أفغانستان.

كانت الخطة الثانية هي بناء خط أنابيب باتجاه الغرب، عبر دولتين صغيرتين مواليتين للولايات المتحدة في منطقة القوقاز، هما جورجيا، وأذربيجان. وبالإضافة إلى خط أنابيب

---

[٩٧] خلفية الصراع في جورجيا، خليط الأعراق على شفا الحرب، عاطف معتمد عبد الحميد، صحيفة الجزيرة، العدد: ٦٣، ٣٠ ديسمبر ٢٠٠٣م

تحت البحر عبر القوقاز يربط بين كازاخستان وتركمانستان على شاطئ بحر قزوين الشرقي، وبين أذربيجان على ساحله الغربي، سوف يرسل خط أنابيب باكو (في أذربيجان) - تبليسي (في جورجيا) - جيهان (في تركيا)، جزءًا مهمًا من صادرات الطاقة في حوض بحر قزوين، إلى البحر الأبيض المتوسط، وقد اعتبر خط الأنابيب هذا ضربة قاصمة بوجه خاص، لهيمنة روسيا القديمة على مسارات النفط من بحر قزوين إلى العالم الغربي.[٩٨]

ومع بداية القرن الواحد والعشرين، تغير اهتمام أوروبا بروسيا، وبالسياسة العالمية تغيرًا جذريًا. فقد انتفت حاجة دول أوروبا إلى توسيع مساحتها، أو زيادة عدد المزارعين، ورفعت القيود عن هجرة البشر من بلد إلى آخر، رغم القيود على حركة الهجرة في مناطق النزاعات والحروب المحلية. وبدا أن حاجة أوروبا إلى روسيا، وإلى النفط والغاز الروسيين، تفوق حاجة روسيا إلى أوروبا. ولكن روسيا تحتاج بشكل كبير إلى التكنولوجيا الأوروبية المتطورة، ولذا فهي تمد جسور التعاون مع أوروبا. وأُنجز مشروعان من أضخم مشاريع ضخ الطاقة من روسيا إلى أوروبا، وهما مشروع «الخط الشمالي»، وهو يمر ببحر البلطيق، ويمتد من فيبرغ إلى غرايفغالد، ويضخ ٥٥ بليون متر مكعب سنويًا. ومشروع «الخط الجنوبي»، ويمتد من البحر الأسود ونوفوروسيسك إلى فارنا البلغارية، ويضخ ٣٠ بليون متر مكعب في السنة.[٩٩]

وهذه الخطوط كما هو واضح تمر عبر الأراضي الروسية، وبالتالي فإن روسيا تتحكم في هذه الأنابيب بشكل كامل. فكّر الغرب في خيارات بديلة لذلك، وكان من أهمها مشروع خط أنابيب «نابوكا» ليكون خيارًا بديلاً عن المرور في الأراضي الروسية، ويمر بدلاً من ذلك بأراضي جورجيا.

الفائدة الجيو/استراتيجية المرجوة من إنشاء خط أنابيب الغاز، «نابوكا»، الذي تدعمه الولايات المتحدة والاتحاد الأوروبي تتركز في الحد من الاعتماد على الغاز الروسي. وينقل خط «نابوكا» الغاز من بحر قزوين، عبر القوقاز (جورجيا)، إلى تركيا، ومنها إلى غرب أوروبا. ومن المفترض أن يبدأ تشغيل هذا الخط في ٢٠١٣م، وهو الخط الوحيد من بحر

---

٩٨ الصراع بين جورجيا وروسيا، ملف الخليج، دار الخليج، الإمارات، نقلاً عن: كتاب موقع وورلد سوشياليست، ٦ أكتوبر ٢٠٠٨م

٩٩ سياسة روسيا في البلقان والقوقاز والبحر الأسود، رومان مانيكين، نشرة بوليتيشيسكي كلاس الروسية، ٢٧ أغسطس ٢٠٠٨م

قزوين والذي لا يمر عبر الأراضي الروسية، ولكنه يمر في جورجيا، وهو ما يؤثر على رغبة روسيا في السيطرة الكاملة على منابع النفط والغاز، وكذلك أنابيب نقلهما من بحر قزوين.[١٠٠] وقد يفسر هذا حرص روسيا على الوجود العسكري طويل المدى في جورجيا، أو إظهار جورجيا على أنها دولة غير مستقرة عسكريًّا، وهو ما يؤثر بالتالي على ثقة المستهلكين من دول أوروبا في جدوى استخدام هذا الخط.

وأدركت أمريكا منذ سنوات هذه الاستراتيجية، وقد أدار البنتاجون سيناريو أمريكي افتراضي، تمت مناقشته عام ٢٠٠٧م خلال ندوة بحثية تتعلق بالنفط، وحسب السيناريو تبدأ الأزمة في مايو ٢٠٠٩م، بعد اعتداء في أذربيجان على أنبوب ينقل نفط قزوين إلى الأسواق العالمية، ويمتد من باكو عاصمة أذربيجان إلى تبليسي عاصمة جورجيا، وينتهي بميناء جيهان التركي (أي خط نابوكا المزمع إنشاؤه)، وهذا الاعتداء المفترض يثير التوترات في المنطقة، ويؤدي إلى ارتفاع أسعار النفط بدرجة كبيرة، ثم تتفاعل الأزمة ويصل سعر النفط إلى ١٥٠ دولارًا،فيما يتم رصد مصنع لتخصيب اليورانيوم في إيران، ومن أجل معاقبة الغرب؛ لأنه قرر فرض عقوبات على طهران، تقوم إيران وفنزويلا بخفض صادرات النفط بمعدل ٧٠٠ ألف برميل يوميًّا،الأمر الذي يضع واشنطن أمام أزمة مغلقة! استمرارًا للسيناريو الخيالي، فإن تسارع التخبط في سوق النفط، يبدو أنه عجّل أيضًا بإشعال أزمة القوقاز المفترضة.[١٠١]

ويتجاوز موضوع خطوط الأنابيب منطقة القوقاز، ليمتد ويغطي الكثير من الصراعات في منطقة وسط آسيا. فعلى مدى العقدين الماضيين، ظهرت مجموعة أفكار أخذت شركات النفط (التنقيب والتكرير) تتداولها، وتبحث عن أطراف تراقبها وتشرف عليها. ذكر الباحث وليد نويهيض مجموعة من هذه المشروعات، في بحث قيّم حول القوقاز والصراع على خريطة الأنابيب السياسية. وذكر الباحث في مقاله: «طُرح في تلك الفترة موضوع أمن خطوط النفط والملاذ الجغرافي المستقر سياسيًّا لتمديد الأنابيب. فظهر مشروع يقترح مد الأنابيب من كازاخستان وأوزبكستان إلى أفغانستان وباكستان وبحر العرب، ومشروع يقترح مدها من تركمانستان إلى إيران ومضيق هرمز، ومشروع آخر يقترح أن

---

[١٠٠] سياسة روسيا في البلقان والقوقاز والبحر الأسود، رومان مانيكين، نشرة بوليتيشيسكي كلاس الروسية، ٢٧ أغسطس ٢٠٠٨م.

[١٠١] البعد الاقتصادي للأزمة الجورجية، عيسى الشعيبي، ٩ سبتمبر ٢٠٠٨م، ملف جورجيا وروسيا، ملف رقم: ١٣٠٦٣، المركز الدولي لدراسات أمريكا والغرب، ICAWS

يعبر خط الأنابيب روسيا وصولاً إلى بيلاروسيا. واقترح مشروع آخر يبدأ من باكو (أذربيجان) ويمر في تبليسي (جورجيا) وينتهي في جيهان (تركيا). وأدى الاختلاف على خطوط الأنابيب إلى رفع درجة حرارة التنافس بين الدول الإقليمية. فإيران مثلاً اقترحت أن تكون هي الممر الدولي لشحن النفط والغاز؛ لكونها دولة مستقرة وتمتلك قدرات خاصة لتأمين الحماية الأمنية، وضمان عدم تعرض الطاقة للتوقف. روسيا أكدت من جانبها حرصها على عدم التفريط بموقعها التقليدي، وتطويقها بأنابيب تلتف خارج أراضيها أو مجالها الحيوي. تركيا دخلت على خط المشروعات وتنافست من أجل تأمين شبكة من الأنابيب تنقل النفط من قزوين إلى ميناء جيهان (البحر المتوسط) ومناطق أخرى تقع على شاطئ البحر الأسود.

الشركات تبحث عن الربح والمناطق الآمنة، والدول تتنافس لكسب ثقة الشركات من خلال توفير دفاتر شروط معقولة سياسيًّا ومضمونة أمنيًّا. وبسبب تجدد انهيار الوضع الأمني في أفغانستان، وامتداد الفوضى إلى باكستان تراجعت فكرة مد الأنابيب في هذه المناطق. كذلك بسبب مخاوف الشركات الكبرى من احتمال تحكم إيران بمصادر الطاقة وخطوطها وصولاً إلى مضيق هرمز قررت عدم الأخذ بالمشروع. وخوفاً من أن تتوصل روسيا إلى لعب دور خاص في إدارة مشروعات الإنتاج والتنقيب والتكرير توجهت الشركات إلى تغليب خط أذربيجان - جورجيا - تركيا لحسابات سياسية وأمنية.

ومن المفيد هنا إدراك أنه ليس من مصلحة روسيا الاقتصادية أن تستقر الأوضاع الأمنية في أفغانستان وباكستان لعدد من الأسباب من بينها: ١) أن هذا الاستقرار يعيد أفكار خطوط الأنابيب البديلة إلى ساحات النقاش، و٢) أن استقرار أفغانستان يقلّل من حاجة أوروبا إلى روسيا، فالممر الشمالي، وهو الخط الأكثر أمانًا لإمدادات الحلف الأطلسي إلى أفغانستان من أوروبا يمر في روسيا، و٣) أن استقرار أفغانستان يحسّن من فُرص أمريكا في الإعلان عن الانتصار في الحرب على الإرهاب، وهو ما لا تريد روسيا أن تترك أمريكا تنعم به. روسيا تريد إهداء «أفغانستان» إلى الحضارة الغربية، كما قامت أمريكا بإهدائها إلى «الاتحاد السوفييتي» ليغرق في مستنقع الحرب فيها.

وتبين التحركات الدبلوماسية التي حدثت فور انتهاء الأزمة أهمية البعد الاقتصادي فيها، فقد قام رئيس الوزراء الروسي فلاديمير بوتين بزيارة إلى أوزبكستان فور انتهاء الأزمة والتقى الرئيس إسلام كريموف في طشقند كشف الكثير من زوايا الصورة الخفية. كذلك قام نائب الرئيس الأمريكي ديك تشيني بجولة في منطقة القوقاز والبحر

الأسود وزار دولة أذربيجان (خط باكو ـ جيهان)، وهو ما يوضّح الجوانب الاقتصادية التي ساهمت في هبوب العاصفة على جورجيا. الصراع الروسي ـ الأمريكي الذي انتقل من الأيديولوجية إلى الجغرافيا السياسية، أعاد تأكيد أهمية النفط بصفته سلعة استراتيجية، ولكنه أيضًا أشار إلى أهمية النقل وخطوط الإمداد وشبكة الأنابيب. المعركة نفطية حتى لو أخذت إطار الإنسان وحقوقه وضمان أمن الأقليات.[١٠٢]

كان بوتين أسرع من ديك تشيني في الاستفادة من الأزمة من خلال الاتفاق على ضرورة التعاون النفطي مع أوزبكستان. فالاتفاق الذي توصل إليه بوتين مع كريموف أشار إلى نقطتين: أمنية (تزويد طشقند بتقنيات عسكرية متطورة) واقتصادية (تطوير قطاع الطاقة ومجال أنابيب النقل من آسيا الوسطى). الأمن هو الوجه الآخر للنفط، ومن يمتلك القدرات العسكرية على تأمين مظلة الحماية للأنابيب، يستطيع أن يتحرك بحرية في مجاله الحيوي. وهذا بالضبط ما أراد بوتين الإشارة إليه حين أوضح أن هدف زيارته لطشقند تأكيد دور موسكو في الإطارين الأمني والنفطي. كلام بوتين لا يحتمل التأويل.[١٠٣]

إن مشكلة مصادر النفط والغاز في الغرب أصبحت أحد المشكلات المزمنة والمؤرقة، ليس فقط للولايات المتحدة التي تعتمد على النفط العربي، ولكن بالنسبة لأوروبا أيضًا التي تعودت على النفط والغاز الروسي. الولايات المتحدة تحاول الهيمنة على الشرق الأوسط، ولم تنجح في ذلك حتى الآن، حتى تضمن التدفق الآمن للنفط الضروري لإدارة عجلة الاقتصاد الأمريكي. وأوروبا تحاول إخضاع روسيا، ولم تنجح في ذلك حتى الآن أيضًا، من أجل أن تضمن التدفق المستمر للنفط والغاز اللازم للحفاظ على تقدم أوروبا. إن من المفارقات اللافتة للنظر أن الحضارة الغربية بمجملها تعتمد اعتمادًا أساسيًا على موارد الطاقة التي لا توجد بدرجة كافية في الغرب، ولا بد من التفاوض للحصول عليها من خصوم الغرب ومنافسيه حضاريًا وسياسيًا، رغم ضعفهم في الجوانب العسكرية والتقنية، ونعني بذلك العالم العربي والمسلم أولاً، وروسيا ومنطقة القوقاز وبحر قزوين مؤخرًا.

ومع الأزمات الاقتصادية والسياسية المتتالية في الغرب، أصبح من الصعب حقًا أن تمارس هذه الدول ضغطًا كافيًا لإخضاع هؤلاء الخصوم بالدرجة التي يتمناها أو يحتاجها

---

١٠٢ القوقاز والصراع على خريطة الأنابيب السياسية، وليد نويهض، ٩ سبتمبر ٢٠٠٨م، ملف جورجيا وروسيا، ملف رقم: ١٣٠٦٥، المركز الدولي لدراسات أمريكا والغرب، ICAWS

١٠٣ القوقاز والصراع على خريطة الأنابيب السياسية، وليد نويهض، ٩ سبتمبر ٢٠٠٨م، ملف جورجيا وروسيا، ملف رقم: ١٣٠٦٥، المركز الدولي لدراسات أمريكا والغرب، ICAWS

الغرب للحفاظ على دوران العجلة الحضارية في مجتمعاته، وهي مصدر قوة حقيقي للعالم العربي والمسلم، ولروسيا والقوقاز أيضًا، وستُظهر العقود القادمة أهمية هذا العامل الاستراتيجي في توازن العلاقات الدولية المستقبلية للعالم.

# مصالح أم هويات؟!

تتقاطع الأهداف الاستراتيجية أحيانًا مع الهويات القومية للدول، وأحيانًا مع الدين أو الثقافة أيضًا. وقد يبدو هذا التقاطع في أزمة القوقاز غير واضح، ولكنه بالتأكيد يمثل عاملاً مهمًّا لفهم الصراع في المنطقة. إن اهتمام روسيا بمنطقة القوقاز يتجاوز عمليًّا الإطار الاقتصادي أو الاستراتيجي ليشمل البُعد الثقافي والديني والعرقي أيضًا.

### الهوية الروسية

عندما سقط الاتحاد السوفييتي، بقيت نسبة كبيرة من الروس ضمن سكان تلك الكيانات التي استقلت لتصبح دولًا مجاورة لروسيا وذات سيادة مستقلة، ولكنها مع ذلك تتأثر ثقافيًّا وفكريًّا واجتماعيًّا بشكل مباشر بجارتها الكبرى روسيا. إن ١٧ بالمائة من مواطني أوكرانيا هم من الروس، و ٤٠ بالمائة موجودون في أستونيا ولاتفيا، و٢٦,١ في كازاخستان. وهناك إشارات إلى أن الكرملين يمد ذراعه بشكل متواصل لهذه المجتمعات التي تتكلم الروسية عبر نطاق من البرامج الثقافية الممولة ببذخ، والتي تم تصميمها لتعزيز قوة روسيا الناعمة في المنطقة.[١٠٤]

لذلك ليس من السهل أو الممكن لأي رئيس روسي في المستقبل القريب أن يتخلى عن تلك العلاقة الثقافية، والتي ترتبط بحلم الإمبراطورية الروسية مع تلك الدول والكيانات لصالح المشروع الغربي. ويرى الباحث الأمريكي ديمتري ترينين أنه «ليس هناك زعيم روسي واحد لن يقوم بالرد على هجوم مباشر على تسكينفالي. غير أن الأخطر من ذلك هو أنه ليس هناك زعيم روسي واحد يستطيع البقاء في منصبه إذا خسر أوكرانيا للولايات المتحدة بتحول الأخيرة إلى عضو في الناتو».[١٠٥]

---

[١٠٤] روسيا تفرض احترامها، حرب بوتين كثّفت الحوار حول مستقبل الأمة، أوين ماثيوز، مجلة نيوزويك الأمريكية، ٢ سبتمبر ٢٠٠٨م.

[١٠٥] تتحرر من أمريكا، الإجماع في واشنطن يتمثل في أنه يجب وقف عودة وصعود روسيا كقوة متمردة تسعى إلى الانتقام قبل فوات الأوان، ديمتري ترينين، مجلة نيوزويك الأمريكية، ٢ سبتمبر ٢٠٠٨م.

وقد تحدث بوتين عندما كان رئيسًا ـ كما تذكر مجلة النيوزويك الأمريكية عن «تقطيع أوصال» جورجيا إذا ما ظلت تحلم بعضوية حلف الناتو. لكن الأوكرانيين سخروا من التهديد آنذاك باعتباره تهديدًا فارغًا ليس إلاّ. لكنه لم يعد يبدو تهديدًا فارغًا الآن. وحول ذلك يقول غينادي باسوف، زعيم حزب الكتلة الروسية الوطني، وهي مجموعة ضغط مؤيدة لروسيا تعمل في القرم: «من السهل بالطبع تقسيم أوكرانيا، إنها بلدان مختلفان. اقتصاد الشرق يعتمد على روسيا، واقتصاد الغرب على أوروبا.. الشرق أرثوذكسي يتكلم الروسية، والغرب كاثوليكي يتكلم الأوكرانية».

ومن اللافت للنظر أن الولايات المتحدة في عصر جورج بوش (الابن) قد ساهمت بدور كبير في إعادة الحياة إلى الجسد الروسي الميت دون أن تشعر أو تقصد ذلك، فعلى سبيل المثال لا الحصر، كان التهميش الدائم وسياسة الاستعلاء التي انتهجتها، واحدة من أسباب عديدة حرّكت موروث القومية التاريخي في الجسد الروسي، ودفعت واحدًا من أبرز قادتها القوميين منذ العهد الشيوعي إلى التمرد ورفض الهيمنة الأمريكية، فبادر بكل ما أوتي من قوة للتحرك، بهدف إحياء الماضي بجميع جوانبه السياسية والعسكرية والأيديولوجية القومية، بل وهدّد بالوقوف أمام زحف القوة الأمريكية وهيمنتها إن اضطره الأمر إلى ذلك.[١٠٦]

## دور الدين في القوقاز

كان الدين أهم مكوّن في تشكيل الدولة الجورجية، فقد اعتنقت جورجيا المسيحية في عام ٣٣١م.[١٠٧] وكذلك فإن روسيا تعتبر نفسها في المرحلة الحالية هي حامية الكنيسة الأورثوذوكسية (أو الكنيسة الشرقية)، وهي الكنيسة التي ينتمي لها معظم المسيحيين في أوروبا الشرقية وصربيا ودول البلقان واليونان. والكنيسة الروسية الأرثوذكسية لبطريركية موسكو (بالروسية: Русская Православная Церковь Московского Патриархата)، وتعرف أيضًا بكنيسة روسيا الأرثوذكسية المسيحية، هي أكبر كنيسة أرثوذكسية شرقية مستقلة؛ حيث يربو عدد أتباعها على ١٢٥ مليون شخص، وتعتبر الكنيسة الوطنية لروسيا، ومقر بطريركها هو موسكو.

---

[١٠٦] الوحوش الرقمية ونشوء نظرية اللا مركزية الكونية، ملف: روسيا بين قرنين، محمد بن سعيد الفطيسي، نقلاً عن: قراءات غربية، سبتمبر ٢٠٠٨م، المركز الدولي لدراسات أمريكا والغرب، ICAWS

[١٠٧] خلفية الصراع في جورجيا، خليط الأعراق على شفا الحرب، عاطف معتمد عبد الحميد، صحيفة الجزيرة، العدد: ٦٣، ٣٠ ديسمبر ٢٠٠٣م

هناك مواجهة حقيقية بين الكنيسة الروسية، وبين كنائس أوروبا سواء منها الكاثوليكية أو البروتستانتية، وهذه الخلافات تصاعدت مع عودة روسيا إلى لعب دور أكبر في السياسات العالمية. فقد صرح زعيم الكنسية الأرثوذكسية الروسية في عام ٢٠٠٣م بأنه رفض بصورة مطلقة لقاء البابا يوحنا بولس الثاني لحين تحسّن العلاقات بين الكنيستين الكاثوليكية والأرثوذكسية الروسيتين، الأمر الذي بدّد حلم البابا في زيارة روسيا في ذلك الوقت. ورغم أن فلاديمير بوتين قد زار البابا في نفس العام بروما؛ حيث أعرب الجانبان عن أملهما في تحسن لغة الحوار بين الكنيستين، إلا أن بوتين لم يدْعُ البابا لزيارة موسكو. ووصف البطريرك الأرثوذكسي الأنشطة التبشيرية الكاثوليكية في روسيا بأنها حجر العثرة الذي يقف في سبيل التصالح بين الكنيستين. وأوضح ألكسي الثاني أن عشر بعثات تبشيرية كاثوليكية تقوم بالأنشطة التبشيرية في روسيا وكازاخستان وأوكرانيا وبيلاروسيا.

وفي القوقاز الشمالي تمكّنت الحركات الانفصالية منذ لحظة انهيار البناء السوفييتي من تزويج القومية بالدين، وبلغت نموذجها الكامل في الصراع الشيشاني لنيل الاستقلال، والذي فشل فشلاً داميًا بعد أحداث الحادي عشر من سبتمبر/أيلول ٢٠٠١م، كما يذكر الباحث عاطف عبد الحميد. ويستمر قائلاً: «وفي القوقاز الجنوبي تنامت القومية المتدينة على مدى عقد التسعينيات حتى سمع بها العالم، حينما رفع الثوار القوميون في جورجيا - في ثورة الورود الشهيرة في نهاية ٢٠٠٣م - الأعلام التي تزينها الصلبان، مذكرين بالمجد المسيحي الذي عرفته القومية الجورجية في القوقاز الجنوبي. ومن اللافت للنظر أن جورجيا هي الدولة الوحيدة في العالم التي يحتوي علمها على خمسة صلبان، وليس صليبًا واحدًا فقط. وظلت الحركات القومية في أوروبا الشرقية في الصعود التدريجي حتى رأى العالم تضامن الكنيسة الأرثوذكسية الأوكرانية مع فيكتور يوتشينكو - الذي قاد الثورة البرتقالية في نهاية ٢٠٠٤م - كرمز لوحدة الدين مع القومية الأوكرانية الساعية إلى التحرر من التسلط القومي الروسي على شرق ووسط البلاد. ولكن الصورة الأكثر دموية كنا قد عرفناها قبل ذلك مع تفكك اتحاد آخر هو الاتحاد اليوغسلافي الذي اتخذت فيه القومية الصربية الأرثوذكسية أشكالاً متطرفة، وسلكت دربًا عنصريًا عبّدته بالمقابر الجماعية والتطهير العرقي للبوسنيين والألبان المسلمين.[١٠٨]

[١٠٨] القوميات المتدينة والفردوس المفقود، عاطف عبد الحميد، قناة المعرفة، الجزيرة، ١٧ يناير ٢٠٠٦م

علم جورجيا

ويزاوج التيار القومي الروسي بين العرق السلافي و«رسالية» الكنيسة الأرثوذكسية. وهو تيار يعاني الخروج من مرحلة التجمد التي عاشها قسرًا خلال القرن العشرين، فقد كانت روسيا ما قبل الشيوعية في أوج قمتها تزاوج بين السلافية وكنيستها المسماة «روما الثالثة». ولقد عرف التاريخ مصطلح روما الثالثة منذ سقوط القسطنطينية في أيدي العثمانيين في القرن الخامس عشر الميلادي. واستمرت الكنيسة الروسية تحتل مكانة بالغة الأهمية في العالم حتى عطلتها الشيوعية مطلع القرن العشرين، كما يرى الباحث عاطف عبد الحميد. والآن تجري المحاولات الجادة لإعادة الكنيسة الروسية إلى مكانتها السابقة كمميز ثقافي للشعب السلافي. وتتنوع أساليب إعادة هذه الكنيسة ومزاوجتها بالفكر القومي، تارة بالظهور في الاحتفالات القومية والمناسبات الرسمية وتارة بإقرار نظام تعليمي جديد يعيد المقررات المسيحية إلى طلاب المدارس، وتارة ثالثة بالخدمات الاجتماعية التي لولا الحصة الضعيفة للكنيسة في ميزانية الدولة لحققت نتائج متقدمة.

وقد بدأ كذلك في الآونة الأخيرة التداخل بين الكنيسة والدولة الروسية يظهر بشكل أكثر وضوحًا. فقد أصدرت وزارة الخارجية الروسية بيانًا صدر يوم ٢٥ يوليو ٢٠٠٨م، ينتقد فيه أن الاحتفالات بمناسبة ذكرى مرور ١٠٢٠م عامًا على تحول روسيا إلى المسيحية تجري في مدينة كييف بشكل ينمّ عن عدم الاحترام إزاء قيادة الكنيسة الأرثوذكسية الروسية، وإزاء مشاعر ملايين الأرثوذكسيين المؤمنين - على حد قول البيان. وذكر البيان أن الوزارة استدعت السفير الأوكراني لدى موسكو وأبلغته بذلك.

إن إغفال عامل الدين في القوقاز يعتبر خطأ استراتيجيًا فادحًا. فرغم عقود طويلة من الحكم الشيوعي، ثم الفكر الرأسمالي الغربي، إلا أن الهوية القومية للمنطقة مرتبطة بالدين بشكل أكبر من التزام الأفراد أنفسهم بتعاليم الأديان. ومن هنا يأتي الخطأ في التعامل مع القوقاز باعتبار أن مظاهر التدين فيه ليست ظاهرة وملموسة. الدين في القوقاز

امتزج بالحس القومي لدرجة أصبح فيها الدين مكونًا رئيسًا للمجتمع، رغم ابتعاد العديد من أبناء نفس المجتمع عن ممارسة الدين. والغرب لا ينظر إلى روسيا ودول القوقاز على أنهم من نفس الدين، بل ينظر إليهم على أنهم كيانات ودول مستهدفة بالتبشير الكاثوليكي والبروتستانتي، وهو ما يثير حفيظة الشعوب وقادتها أيضًا.

# الدور الصهيوني في القوقاز

عندما أقدم الكيان الصهيوني على اجتياح لبنان في الماضي القريب، وقفت أمريكا بجانبه قائلة: إن من حق ذلك الكيان أن يجتاح أراضي الدول المجاورة من أجل أن يحمي مصالحه الخاصة والقومية. أما اليوم فإن روسيا أصبحت مجرمة لأنها فعلت نفس الفعلة، ولكن هذه المرة بدون رضا أمريكا أو موافقتها. العلاقة بين الكيان الصهيوني وبين جورجيا لا تتوقف عند هذه المقارنة، ومن اللافت للنظر أن الإعلام العربي لم يتحدث بالدرجة الكافية عن الدعم الصهيوني الكبير والدائم لجورجيا، وأثر ذلك على توازن منطقة القوقاز.

### العلاقات الجورجية الصهيونية

إن جيش الدفاع للكيان الصهيوني البغيض أرسل عشرات الخبراء العسكريين إلى جورجيا منذ سنوات، وهناك العديد من وزراء جورجيا ممن تعلموا في الجامعات الصهيونية، وتخرجوا منها، بل ومنهم العديد ممن ترجع أصولهم إلى اليهودية، ومن معتنقيها أيضًا، ويوجد في جورجيا حاليًا أكثر من ٨٠ ألف يهودي جورجي. أليس من اللافت للنظر أن وزير الدفاع الجورجي دافيت كيزراشفيلي كان مواطنًا يحمل الهوية الإسرائيلية، ويتحدث العبرية بطلاقة، وساهم بدور كبير في أن يقوم جيش الدفاع في الكيان الصهيوني بتزويد جورجيا بمعدات عسكرية متقدمة من بينها الطائرات التي تعمل بدون طيار، وغيرها من الأسلحة المتقدمة. روسيا بالطبع لا تقبل أن تكون هذه الأسلحة في دولة من دول الجوار لها، ويتم استيرادها من خارج مناطق النفوذ الروسي، وبالتالي من الممكن أن تشكل خطرًا على أطماع روسيا في استعادة دورها الإقليمي بل والدولي أيضًا.

العلاقة بين جورجيا وبين الكيان الصهيوني ليست تجارية أو عسكرية فقط، ففي المجال الاقتصادي، يذكر السفير السابق لجورجيا في الكيان الصهيوني أن الاستثمارات

الإسرائيلية في جورجيا في مجال العقارات والشركات تتجاوز المليار دولار، وأن الحرب الأخيرة ستؤثر سلبًا بالتأكيد على تلك الاستثمارات. ومن المهم كذلك أن نوضح أن للعلاقة أبعادًا فكرية وفلسفية أيضًا. إن كلا الدولتين تنظران إلى نفسيهما على أنهما «مزروعتان» في وسط جغرافي وفكري غير مرحّب بهما، وعندما سئل الرئيس الجورجي عن قدوته الفكرية .. ذكر دافيد بن جوريون الرئيس الأول للكيان الصهيوني، وفي زيارة لوفد من الكيان الصهيوني مؤخرًا إلى العاصمة الجورجية تبليسي، ذكر الرئيس الجورجي في معرض الترحيب بهم ما نصه: «إن ما يؤذي إسرائيل يسبب لنا أذًى في جورجيا» ثم أقسم قائلاً: «إن المكان الوحيد في هذا العالم الذي أشعر فيه وكأني في بلدي هو إسرائيل».

وعندما أعلن رئيس وزراء الكيان الصهيوني في الآونة الأخيرة وقف تزويد جورجيا بالسلاح حتى لا يغضب ذلك روسيا، قام مسئولون من الجانبين بنفي حدوث ذلك، بما فيهم موظفون في خارجية الكيان الصهيوني نفسه. ويرى المراقبون أن هدف الكيان الصهيوني من إعلانه وقف إمداد جورجيا بالسلاح هو إيقاف مشروع روسي يهدف إلى الرد على ذلك بإمداد إيران وسوريا بأسلحة روسية متقدمة مضادة للطائرات؛ انتقامًا من تصرفات الكيان الصهيوني في منطقة نفوذ روسيا. وتتفهم روسيا هذه الخدعة فقد قال أحد قياداتها العسكرية مؤخرًا: «إن باب وزير الدفاع الجورجي كان دائمًا مفتوحًا للإسرائيليين الذين قدّموا لبلده أنظمة تسلح صُنعت في إسرائيل، وكانت تلك الصفقات تتم بسرعة وسهولة؛ بسبب التدخل الشخصي للوزير».

اللعبة العسكرية والاستراتيجية متشابكة، ويصعب إخفاء علاماتها. فلا يغيب عن قادة روسيا العسكريين مثلاً أن الشركة الإسرائيلية التي تزود جورجيا بخبرات دفاعية حاليًا هي شركة «درع الدفاع» Defense Shield ، والتي يرأسها الجنرال جال هيرش، وقد كان قائدًا للفرقة ٩١ من قيادة الجيش الصهيوني الشمالية، والتي شاركت في الاعتداء على لبنان في الحرب الأخيرة، وكان هذا الجنرال من أوائل القادة العسكريين الذين قدّموا استقالاتهم بعد تلك الحرب مباشرة، وقبل أن يصدر التقرير الداخلي للكيان الصهيوني، والذي اتهم الجيش بالتقصير في تلك الحرب على لبنان.

ولذلك قامت القوات الجوية الروسية في يوم ١٧ أغسطس ٢٠٠٨م بقصف قاعدة عسكرية جورجية تحديدًا؛ لأنه من المعروف أن هذه القاعدة هي القاعدة الجوية التي يقوم فيها خبراء جيش الدفاع الصهيوني عبر شركة إسرائيلية تسمى إلبيت Elbit بتعديل وتطوير

الطائرات الجورجية. كانت هذه الضربة الجوية رسالة مباشرة إلى الكيان الصهيوني أن روسيا على علم بالدور الذي يقوم به خبراء الكيان الصهيوني في جورجيا. يحاول الكيان الصهيوني أن يستخدم تزويد جورجيا بالسلاح كأداة ضغط لمنع روسيا من دعم إيران وسوريا عسكريًّا. وقد ذكر هذا الدور وحاجة الكيان الصهيوني له المحلل العسكري زيفي ماجين، وقد عمل ملحقًا عسكريًّا للكيان الصهيوني في كل من أوكرانيا، وروسيا، ويشغل حاليًا منصب رئيس مركز الدراسات اليوروآسيوية في هيرتزيليا، فيقول: إن بيع السلاح إلى جورجيا «حسَّن من موقفنا وقدرتنا على الضغط على روسيا؛ لأننا نستطيع أن نقول لهم الآن: إنكم إذا قمتم ببيع أسلحة هجومية هنا (الشرق الأوسط)، فإننا نستطيع أن نفعل نفس الشيء هناك (جورجيا)».

لقد قام الكيان الصهيوني بتزويد جورجيا خلال العقد الماضي بما تتراوح قيمته من ٣٠٠ إلى ٥٠٠ مليون دولار من المعدات العسكرية، وعلى الرغم من أن هذا الكيان يحرص على ألا يفقد علاقته الاستراتيجية بروسيا من ناحية، إلا أنه أيضًا وفي نفس الوقت يسعى بشكل غير مباشر إلى إعاقة عودة روسيا إلى لعب دور سياسي دولي بارز؛ لأن هذا لا يخدم مصالح الكيان الصهيوني الذي يستفيد بشكل أكثر من الأحادية القطبية للولايات المتحدة الأمريكية. كما أن هناك أمورًا اقتصادية واستراتيجية لا تقل أهمية عن الدعم العسكري لجورجيا، وهي تلك الأمور المتعلقة بإمدادات النفط في المنطقة.

## جورجيا وضرب إيران

لقد اتضح من الأزمة وتداعياتها، أن جورجيا هي إحدى القواعد الخلفية المعدة سرًّا لشن ضربة عسكرية جوية صهيونية ضد إيران، عندما تدقّ ساعة توجيه هذه الضربة، وهو ما يتوقع المراقبون أن يكون قريبًا. فجورجيا قريبة جغرافيًّا من إيران، ولا تفصلها عن الحدود الإيرانية سوى دولة أرمينيا، وهي دولة صغيرة من ناحية المساحة، فهي لا تزيد عن ٣٠ ألف كيلو متر مربع، وتبعد الحدود الجورجية الجنوبية عن حدود إيران بمسافة أقل من ١٥٠ كم، كما يظهر من الخريطة المرفقة.

ويرى أحد المحللين أن «هناك حالة من الاختراق الإسرائيلي المنظم والمدعوم أمريكيًّا. وإسرائيل تلعب كأداة لتنفيذ السياسات الأمريكية مع الحفاظ على مصالحها الحيوية، ومحاولة اقتسام جزء من الكعكة الأكبر، والحصول على غنائم اقتصادية وسياسية. الدور الإسرائيلي المنظم واضح للعيان من حيث وجود وزيري الدفاع، والعلاقات الدولية يحملان الجنسية الإسرائيلية، بالإضافة إلى دور الشركات الخاصة وبالذات العسكرية،

وعمليات التزويد بالسلاح المتطور والتدريب العسكري لأفراد القوات الجورجية، وتسعى إسرائيل إلى الاقتراب من الحدود الإيرانية؛ حتى لو فكرت بتوجيه ضربة عسكرية يكون لطيرانها قواعد انطلاق، ومن المعروف أن هناك اختراقًا عسكريًا وسياسيًا إسرائيليًا لمعظم دول الاتحاد السوفييتي سابقًا، وبالذات الدول الإسلامية في تلك المنطقة». [109]

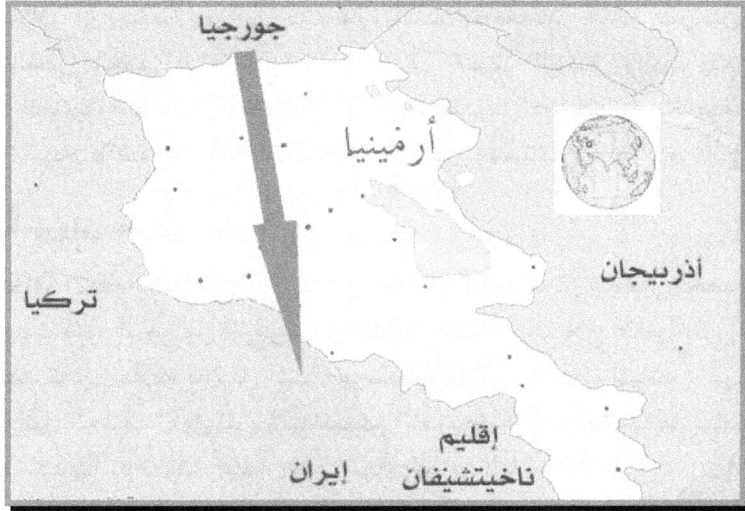

خريطة رقم (٥): المسافة بين جورجيا وبين إيران في حال القيام بضربة جوية

يُضاف إلى ذلك أن أحد الأمور التي لم يتم الحديث عنها أو دراستها بشكل كافٍ حول الأزمة الروسية الجورجية، هو ما يتعلق بالاهتمام الصهيوني بخط الأنابيب الذي يجري حاليًا مده من بحر قزوين إلى البحر الأبيض المتوسط، وهو خط يمر عبر أذربيجان إلى جورجيا، ثم مرورًا بتركيا إلى البحر المتوسط، وهو ما سبق الحديث عنه. قيمة هذا الخط من خطوط أنابيب النفط أنه الخط الوحيد الذي يربط نفط آسيا بأوروبا دون المرور على روسيا أو إيران، وبالتالي فإن الأهمية الاستراتيجية لهذا الخط بالنسبة لإسرائيل أهمية حيوية للغاية، فهي تتوقع أن تتلقى احتياجاتها من النفط والغاز عبر هذا الخط. ويعتقد العديد من المراقبين أن روسيا حاولت بتدخلها الأخير في جورجيا التأثير على مشروع خط الأنابيب هذا، وأن الكيان الصهيوني يدعم جورجيا بما يستطيع من أجل حماية المصالح

[109] الأزمة الجورجية في الميزان، أمين المشاقبة، ٩ سبتمبر ٢٠٠٨م، ملف جورجيا وروسيا، المركز الدولي لدراسات أمريكا والغرب، ICAWS

الاستراتيجية الصهيونية في وجود خط أنابيب يخدم احتياجات الكيان دون المرور على الدول غير الصديقة له.

ويرى فريق من المحللين الإسرائيليين من تيارات المعارضة أن دخول الكيان الصهيوني في الصراع في القوقاز مغامرةٌ حمقاء تعكس تدهور الفكر الصهيوني. وكتب الباحث ب. ميخائيل قائلاً: «إن سمعة إسرائيل ذات مرة شاعت كمصدر فاخر للبرتقال، ولأنابيب التنقيط والفلفل الحلو. أما اليوم فإنها مصدر ممتاز للبنادق والصواريخ المتطورة، وللطائرات الصغيرة للتجسس وكواتم الصوت، ومدربي «الوحدات الخاصة» ومرشدي الخدمات السرية ـ وأفظع من كل ذلك خبراء الاغتيال ومستشاري العربدة».[١١٠]

## الضغط الصهيوني على روسيا

تميل كافة التوقعات في إسرائيل إلى أن العلاقة مع روسيا لن تتدهور للحضيض، وإنما قد تدخل حقبة فتور لبرهة من الزمن. وإن كانت صفقات السلاح الإسرائيلي إلى جورجيا إحدى أسباب توتر العلاقة بين تل أبيب وموسكو، إلا أن السبب المباشر، مرده أساسًا، لكون إسرائيل الحليف الأول للولايات المتحدة الأمريكية، التي تشهد علاقاتها مع روسيا مؤخرًا توترًا شديدًا لم تعرفه البلدان منذ انتهاء الحرب الباردة.[١١١]

إن الكيان الصهيوني بدأ يتخوف من طبيعة الدعم الذي يمكن أن تقدمه الولايات المتحدة لحلفائها، في ظل ضعف الدعم الذي قدمته أمريكا إلى جورجيا، رغم أن الولايات المتحدة الأمريكية قد شاركت بشكل أو آخر في دفع جورجيا إلى حماقة المواجهة العسكرية مع روسيا. وقد كتب يوئيل ماركوس، كبير المعلقين السياسيين في صحيفة هآرتس[١١٢]، تحت عنوان: «حذار من واقع جديد» أنه يتوجب على إسرائيل أن تتخلى عن عجرفتها؛ لأن إسرائيل تقف أمام نظام عالمي جديد، يتخلله عودة للحرب الباردة. ويقول ماركوس: «العبرة التي يتوجب على إسرائيل أن تستخلصها من الهجمة الروسية على جورجيا هي أنها إن علقت - لا قدر الله- في حرب فقد تجد نفسها وحيدة. هي لا تستطيع الاعتماد على تدخل الولايات المتحدة التلقائي بعد أن شاهدت أنها لم تحرك ساكنًا لكبح الهجمة الروسية العدوانية».

---

١١٠ الخارج هو الأفضل يا أخي، ب. ميخائيل صحيفة يديعوت إحرنوت، الكيان الصهيوني، ١٢ أغسطس ٢٠٠٨م.

١١١ علاقة روسيا وإسرائيل إلى الثلاجة مؤقتًا، خلف خلف، ٢٠ أغسطس ٢٠٠٨م.

١١٢ حذار من واقع جديد، يوئيل ماركوس، صحيفة هآرتس، الكيان الصهيوني، ١٩ أغسطس ٢٠٠٨م.

ويضيف الكاتب في مقاله: «بوش لم يتنازل عن إجازته الصيفية، واكتفى بإرسال كونداليزا رايس إلى جورجيا في زيارة هي أقرب إلى زيارة التعزية». ويتابع قائلاً: «صيف ٢٠٠٨م يضع إسرائيل أمام واقع جديد ـ ألا وهو عودة روسيا إلى ألاعيب الحرب الباردة. ليس واضحًا كيف ستتطور المجابهة الحالية، ولكن حتى لو تم التوصل إلى حلول بين الدول العظمى وأوروبا، وتم التوقيع على اتفاقيات، فقد أوضحت روسيا بصورة قاطعة أنها على الخارطة مرة أخرى».

من المهم لنا في العالم العربي والإسلامي أن نتفهم تشابك العلاقات الدولية والأدوار المختلفة التي يمكن أن تلعبها الدول لحماية مصالحها السياسية والاقتصادية والاستراتيجية. وقد تكون روسيا قد أخطأت بالاعتداء على دولة ذات سيادة، ولكننا يمكن أن نقول: «لم نأمر بها، ولم تسؤنا أيضًا»، فليس من مصلحة أمتنا أن يمتد التأثير الصهيوني إلى بلدان مثل جورجيا، أو أن يتم تحجيم عودة روسيا إلى لعب دور دولي مؤثر على الساحة العالمية.

# الفصل الرابع: نحن وأزمة القوقاز

«إن ما يحدث في جورجيا سيكون له تداعيات عالمية واسعة التأثير، وسيتعرض المسلمون في تلك المناطق إلى الكثير من المصاعب في محاولتهم لنَيْل حقوقهم، ولا بد للأمة الإسلامية أن تُناصرهم، ولن يحدث ذلك إلا بعد أن نعرف عنهم، ونعرف تاريخهم، وندرك أيضًا أن هذا البُعْد التاريخي حاضر ومؤثر في صراعات اليوم»

[ ٤ ]

## رابعًا: نحن وأزمة القوقاز

عندما نفّذت روسيا غزوها العسكري للأراضي الجورجية، بدا المشهد وكأنه
يعكس أزمة محلية قوقازية، لكنه سرعان ما تصاعد إلى مستوى أزمة عظمى بين روسيا
والحلف الأطلسي «ناتو».  والآن .. المشهد مرشح لحدوث تداعيات تنتقل بالصراع إلى
ساحات دولية أخرى في مقدمتها منطقة الشرق الأوسط.[١١٣]

منطقة القوقاز منطقة مهمة للأمة العربية والإسلامية، ليس بسبب الماضي فقط، وإنما
هي هامة كذلك لحاضر الأمة ومستقبلها.  إن الصلات التاريخية والجغرافية التي تربط
بين منطقة القوقاز وبين العالم العربي والإسلامي كثيرة ومتعددة. كما أن المصالح
الاقتصادية والاستراتيجية التي تربط المنطقتين متنوعة. وأخيرًا فإن الأزمة التي تمر بها
منطقة القوقاز سيكون لها انعكاسات متعددة على القضايا الهامة في العالم العربي
والإسلامي، سواء ما يتعلق بالعراق أو أفغانستان، أو التوازن الدولي وارتباطه بالشرق
الأوسط، أو الأزمة المرتبطة بالمشروع النووي الإيراني، والقضية الفلسطينية كذلك.  إن

---

[١١٣] خط مباشر القوقاز والشرق الأوسط، أحمد عمرابي، صحيفة البيان الإماراتية، ٨ سبتمبر ٢٠٠٨م، العدد
١٠٣٠٩

العلاقة والمصالح وارتباط القضايا الهامة بتلك المنطقة يجعلها من المناطق الهامة لصانع القرار العربي والمسلم.

شعوب القوقاز كذلك هي شعوب في أغلبها مسلمة، فمن تلك المنطقة جاءت هجرات قبائل الشركس، ومنها كذلك جاء الكثير من المماليك الذين حكموا مصر، وأثروا في واقع العالم الإسلامي تأثيرًا لا يخفى على أحد. إنها شعوب ارتبطت بالمنطقة العربية والإسلامية على مر التاريخ، وهي أيضًا شعوب تعودت على مقاومة الظلم ومحاولات الهيمنة التي تعرضت لها عبر تاريخها، سواء من قِبَل الإمبراطورية الروسية في القرون الماضية، أو الاتحاد السوفييتي لاحقاً، أو الأطماع الأمريكية والغربية مؤخرًا. يصف الشاعر الروسي ليرمنتوف طبيعة هذه الشعوب القوية والمحاربة، عندما يصف الشراكسة كما يلي: «يولدون في الحرب، ويكبرون لأجلها، فيدخل الطفل الحياة وهو يحارب، وينهي الرجل حياته محاربًا. إن الكلمة العليا هي «العدو الروسي»، وهي كلمة تغرس بها الأم في قلب طفلها الخوف الجريء، وهكذا الوالد أيضًا. الولد الضعيف لا يعرف الرأفة، أمين في الصداقة، و أمين أكثر في الثأر، هناك لا تسيل نقطة دم بدون أن يؤخذ ثأرها في الساعة المحددة، و لكن الحب مثل البغض هو أيضًا حب لا حد له».

قدم المسلمون في القوقاز صورًا رائعة لعطاء المسلمين، والتزامهم بدينهم، وقدرة هذا الدين على تحويلهم إلى قدوات حقيقية للشعوب المحيطة بهم. وقد ذكر الباحث الشركسي عدنان محمد مصطفى قبرطاي، قصة رائعة عن مسلمي القوقاز، حدثت في الحرب العالمية الأولى، ونوردها بأكملها؛ لأنها تعطي صورة رائعة عن الإسلام في تلك المناطق، وعن شجاعة أهلها. يذكر المؤلف أن «فرقة الخيالة الوطنية القفقاسية اشتهرت باسم «الفرقة المتوحشة»، أو الكتائب الشرسة، والتي كان يقودها الأمير «مايكل»، وهو شقيق القيصر الروسي إبان الحرب العالمية الأولى.. كانت الكتائب الشرسة التي تحت قيادة الأمير مايكل، شقيق القيصر الروسي، تحارب للمرة الأولى حربًا نظامية، وكانت تحارب تحت راية القيصرية الروسية التي كانت من ألدّ أعدائهم.. ولكن الظروف وضعتهم في هذا الموضع الصعب، فالروس أخذوا يستغلون شعوب شمال القفقاس في قتالهم ضد بقية الشعوب، وكان لا بد أن يثبتوا للعالم أنهم محاربون من الطراز الأول إذا ما حاربوا كجيش نظامي. كانت هذه الفرقة مؤلفة من أفواج خيالة من معظم شعوب شمال القفقاس الشركسية، وذلك ليحارب الروس بهم الجيش النمساوي والألماني على جبهة رومانيا.

ويروي القصة الضابط الروسي القوقازي الملازم ثاني «سيرجي كورناكوف» الذي خدم في الجيش المسمى بالفوج الشركسي، بإمرة الكولونيل والأمير الشركسي «سلطان كري». ويقول الضابط الروسي القوقازي (وهو غير مسلم) في مذكراته التي كتبها عام ١٩٣٦م في الولايات المتحدة الأمريكية، والتي تحدث فيها عن الفوج الشركسي، وهو يصف صلاة العيد لهذا الفوج المتميز في جبهات القتال، فيقول: «أما الآن فقد هبت رياح الإسلام الحارة لتنفح على الذين لا يؤمنون به فتنحيهم جانبًا، ومن سوء حظي أني لم أجد من يفسر لي مراسم الاحتفال «صلاة العيد»، بهذه المناسبة، ماذا يقول الملأ يا ترى؟ تقدمت الصفوف الأمامية من الفوج إلى الأمام، وخلع الرجال البراقع وفرشوها على الأرض. لقد أصبحوا كأسراب من الطيور السوداء وهي تحط على الجليد.

كان هناك رجل أسمر طويل من الخيالة، يقف إلى جانب الملأ .. ربما يكون شيخ الجماعة، وكانت هناك سجادة صغيرة تحت قدميه، واتجه الجميع نحو الجنوب، إنها الجهة التي تقع فيها مدينة مكة على ما أعتقد، وصاح الفارس الطويل الذي يقف على جانب السجادة بصوت منظم جميل «الله أكبر.. الله أكبر». أعتقد أنه يتكلم اللغة العربية.

لقد فهمت الآن، إنه المؤذن ينادي المسلمين للصلاة. لقد قرأت في كتاب تولستوي «أحاديث قفقاسية» عن المؤذنين الذين يؤذنون للصلاة من فوق منابر المساجد. ارتفع صوت المؤذن الآن، وانحنى الرجال على الرقائع بعد أن خلعوا أحذيتهم، وظلوا جالسين على كعوبهم، كانوا واقفين وأيديهم مربوطة على صدورهم، «أشهد أن لا إله إلا الله .. أشهد أن محمد رسول الله» ملأ صوت الأذان الفضاء.

ثم سمعنا صوت طائرة أخرى.. نحن هدف سهل للعدو.. ردّد الكورس المكون من خمسمائة مقاتل صوت الصلاة: «أشهد أن لا إله إلا الله» .. وارتفع صوت الأزيز فوقنا، ثم أعقبه صوت انفجار هائل خلفنا.. الطائرة تقصفنا. لم يتحرك الأمير «شانسا خدر» من مكانه، وألقيت نظرة على الفوج... لم يتحرك أي رأس من الخمسمائة رأس المنحنية في الصلاة.

ارتفع أزيز الطائرة ثانيةً، وارتفع عمود من الثلج والطين على أثر انفجار قنبلة سقطت وراء أشجار الدردار الكائنة على الطريق. كانت الطائرة تحلق من فوقنا، حتى إنني استطعت رؤية الملاح من نافذته.. وكانت وجوه الضباط المسيحيين شاحبة، أما أنا فقد شعرت وكأني قد تناولت قنينة من المسهل قبل ساعتين.. القاذفة تعود مرة أخرى وكأنها

ستبيض كمية أخرى من البيض (القنابل). كان الأمير «سانشا خدر» ينظر إلى اليسار نحو صفوف الفوج ليرى ردود الفعل على وجوه الرجال، وبدون أن أنظر شعرت أن رجال الفوج يختلسون النظر إلى الضابط الروسي، ليعرفوا مدى تأثرهم بعملية القصف. إنه شيء مضحك.. فلم يكن أحد ينظر إلى السماء غيري. أستطيع مراقبة الطائرة على حريتي الآن، إنهم سيعتقدون أنني أقوم بالصلاة والدعاء، وفي الحقيقة كنت على وشك الصلاة في تلك اللحظة.

ها هو ذا الطيار يتجه نحونا مرة أخرى، بينما بنادق الرجال ملقاة على مسافة مائتي قدم من مكان صلاتهم. إنه من المستحيل أن يبقى الرجال على وضعهم، دون أن يهرب أحد منهم أو أن يوجه بندقيته نحو تلك الطائرة. لا يبدو أن الرجال قد نسوا النظام العسكري، ولا يبدو أن هناك شيئًا يجعلهم يشعرون بخطورة موقفهم أو حاجتهم للأمان. إن هناك شيئًا يمسكهم في أماكنهم، بينما يجعلنا نحن (غير المسلمين) في أشد حالات التوتر. نحن غير مسلمين، ولا أظن أن الاعتقاد أو الإيمان وحده هو الذي يمسك المسلمين في أماكنهم. لقد تجمدنا نحن الروس واليهود والكرج (الجورجيون) والأرمن في أماكننا. شعرت بكوع الملازم الشاب يرتجف على يميني، وربما كان كوعي أنا هو الذي يرتجف .. ون .. ون .. ون.. بوم.. ثم وهج مضيء يعمي الأبصار إلى جهة اليمين، وشظايا متطايرة في الفضاء، استقرت أحدها على الثلج بيني وبين الآمر، ما أقبح أن تستقر إحدى هذه الشظايا في أحشاء الإنسان .. ارتفع صوت الملا «الشيخ» وهو يتلو آيات من القرآن، ثم أحنى رجال الفوج رءوسهم إلى الأرض.

لم تعد الطائرة القاذفة مرة أخرى، ربما اعتقد قائدها أنه على خطأ، وأن ما شاهده على الثلج ليس فرقة من الرجال الأحياء، بل دمى وضعت خصيصًا لتضليله. قال الملا شيئًا آخر، أحنى رءوسهم إلى الأسفل حتى لامست جباههم الأرض، وبعدها بدا الجميع بلبس الأحذية، كانت هناك حركة وأصوات إلى جهة اليمين، لقد أصابت إحدى الشظايا رجلاً من الفرسان حيث غطى الدم وجهه، وتقدم أحد الرجال لإسعافه وربطه بالشاش الأبيض. هذا هو الأثر الوحيد الذي تركه القصف. تفرق الرجال المسيحيون الآن، وجاء نحوي البيزي: «لم أرى شيئًا كهذا في حياتي، من قال: إن التقاليد لا تستطيع الوقوف في وجه الخطر، ربما ظن الطيار أنه شاهد أشياءً جامدة، وليس رجالاً أحياء». ثم أمر الكولونيل الشركسي «سلطان كري» الجنود بالذهاب نحو البنادق وحملها على أكتافهم، ثم أمرهم بالوقوف في صفوف مستقيمة .. «انتباه.. السير العادي للخيالة.. حافظوا على المسافة».

إن الأزمة الحالية في القوقاز تمنحنا فرصة حقيقية لإعادة التعرف على هذا الجزء من عالمنا المسلم، وإدراك ما يمر به من مشكلات، وما يقدمه للأمة أيضًا من فرص. والأمر لا يتعلق بالقوقاز فقط، فيرى الكثيرون كذلك أن روسيا تبدو جاهزة الآن ومستعدة أكثر من أي وقت مضى منذ انهيار الاتحاد السوفييتي لكي تصبح لاعبًا أكثر نشاطًا وفاعلية على الساحة الشرق أوسطية.[١١٤]

## هل يعنينا ما يحدث في القوقاز؟

إن أزمة القوقاز تعني العالم العربي والإسلامي، وتوثر تأثيرًا مباشرًا عليه. فمن ناحية هناك مصالح للمسلمين في تلك المناطق التي نشأ فيها النزاع بشكل مباشر. ومن ناحية أخرى؛ فإن هذا النزاع يؤكد عودة روسيا إلى الساحة الدولية، وهو ما يعني أن أوراق حل الأزمات الدولية لن تبقى فقط في يد أمريكا وأوروبا. ومن المعروف أن روسيا تهدف في المرحلة الراهنة إلى الظهور بمظهر مخالف لمشروعات الهيمنة الأمريكية من أجل كسب ودّ العالم العربي والإسلامي، مما يعطيها فرصة أكبر للتأثير الدولي، ويعطي للعالم المسلم فرصة أكبر للحفاظ على مصالحه. ويشير بعض المراقبين إلى أن الأمة لم تنجح في الماضي من الاستفادة من تعدد الأقطاب، ومن المهم ألا يقع العالم العربي والإسلامي في نفس الخطأ مرة أخرى.

وكما يذكر الكتاب عبد الفتاح حنين، فقد توزعت الدول العربية في فترة الحرب الباردة بين حليف للمعسكر الشرقي، وحليف للمعسكر الغربي. وهذا التشتت العربي بين الشرق والغرب لم تقف وراءه المصالح الاستراتيجية العربية، ولكن على العكس من ذلك، وقف وراءه غياب استراتيجية عربية ناتجة عن الطبيعة اللا شعبية واللا ديمقراطية للأنظمة العربية. الاصطفاف شرقًا أو غربًا كان يعكس مصالح أنظمة الحكم. ودارت بين البلدان العربية حروب باردة وساخنة بسبب ذلك، ولم تنجح محاولات توحيد البلدان العربية بسبب هذا التشتت؛ ولأنها كانت محاولات غير واقعية وغير مؤسساتية، ولأن العديد من الأنظمة العربية رأت فيها تهديدًا لوجودها وآثرت العمل الانفرادي، وعولت على مظلة سياسية أجنبية بدل تكوين اتحاد عربي.[١١٥]

---

١١٤ هل تشكل أزمة جورجيا نقطة تحول في النظام الدولي؟، حسن نافعة، الحياة، لندن، ٣ سبتمبر ٢٠٠٨م

١١٥ أي دور للعرب في التحولات الدولية الراهنة، عبد الفتاح الحنين، صحيفة القدس، ١٨ سبتمبر ٢٠٠٨م

الواقع في هذه المرحلة قد تغير كثيرًا عن فترة الحرب الباردة الأولى، والتي اتسمت بضياع الأمة بين المعسكرين الشرقي والغربي. ولكي نتمكن من صياغة رؤية صحيحة للتعامل مع الواقع المعقد لمنطقة القوقاز، وتداعياته الدولية والإقليمية، فمن المهم أن نقدم إطلالة تاريخية موجزة عن المنطقة، وعن علاقة العالم العربي والإسلامي بها تاريخيًّا وحضاريًّا وجغرافيًّا أيضًا. هذه الإطلالة ستساعد في إدراك كيفية الاستفادة من أزمة القوقاز لصالح العالم العربي والمسلم.

## التاريط المعاصر للمنطقة

يرى بعض أهل القوقاز أن هذه المنطقة تمثل بحق «ملتقى حضارات العالم». فهي تقع جغرافيًّا بين أوروبا وآسيا من ناحية الشرق والغرب، وهي كذلك تعتبر الحد الفاصل بين الشمال الأوروبي والجنوب المسلم في منطقة أوراسيا. وقد لعبت دومًا دور التخوم، أو المناطق الحدودية الخارجية الفاصلة بين العديد من الحضارات والقوى المتصارعة على مر التاريخ. كما أن هذه المنطقة قد دخلتها المسيحية في وقت مبكر، وكذلك انتشر فيها الإسلام منذ فجر الدعوة، وانتشرت في أرجائها أيضًا العديد من النظريات والأفكار التي تحكمت في العالم، وأثرت على مسيرة الإنسانية عبر العصور. إنها ذات تاريخ غني حافل بالأحداث، وذات حاضر ومستقبل يدعو كذلك للاهتمام. وفيما يلي نعرض للوجود المسلم في تلك المناطق، ونوع المشكلات التي تعاني منها المنطقة من النواحي الديموجرافية والتاريخية.

### الإسلام في روسيا

تظهر الإحصاءات الدولية مؤخرًا أن الإسلام هو ثاني الأديان في روسيا من حيث الانتشار، ويصل عدد معتنقيه ما بين ١٤ إلى ٢٠ مليون مسلم، وقد زادت نسبة المسلمين أو من يعلنون انتمائهم للإسلام في روسيا بما يزيد عن ٤٠٪ في الخمسة عشر سنة الأخيرة، وبعد زوال الحكم الشيوعي السابق. وإن كان أحد الباحثين في مجال الإسلام في روسيا، وهو الباحث رومان سيلانتييف يرى أن من يمارسون شعائر الإسلام في روسيا لا يزيدون عن سبعة إلى تسعة ملايين فقط، وأما الباقون فهم مسلمون بالانتماء العرقي أو بالولادة. ومعظم المسلمين في روسيا هم من السُّنَّة، والأقلية تنتمي إلى المذهب الشيعي، وهي لا تزيد في الإحصاءات عن ٢٪ من إجمالي المسلمين في روسيا.

وللإسلام في روسيا جذور عميقة؛ إذ وصلها مبكرًا قبل دخول المسيحية إلى أراضيها. فالمسيحية دخلت روسيا في القرن العاشر الميلادي، بينما عرفت روسيا الإسلام في القرن السابع الميلادي؛ حيث تحولت بعض المدن في آسيا الوسطى إلى مراكز إشعاع حضاري مثل سمرقند.[١١٦]

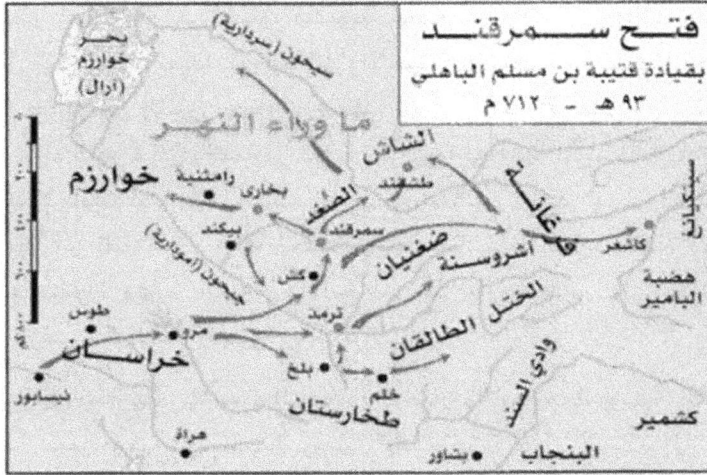

المصدر: أطلس التاريخ العربي الإسلامي للدكتور شوقي أبو خليل . توضح الخريطة الفتوحات الإسلامية لبلاد ما وراء النهر في عهد الوليد بن عبد الملك، حيث قاد جيوش المسلمين قتيبة بن مسلم الباهلي.

**خريطة رقم (٦): دخول الإسلام إلى القوقاز**

إن المسلمين يمثلون ثقلاً سكانيًّا كبيرًا، يصل لحوالي ١٥٪ من إجمالي سكان الاتحاد الروسي - كما تذكر الدراسات المتخصصة في هذا الشأن. بل إن بعض الإحصاءات تشير إلى أن موسكو تعتبر أكبر مدينة أوروبية من حيث عدد المسلمين فيها، والذي يقترب من ٢,٥ مليون نسمة، ولا تتفوق عليها في عدد المسلمين إلا مدينة اسطنبول في تركيا. ورغم ذلك فإن موسكو بها أربعة مساجد رسمية فقط، وهو ما يعبر عن درجة من التضييق الأمني والسياسي يتعرض لها المسلمون في روسيا.

---

[١١٦] المسلمون المنسيون (بتصرف)، موقع بي بي سي العربي، نقلاً عن مسلمو روسيا ومشاريع الاستقلال، محمد عادل، سلسلة رؤى معاصرة رقم ٣، فبراير ٢٠٠٦م، المركز العربي للدراسات الإنسانية، القاهرة.

لقد تعرض المسلمون في تلك المنطقة منذ القرن السادس عشر لعمليات اضطهاد وإبادة مستمرة؛ استهدفت هويتهم ودينهم، حتى ضعف أثر الإسلام في نفوس مسلمي روسيا، وتحول في نظر الكثيرين إلى مجموعة من التقاليد التي يداخلها الكثير من الانحرافات.

أدى هذا التعرض للإسلام بالتشويه المُتعمَّد والضغوط المتواصلة التي استمرت قرونًا إلى جعله في نظر غالبية مسلمي روسيا مجموعة محدودة من العادات والأعراف التي يداخلها الكثير من الانحرافات بعيدًا عن العقائد والأحكام الصحيحة. وهكذا تحوَّل الإسلام في نظر قطاع كبير من الناس - كما يحكي أحمد رائف في كتابه مستقبل الإسلام في روسيا وما وراء النهر - إلى كلمة يرددونها سرًّا ليواجهوا بها الموت (الشهادة)، وامتناع عن فعل(الزنا)، لا يأتونه أبدًا مهما حدث. ويروي القصة التي شاهد البعض تفاصيلها في التلفاز عن رجل دين من تلك البلاد، أقام حفلاً بهيجًا بمناسبة افتتاح مسجد، ودعا إلى الحفل الكبراء والسفراء وعِلْيَة القوم، وافتتح المسجد بأن كَسَرَ على عتبته زجاجة من الشمبانيا، وعدسات التلفاز تصور![117]

ويقدم رافيل بخارييف في بحثه التاريخي الرصين (الإسلام في روسيا: الفصول الأربعة): مبحثًا رائدًا أسماه «ربيع الإسلام في روسيا» يستعرض وصول الإسلام إلى روسيا، وبداية انتشاره فيما بين عامي ٩٢٢م و١٢٢٩م (٣٠٩ - ٦٢٦هـ). ويعرض بخارييف معلومات حصل عليها من مخطوطات إسلامية نادرة في المكتبات الإسلامية في روسيا تتعرض للرحلة التي حملت بشارة الإسلام إلى تلك المنطقة النائية من العالم على حافة سيبيريا في الشرق وجبال الأورال في الغرب لتسجل لحظة «ميلاد الأمة الإسلامية في روسيا» التي يصل عمرها اليوم لأكثر من أحد عشر قرنًا من الزمان.

يتركز مسلمو روسيا في ١٤ جمهورية ووحدة إدارية في منطقتين مهمتين بالنسبة لجغرافية روسيا السياسية وهما منطقة القوقاز الشمالي الحدودية ومنطقة الفولغا والأورال في قلب روسيا. وتشمل منطقة القوقاز الشمالي سبع جمهوريات هي: الشيشان، أنجوشيا، وداغستان، وأوسيتيا الشمالية، وكبردين - بلقاريا، وقارتشي - شيركيسيا، والأديغة. والجمهوريات السبع تسكنها أغلبية إسلامية، بينما تشتمل منطقة الفولغا والأورال على ست جمهوريات وإقليم إداري على حدودها مع كازاخستان وهي: تترستان وبشكيريا وتشوفاش وموردوفيا وماري يل وأودمورت، إضافة إلى وجود المسلمين كذلك في وحدة

[117] مسلمو روسيا ومشاريع الاستقلال، محمد عادل، سلسلة رؤى معاصرة رقم ٣، فبراير ٢٠٠٦م، المركز العربي للدراسات الإنسانية، القاهرة.

إدارية كبرى هي إقليم أورنبيرج[118]. وتوضح الصورة المرفقة أماكن وجود المسلمين في روسيا الحالية.

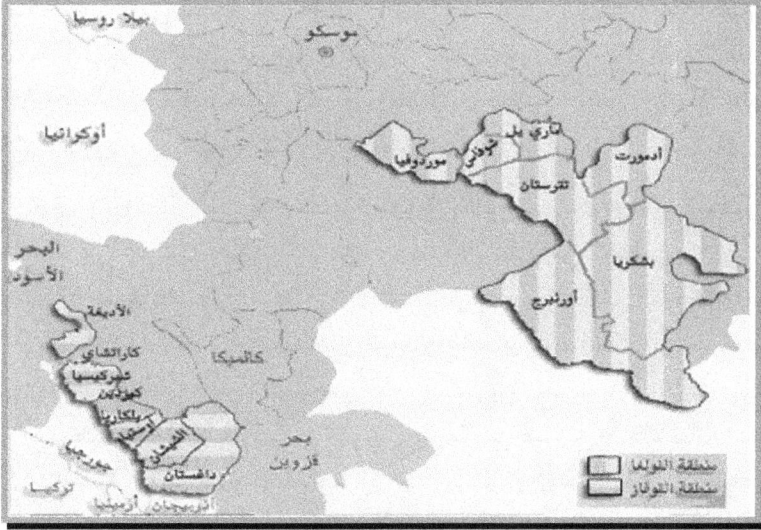

خريطة رقم (٧): المسلمون في روسيا

«ويبلغ إجمالي عدد المسلمين في المنطقتين نحو ١٦ ـ ١٧ مليون نسمة، إضافة إلى ٥ ـ ٦ ملايين آخرين يتوزعون بشكل مبعثر عبر الأراضي الروسية. وينتمي المسلمون في روسيا إلى عائلات عرقية لغوية متباينة من القوقازية الشمالية إلى الألطاية والهندو أوروبية. وتتشعب هذه العائلات في شجرة متباينة من ٤٠ مجموعة عرقية؛ حيث ينتمي السكان في جمهورية صغيرة مثل داغستان إلى ١٢ مجموعة (إثنية لغوية)»[119].

وقد قام الباحث محمد عادل بتقديم دراسة متميزة حول أهمية المناطق ذات الكثافة السكانية المسلمة في روسيا، وذكر في بحثه أن «الجمهوريات ذات الكثافة الإسلامية ـ لموقعها الاستراتيجي وثرواتها المتنوعة ـ شكلت أهمية كبرى للاتحاد السوفييتي قبل

---

[118] المسلمون في روسيا ..جدل الحوار والانفصال، مجلة المجتمع، عدد ١٦٣٦، نقلاً عن مسلمو روسيا ومشاريع الاستقلال، محمد عادل، سلسلة رؤى معاصرة رقم ٣، فبراير ٢٠٠٦م، المركز العربي للدراسات الإنسانية، القاهرة.

[119] الإسلام الروسي بين الصدام والتفاهم، عاطف معتمد، الجزيرة، ٥ أكتوبر ٢٠٠٤م، نقلاً عن مسلمو روسيا ومشاريع الاستقلال، محمد عادل، سلسلة رؤى معاصرة رقم ٣، فبراير ٢٠٠٦م، المركز العربي للدراسات الإنسانية، القاهرة.

انهياره، سواء ما كان منها داخل منطقة الفولغا والأورال، أو ما كان منها في منطقة القوقاز، وزادت هذه الأهمية بعد انهيار الاتحاد السوفييتي. ومثلت القوقاز نقطة اتصال بين أوروبا ووسط آسيا، ولهذا فإن المؤرخين يعتبرون القوقاز أهم مراكز التحركات السياسية والاقتصادية والهجرات البشرية منذ ظهور الإنسان على وجه الأرض، وقد لعب موقع القوقاز دورًا بارزًا في نقل الحضارات بين الشمال والجنوب. وتعتبر المنطقة الطريق البري الوحيد لقارة أوروبا نحو آسيا والشرق الأوسط من حدودها الجنوبية الشرقية».

ومن المهم أن نؤكد هنا أن مظاهر الوجود الإسلامي في روسيا تتزايد في الأعوام الأخيرة، ولكن يصاحبها أيضًا مشكلات متعددة ناجمة من تحول أعداد ملحوظة أيضًا عن الإسلام إلى ديانات أخرى، أو إلى الابتعاد عن ممارسة الدين بالكلية، وهي صورة متناقضة ومعقدة في آن واحد. هناك من الباحثين الغربيين من يرى أن سرعة نمو الإسلام في روسيا «مذهلة». وقد أعرب السياسي الأمريكي بول جلوب Paul Globe، وهو يعمل في الإدارة الأمريكية كمتخصص في الشؤون الروسية عن قناعته بأن الإسلام سيصبح أوسع الأديان انتشارًا في روسيا مع انتصاف القرن الحادي والعشرين، وهو رأي تؤيده أيضًا مصادر الكنيسة الأرثوذوكسية الروسية التي تُبدي تخوفًا ملحوظًا من تنامي الإسلام في روسيا. يقول هذا الفريق: إن عدد المساجد في روسيا كان ٣٠٠ مسجد في عام ١٩٩١م عندما سقط الاتحاد السوفييتي، وإن هذا العدد قد وصل إلى أكثر من ٨٠٠٠ مسجد في الأعوام الأخيرة، ولم يكن هناك أي مدارس إسلامية في عام ١٩٩١م، وارتفع العدد إلى ما يقارب ٦٠ مدرسة في عام ٢٠٠٧م تستقبل ما يزيد عن ٥٠ ألف طالب. وازداد كذلك عدد الحجاج إلى بيت الله الحرام من ٤٠ حاجًا في عام ١٩٩١م إلى أكثر من ١٣ ألف حاج في عام ٢٠٠٥م، وكلها علامات تشير إلى نمو سريع للإسلام في روسيا.

يُرجع بعض الباحثين زيادة عدد المسلمين في روسيا في الأعوام الأخيرة إلى معدل إنجاب المرأة المسلمة، أكثر من التحول إلى الإسلام، وهو رأي يدافع عنه الباحث الأمريكي دانيل بايبس Danial Pipes والمعروف بعدائه للإسلام، ورصده لنمو الوجود الإسلامي في أوروبا والقارة الأمريكية. ومن المعروف أن عدد السكان في روسيا يتناقص سنويًا في الأعوام الأخيرة بمعدل يصل إلى ٧٠٠,٠٠٠ نسمة في كل عام بسبب نقص نسبة المواليد، وارتفاع نسب الوفيات أيضًا. وقد أظهرت الإحصاءات في عام ٢٠٠٢م أن متوسط الخصوبة للمرأة الروسية هو ١,٥ طفل، وهو أقل من النسبة اللازمة للحفاظ على عدد السكان وهي ٢,١ طفل لكل امرأة. وبينما تشير الإحصاءات أن معدل خصوبة المرأة في موسكو هو ١,١ فقط، فإنها ترتفع في مناطق سكن المسلمين التتار في موسكو إلى ٦

أطفال لكل امرأة حسب تقديرات الباحث الأمريكي بول جلوب، وتزداد لتصل إلى ١٠ أطفال للمرأة في مناطق الأنغوش [؟!] وهو رقم يبدو أنه مبالغ فيه؛ لأن الإحصاءات الرسمية تشير مثلاً أن معدل إنجاب المرأة في داغستان المسلمة يصل فقط إلى ١,٨، ويبلغ متوسط عمر الرجال في داغستان ٦٨ عامًا، بينما ينقص إلى ٥٨ عامًا فقط في العاصمة موسكو حسب إحصاءات عام ٢٠٠٥م.

ويرى هذا الفريق أن زيادة عدد المسلمين في روسيا ترجع أيضًا إلى موجات الهجرة المتتالية، بحثًا عن العمل، للمسلمين من طاجيكستان وأوزباكستان وكازاخستان، وكلها دول استقلت عن الاتحاد السوفييتي بعد انهياره، ولكن أغلب سكانها من المسلمين.

ولكن هناك فريق آخر من الباحثين يرى صورة مختلفة تمامًا عن الصورة السابقة. ومن هؤلاء الباحثين المتخصصين في شؤون السكان في روسيا، الباحث فيكتور بيرفيدينستيف Viktor Perevedentsev، الذي يرى أن كل تلك الأرقام قد تكون صحيحة، ولكنها ليست إلا حيل ومبالغات من بعض السياسيين ممن يريدون التهويل من مخاطر زيادة المسلمين في روسيا، ويؤكد أن التزايد الحالي في معدلات الإنجاب بين المسلمين لن يستمر، وبالتالي لن يصل المسلمين إلى أن يكونوا أغلبية في روسيا أبدًا ـ كما أكد في حوار أجرته معه هيئة الإذاعة البريطانية في عام ٢٠٠٧م.

ويرى الباحث رومان سيلانتييف من ناحية أخرى أن هناك ظاهرة تحوُّل نحو المسيحية بين المسلمين غير المتدينين في روسيا، ليس فقط أو بالضرورة بسبب موجات التنصير المستمرة في تلك المنطقة من العالم، وإنما أيضًا لأن الكثير منهم يميلون إلى تقليد الثقافة السائدة وهي الثقافة المسيحية الأرثوذوكسية.

يؤكد الباحث بالمقابل أن هذا التحول لا يحدث إلا نادرًا بين من يقيمون شعائر الإسلام، ولكنه أكثر وضوحًا فيمن لا يهتمون بأداء شعائر الإسلام من المسلمين الروس. ويقدم تفسيرًا آخر لظاهرة التحول عن الإسلام، وهو خوف البعض من أن يُتَّهم بمساندة الإرهاب في روسيا، أو أن يُوصَف بذلك من قِبل السلطات أو الأجهزة الأمنية الروسية المعروفة ببطشها وعنفها مع المخالفين، أو من يشكلون إزعاجًا للأمن الروسي. وقد تنامت هذه الظاهرة ـ كما يرى الباحث ـ بوضوح بعد مذبحة مدرسة بيسلان في أوسيتيا الشمالية، والتي حدثت في عام ٢٠٠٤م، وتسببت في نقص عدد المسلمين في تلك المدينة إلى النصف تقريبًا.

| التركيبة السكانية للجمهوريات الروسية ذات الكثافة السكانية | | | | |
|---|---|---|---|---|
| الجمهورية | التركيبة السكانية | | | |
| الشيشان | ٩٣,٥٪ شيشان | | | |
| أنجوشيا | ٧٧,٣٪ أنجوش | ٢٠,٤٪ شيشان | ١,٢٪ روس | ٠,٢٪ اتراك |
| داغستان | ٨٠,٠٪ داغستان | ٩,٠٪ روس | ٣,٠٪ شيشان | |
| أوسيتيا الشمالية | ٦٢,٧٪ أوسيتيين | ٢٣,٢٪ روس | ٣,٠٪ أنجوش | ٢,٤٪ ارمن |
| قبردين - بلكاريا | ٥٥,٣٪ قابردين | ٢٥,١٪ روس | ١١,٦٪ بلكار | |
| قارتشي - شبركيسيا | ٣٨,٥٪ تركي كارتشي | ٣٣,٧٪ روس | ١١,٣٪ شركس | |
| الأديغة | ٦٤,٥٪ روس | ٢٤,٢٪ أديغيين | | |
| تتارستان | ٥٢,٩٪ تتر | ٤٧٥ قوميات أخرى | | |
| بشكيريا | ٣٦,٣٪ روس | ٢٤,١٪ تتر | ٢٩,٨٪ بشكيريين | |
| تشوفاش | ٦٧,٧٪ تشوفاش | ٢٦,٥٪ روس | | |
| موردوفيا | ٦٠,٨٪ روس | ٣١,٩٪ موردوف | ٥,٢٪ تتر | |
| ماري بل | ٤٧,٥٪ روس | ٤٢,٣٪ ماري | ٦,٠٪ تتر | |
| أدمورت | ٦٠,١٪ روس | ٢٩,٣٪ أدمورت | ٧,٠٪ تتر | |
| إقليم أورنبيرج | ٧٢,٣٪ روس | ٤,٧٪ أوكرانيين | ٤,٥٪ كازاخ | |

المصدر: نقلاً عن مسلمو روسيا ومشاريع الاستقلال، محمد عادل، سلسلة رؤى معاصرة رقم ٣، فبراير ٢٠٠٦م، المركز العربي للدراسات الإنسانية، القاهرة.

## القيمة الاستراتيجية لمناطق المسلمين في روسيا

قبيل تفكك الاتحاد السوفييتي كانت المناطق الإسلامية في القوقاز تقع بعيدة نسبيًا عن حدود الاتحاد مع جيرانه؛ إذ مثلت أرمينيا وأذربيجان وجورجيا مناطق تخوم داخل الاتحاد السوفييتي، أما الآن فإن منطقة القوقاز الإسلامية أصبحت بعد انهيار الاتحاد السوفييتي تمثل الحدود الدولية لجنوب روسيا مع جيرانها. ونظرًا لطبيعتها الزراعية، فإنها تعتبر سلة خبز للاتحاد السوفييتي السابق ومن بعده روسيا الاتحادية.

كما تزداد أهمية القوقاز بالنسبة لروسيا (بعد تفكك الاتحاد السوفييتي) بعد حرمانها من المنافذ الساحلية التي فقدتها مع استقلال أوكرانيا وجورجيا وأذربيجان وأرمينيا، والتي كانت منافذ لها إلى بحر قزوين والبحر الأسود، ومن ثم فإن روسيا غير مستعدة لفقدان أي منفذ بحري آخر. يضاف إلى ذلك أهمية بحر قزوين الغني بالنفط والذي يدفع روسيا لاستمرار سيطرتها على القوقاز والمحافظة عليها بأي وسيلة، خاصة في ظل المحاولات الأمريكية والأوروبية لاختراق المنطقة واستغلال ثرواتها.

وزادت أهمية المنطقة من الناحية الأمنية مع التوغل الأمريكي في آسيا الوسطى؛ إذ وصلت القوات والقواعد العسكرية الأمريكية إلى أماكن كانت إلى وقت قريب تمثل محيطًا استراتيجيًّا و أمنيًّا مهمًّا لروسيا مثل جورجيا، وصار القوقاز - خاصة - بالقرب من هذه القواعد، مع ما قد يمثله ذلك من خطورة أمنية على الأراضي الروسية. يضاف إلى ذلك وجود بعض الغاز الطبيعي والثروات النفطية والمعدنية المتوافرة في جمهورية الشيشان القوقازية، كما أن بها صناعات مهمة تشمل مصانع تكرير البترول، وصناعة البتروكيماويات، والصناعات الغذائية».[١٢٠]

وبالمجمل فقد حدَّد الباحث محمد عادل في دراسته الرؤية العامة عن مسلمي روسيا في أن المشهد الإسلامي يبدو متباينًا في الجمهوريات ذات الكثافة الإسلامية في روسيا، ففي القوقاز خاصة الشيشان نرى وضوح مظاهر العودة إلى الإسلام، بينما تقل هذه المظاهر على الجانب الآخر في إقليم الفولغا والأورال؛ حيث الانعزال عن العالم الإسلامي والاندماج في الهوية الروسية.

وأما بالنسبة لموقف الإعلام والرأي العام الروسي، فإنه يميل إلى اتهام المسلمين بالعنف والإرهاب، وتصور وسائل الإعلام دائمًا المسلم بشكل غير إيجابي. وقد حازت إحدى الروايات الروسية التي صدرت في عام ٢٠٠٥م أعلى المبيعات، وكان عنوانها «مسجد نوتردام في باريس»، وتدور أحداثها الخيالية في منتصف القرن الحادي والعشرين عندما تتحول مدن أوروبا إلى مدن مسلمة، ويصبح الإسلام هو الدين الرسمي للدول الأوروبية - كما تروي القصة، ويعيش المسيحيون المضطهدون في تلك المدن في مناطق معزولة بعيدًا عن بقية السكان.

إن كل ما سبق يشير إلى أن الإسلام في روسيا ظاهرة تستحق أن تُرصد، وأن يتم الاهتمام بها، وأن يتم التعاون مع المسلمين في روسيا من أجل الحفاظ على مصالحهم وحقوقهم من ناحية، وكذلك للدفاع عن صورة الإسلام من ناحية أخرى.

### موقف روسيا من العالم العربي والمسلم

كان هدف الرئيس الروسي فلاديمير بوتين ومنذ توليه السلطة عام ٢٠٠٠م، هو إعادة بناء الدولة الروسية التي كانت تهددها قوى التفكك، وتعزيز قبضة موسكو في المناطق

---

[١٢٠] مسلمو روسيا ومشاريع الاستقلال، محمد عادل، سلسلة رؤى معاصرة رقم ٣، فبراير ٢٠٠٦م، المركز العربي للدراسات الإنسانية، القاهرة.

التي تكون فيها الجماعات الإسلامية ذات نشاط أكبر خصوصًا في الشيشان وتترستان. كما أن هناك تخوفًا من سيناريو الوضع الأمني في منطقة الشرق الأوسط وتداعياته قد تضر بمنطقة القوقاز وآسيا الوسطى، وربما روسيا نفسها.[١٢١]

كما ترى روسيا في التحديات التي تمثلها الجماعات الإسلامية داخل روسيا نفسها أهم تهديد لأمنها، وفي هذا السياق تبرز قضية الشيشان من جهة، وحقيقة وجود نحو ٢٠ مليون مسلم يعيشون داخل روسيا من جهة ثانية. لذلك يعمل فلاديمير بوتين على البحث عن دور أكثر فعالية في العالم العربي ومنطقة الخليج العربي وإقامة علاقات ودية مع دولة مثل المملكة العربية السعودية، والتي يرى أنها ذات تأثير كبير على هذه الجماعات الإسلامية.

ويدخل التنافس الدولي كذلك ضمن محددات الاستراتيجية الروسية تجاه العالم العربي والمسلم، كما يذكر الباحث عبد الرزاق الطائي في بحث متميز حول «الخليج العربي في الاستراتيجية الروسية»، وهذا ما يفسر ـ كما يرى الباحث ـ محاولة إعادة دور روسيا كقوة عظمى لاسيما أعقاب احتلال العراق، والذي دفعها للعب دور أكثر أهمية في الشرق الأوسط، ومن أجل تعزيز دورها في الخارج، وخصوصًا في منطقة الخليج العربي التي تعتبر أحد أهم مجالات توازن القوى العالمية.[١٢٢]

واهتمت روسيا بوضوح عقب أزمة العراق بتنسيق الموقف حول الوضع في العراق، والرؤى المتعلقة بالحرب ومرحلة ما بعد الحرب. فقد اتخذت حكومة فلاديمير بوتين موقفًا رافضًا للحرب التي قادتها أمريكا على العراق وهو الموقف الذي تناغم مع سياسة معظم الدول العربية تجاه الأزمة، وقدمت روسيا مبادرة عقد مؤتمر دولي حول العراق باشتراك كل البلدان المعنية والسياسيين العراقيين، كما دعمت كل المبادرات التي تتفق مع توجهاتها واشتركت في مؤتمر شرم الشيخ في عام ٢٠٠٤م، والذي عُقد بمصر، وأيدت مبادرة جامعة الدول العربية لعقد اجتماع بين ممثلي الاتجاهات العراقية والأحزاب السياسية الرئيسة تمهيدًا للوصول إلى اتفاق للمصالحة الوطنية.

كما نجحت روسيا في استثمار الفتور الذي ظهر في العلاقات الإسلامية الأمريكية بعد أحداث سبتمبر، وبعد أن اتهمت أمريكا العالم الإسلامي في أكثر من مناسبة

١٢١ روسيا ومنطقة الخليج الوضع الراهن وخيارات المستقبل، نيكولاي زولوبين، ورقة مقدمة إلى ندوة، المصالحة الدولية في منطقة الخليج، أبو ظبي 2004 http://www.alriyadh.com

١٢٢ داريوا كرستياني، «روسيا مبادرات جديدة في الخليج» تقرير منشور على الموقع بتاريخ ١ مارس ٢٠٠٧، http://www.Pinrcom–reportphpac=iewreport

وبأكثر من طريق بدعم الإرهاب. استغلت روسيا وجود المشاعر المعادية للولايات المتحدة في العالم العربي والمسلم لكي تعيد تقديم نفسها كقوة دولية أكثر اعتدالاً وحرصًا على العلاقات مع العرب والمسلمين.

وسعت روسيا مؤخرًا من أجل الانضمام إلى منظمة المؤتمر الإسلامي ولو بصفة مراقب على الأقل، وعملت على تعزيز علاقاتها مع الدول العربية والإسلامية، وهو ما ساهم في قبول انضمامها إلى منظمة المؤتمر الإسلامي كمراقب في عام ٢٠٠٥م. ومما لا شك فيه أن روسيا تستثمر انضمامها إلى المنظمة في ما يتعلق بالقضية الشيشانية، والتي تستشعر روسيا تجاهها أنها مستهدفة «بحرب إرهابية»، وتعتقد أن التعاون السياسي الفعّال مع أقطار الخليج وخاصة المملكة العربية السعودية سيساعد على تكثيف الحوار بين روسيا والأمة الإسلامية، إضافة إلى ما يمكن أن تلعبه السعودية كمصدر إلهام لنحو ٢٠ مليون مسلم روسي؛ لكونها أرض الحرمين الشريفين. كما عملت روسيا على عقد سلسلة مؤتمرات حول روسيا والأمة الإسلامية، والذي كان آخرها في مدينة اسطنبول التركية. وهذا عكس مدى اهتمامها بتوفيق علاقاتها مع الأمة الإسلامية، في وقت زادت حدة التوتر والعداء بين الأمة الإسلامية والغرب؛ نتيجة لمواقف الغرب السلبية من القضايا العربية والإسلامية.[١٢٣]

## تاريط الإسلام في جورجيا وأبخازيا

جورجيا أو كرجستان، الجورجيون أو الكرج، هم أقوام يعيشون منذ القدم أقصى جنوب القوقاز الذي يُشار إليه في الكتابات العربية التاريخية بـ«القفقاس»، وقد عُرفت تلك المنطقة تحديدًا فيما بعد، بما وراء القفقاس، وأحيانًا بالقفقاس الجنوبي، وهي على تخوم هضبة أرمينيا. وقد أسّس الجورجيون الكرج عدة إمارات وممالك، وخضعوا في تاريخهم للكثير من الأمم، وعاصمة تلك المنطقة هي تبليس، وأصبحت ديانتهم مع مضي الوقت مسيحية على المذهب الأرثوذكسي، وفيهم بعض الكاثوليك، وهم يعتبرون القديس سان جورج حاميهم ومخلصهم، وقد خضعوا في تاريخهم للفرس ثم للعثمانيين ثم للروس ١٨٠١م. وقد اشتهر الجورجيون بأنهم هم الذين جلبوا الروس إلى جنوب القفقاس، عندما طلبوا الحماية منهم ضد الفرس والعثمانيين، وقد ساهموا مع الروس في محاصرة

١٢٣ الخليج العربي في الاستراتيجية الروسية، عبد الرزاق خلف الطائي، مركز الدراسات الإقليمية، جامعة الموصل، العراق، ٢٠٠٧م.

القفقاس، وشارك بعضهم في حروب القفقاس إلى جانب الروس والقوزاق. وعُرف عن الجورجيين اصطدامهم مع الأذربيجانيين والأرمن والأتراك، ناهيك عن القفقاس، واشتهر منهم السفاح ستالين الذي - وعلى الرغم من ترأسه للاتحاد السوفييتي- حاول أن يحقق الطموح الجورجي الأكبر، وهو تحقيق جورجيا الكبرى[١٢٤] .

وقد عرف العالم الإسلامي جورجيا منذ ما قبل بداية البعثة المحمدية، وكانت تسمى - كما ذكر آنفًا بأنها - «كريجستان»؛ لأنها عُرفت قديمًا باسم بلاد الكرج؛ إذ أطلق العرب عليها هذا الاسم، وهي تجاور بلاد الرحاب من الشمال، والرحاب عند الجغرافيين العرب - كما تذكر الموسوعات الإلكترونية - هو اصطلاح يشمل أذربيجان وأرمينيا وأران، لهذا فانتشار الإسلام بجورجيا مرتبط بانتشاره في بلاد الرحاب. وأكثرية الكرج اليوم على المذهب الأرثوذكسي المسيحي اليوناني. وبعضهم على دين الإسلام منهم «اللزجيون» و«الآجاريون» وبعض «الأبخاز».

والعلاقة بين الأرض والشعب في هذه المنطقة تضرب بجذورها إلى ما قبل التاريخ، فقد كان الأبخاز هم أول من سكن هذه الأرض، ولذلك تسمت باسمهم، ويرجح علماء التاريخ أنهم بدءوا في الظهور كأمة في القرن الخامس قبل الميلاد .. ومنذ ذلك التاريخ تتابعت على بلادهم الغزوات. وكان الأبخاز يمثلون ٨٥٪ من السكان في النصف الثاني من القرن التاسع عشر، لكنهم بعد عمليات التهجير لهم مقابل عمليات الإحلال لجنسيات أخرى صاروا يشكّلون ١٧٪ فقط، مقابل ٤٣٪من الجورجيين و١٦٪من الروس، وبقية النسبة من أعراق وجنسيات أخرى.[١٢٥]

وقد دخل الإسلام جورجيا عن طريق الصحابي حبيب بن مسلمة الفهري رضي الله عنه، والذي يلقب بـ «حبيب الروم»، وقد فتحت في زمانه وعلى يديه جورجيا في عام٢٢ هـ - ٦٤٤م، وتولى إمارتها. أي أن الإسلام قد دخل إلى جورجيا في زمن الصحابة رضوان الله عليهم، ومن خلالها تم انتشار الثقافة الإسلامية في جنوب القوقاز (أو ما تسميه العرب بالقفقاس) وشماله، وفيما بعد أصبحت تبليسي التي هي الآن عاصمة جورجيا مقرًّا للإسلام في منطقة البلقان وجنوب القوقاز حتى عام ١١٢٢م.

---

[١٢٤] تاريخ القوقاز : مت يوسف عزت جوناتوقة، وشمال القفقاس تنوع في إطار الوحدة: عز الدين سطاس، وموسوعة تاريخ القفقاس والشركس: جمال صادق آبازاو.

[١٢٥] أبخازيا، أرض الروح، شعبان عبد الرحمن، ١٤ فبراير ٢٠٠٢م، شبكة أنا المسلم للحوار الإسلامي.

إننا اليوم بالكاد نعرف أن جورجيا قد كانت من ديار المسلمين، ولذا من الواجب أن نتحدث عن هذا الصحابي الكريم، الذي وصفه المؤرخ ابن الأثير[١٢٦] أنه كان «يكنى بأبي عبد الرحمن. ويقال له: حبيب الدروب، وحبيب الروم؛ لكثرة دخوله إليهم ونَيْله منهم وجهاده لهم». أي أنه شارك في العديد من الغزوات التي ارتبطت بالروم. وقال الزبير بن بكار: وحبيب بن مسلمة كان شريفاً.. وسيَّره عثمان بن عفان رضي الله عنه إلى أذربيجان من الشام.. وكان أهل الشام يثنون عليه ثناءً كثيرًا، ويقولون: هو مجاب الدعوة .. ثم سيَّره الخليفة معاوية بن أبي سفيان إلى أرمينية واليًا عليها؛ فمات بها سنة اثنتين وأربعين؛ ولم يبلغ الخمسين.

وكما ذكر سابقًا، فقد كانت جورجيا تاريخيًّا تسمى في المراجع العربية ببلاد الكرج (جورجيا)، وأما عاصمتها الحالية تبليسي Tbilisi، فقد أسسها العرب المسلمون، وأعطوها اسم «تفليس» في المكان الذي تقع فيه الآن، وكانت قرية صغيرة في ذلك الوقت كما يروي المؤرخون، وبعض المراجع اللاتينية تذكرها باسم تفليسي (Tphilsi)، أما المراجع والمصادر العربية فتذكرها باسم «تفليس». وأما سبب التسمية كما يذكر أحد الباحثين فهو أنها تشير إلى ينابيع تفليس الحارة، فمعنى حار؛ في لغة الكُرْج : تفيلي (Tphili). وقد ذكر الطبري - رحمه الله تعالى- في تاريخه أن تفليس قد فُتحت سنة ٢٢ هـ على يد حبيب بن مسلمة ـ رضي الله عنه ـ وذلك بعد فتح باب الأبواب على يد سراقة بن عمرو، في زمن الخليفة الثاني عمر بن الخطاب ـ رضي الله عنه.

كما ذكر الطبري نص كتاب الأمان الذي كتبه حبيب بن مسلمة إلى أهل تفليس، وهو ما أثبته أيضًا الباحث الأردني سلطان الحطاب، الذي ذكر أن هذه المدينة قد كتب عنها أحد الولاة العرب ممن دخلوها فاتحين، وهو مسعد بن مهلهل في رسالة له فقال: «وقد سرت من شروان في بلاد الأرمن حتى انتهيت إلى تفليس، وهي مدنية لا إسلام وراءها، ويجري في وسطها نهر يقال له (الكور) يصب في البحر (قزوين)، وبها حمامات شديدة الحرارة، وعليها سور عظيم وحماماتها نبع يستغنى به عن استسقاء الماء، وهو للمسلمين ولا يدخله غيرهم. وتفليس التي هي عاصمة بلاد الكرج آنذاك كتب واليها العربي الذي أرسله عثمان بن عفان لها وهو حبيب بن مسلمة وثيقة أمان وعهد إلى أهلها جاء فيها: «بسم الله الرحمن الرحيم، هذا كتاب من حبيب بن مسلمة لأهل تفليس من رستاق منجليس من جرزان الهرمز. بالأمان على أنفسهم وبِيَعهم وصوامعهم وصلواتهم ودينهم على الصغار

---

[١٢٦] أسد الغابة في معرفة الصحابة، لصاحبه عز الدين أبو الحسن علي بن محمد الشهير بابن الأثير.

والجزية على كل بيت دينار، وليس لكم أن تجمعوا بين البيوت تخفيفاً، ولا لنا أن نفرق بينها استكثارًا لها، ولنا نصيحتكم على أعداء الله ورسوله ما استطعتم، وقِرَى (إطعام) المسلم المحتاج ليلة بالمعروف من حلال طعام أهل الكتاب لنا، وإن يُقطع برجل من المسلمين عندكم فعليكم أداؤه إلى أدنى فئة من المسلمين، إلا أن يُحال دونهم، فإن أنبتم وأقمتم الصلاة فإخواننا في الدين، وإلا فالجزية عليكم، وإن عرض للمسلمين شغل عنكم فقهرَكم عدوكم، فغير مأخوذين بذلك ولا هو ناقص عهدكم، هذا لكم، وهذا عليكم». وهذه الوثيقة أوردتها مصادر عدة قديمة، وقد بقيت سارية إلى حوالي ١١٠٠م (القرن الثاني عشر)».

ويذكر الباحث أنه «ينسب إلى تفليس علماء مسلمون كثيرون منهم أبو أحمد حامد بن الحسين التفليسي الذي درس في بغداد، وأبو عبد الله بن أحمد البيهقي الذي درس في القدس. كما كان منها أبو بكر محمد بن إسماعيل بن بنون بن السري التفليسي (٤٠٠ ـ ٤٨٣هـ)، وأبو أحمد حامد بن يوسف بن أحمد بن الحسين التفليسي، من أهل تفليس، وكانت وفاته بعد سنة ٤٨٤هـ، ومحمد بن بيان بن حمران المدائني التفليسي، أصله من تفليس، وعبد الله بن حماد التفليسي. كما ذكر الذهبي في سير أعلام النبلاء نجم الدين ثابت بن تاوان التفليسي المتوفى سنة ٦٣١ هـ، وذكر محمد بن إسماعيل السري التفليسي، المتوفى سنة ٤٨٣هـ.

ويذكر الباحث الدكتور محمد السيد الدغيم أن الصحابي حبيبٌ بن مسلمة قد عين الفقيه عبد الرحمن بن جزء؛ ليعلّم أهالي تفليس أصول الدين الإسلامي، وأن أقدم درهم أموي قد ضُرب في تفليس سنة ٨٥هـ في عهد الخليفة الأموي عبد الملك بن مروان، وقد استمرت دارُ سَكِّ الدراهم في تفليس إلى عام ٣١٠هـ. واستمرت الإمارة الأموية في تفليس لغاية سنة ٢٣٨هـ، حين قضى عليها «بُغًّا» التركي، وكان ذلك أيام المتوكل العباسي (٢٣٢ ـ ٢٤٧هـ)، وإثر ذلك بدأت سيطرة العرب والمسلمين بالتراجع عن حكم تلك المنطقة التي وقعت في حكم العديد من الدويلات والطوائف منذ ذلك الحين.

وفي محاضرة ألقاها السفير الجورجي في الكويت الدكتور جوتشا جاباريدزه في بداية عام ٢٠٠٨م، ذكر ما نصه: «كانت تبليسي حتى عام ١١٢٢م هي المقر الرئيس للإسلام ومصدر لنشر الحقائق والأفكار عن الإسلام عبر جورجيا، ومع الأمير والإدارة العربية ظهر السكان المسلمون أيضًا في المدينة، وقد استمر المسلمون في الإقامة في تبليسي بعد عام ١١٢٢م أيضًا متمتعين بعدد من الامتيازات والتسهيلات الممنوحة لهم من قبل الملوك

الجورجيين، وطبقا لمؤرخي العرب؛ فإن الملوك الجورجيين في القرنين الثاني عشر والثالث عشر عاملوا المسلمين بلطف بالغ «لقد لقي المسلمون في جورجيا احترامًا أكثر مما وجدوه في بغداد»[127] كما قال ابن الأزرق الفارقي مؤرخ القرن الثاني عشر.

وذكر أيضًا أن «قاضي تبليسي فخر الدين الخلاطي كان عالمًا مشهورًا ورائدًا فلكيًّا وعالمًا بالرياضيات وطبيبًا، والذي ازدهر في تبليسي في النصف الأول من القرن الثالث عشر. وفي عام ١٢٥٩م، بأمر من الخان المغول هولاكو أسس العالم المسلم نصر الدين الطوسي المرصد المشهور للمراغة، ودعا العلماء البارزين في عصره، وكان فخر الدين الخلاطي من بينهم».

ويقدر عدد المسلمين اليوم في جورجيا بحوالي ٤٦٣،٦٢٠ ويمثلون ٩،٩٪ من عدد السكان (إحصائيات ٢٠٠٢م)، بينما يؤكد نائب رئيس اتحاد مسلمي جورجيا إسلام سايداييف أن عددهم «لا يقل عن مليون ونصف مليون نسمة (من إجمالي ٤ مليون و٦٠٠ ألف)»[128] أي الثلث.

## أوسيتيا وأبخازيا

كانت «أوسيتيا» الكاملة موحدة حتى عام ١٨٧٨م، عندما استولت روسيا عليها، ثم قسمتها بعد الثورة البلشفية إلى كيانين، «أوسيتيا الشمالية» ألحقت بالاتحاد الروسي و«الجنوبية» ألحقت بجورجيا، ويفصل بينهما إقليم القوقاز، حيث تقع «أوسيتيا الجنوبية» وسط جورجيا من ناحية الشمال قرب الحدود مع روسيا، وحدودها محاذية لجمهورية أوسيتيا الشمالية. وتوجد في أوسيتيا الجنوبية اليوم أقلية يُعتد بها من المسلمين، وإن كانت لا توجد إحصائيات مؤكدة حول نسبتهم، فيما تقول جورجيا: إن المسيحيين من أصل جورجي يزيد عددهم عن ٦٠٪، ما يبرر سيطرتها على هذه الجمهورية، أما في جمهورية «أوسيتيا الشمالية» ـ حيث السيطرة الروسية ـ فيبلغ تعداد المسلمين ثلث عدد السكان (٣٥٪) أو ٢٠٠ ألف نسمة وفق تقديرات الحاج «علي يفتييف»، مفتي الجمهورية.[129]

---

[127] السفير الجورجي يستعيد حقبة إصدار العملة الإسلامية من تبليسي، صحيفة أوان، الكويت، الأربعاء. ٢١ مايو ٢٠٠٨م.

[128] الأقليات المسلمة في آسيا وأستراليا، سيد عبد المجيد بكر.

[129] حرب أوسيتيا رسالة روسيا لأمريكا، محمد جمال عرفة، إسلام أونلاين، ٢٩ سبتمبر ٢٠٠٨م.

وقد كثر الحديث مؤخرًا أيضًا عن «أبخازيا».. وانفصالها عن جورجيا.. وقد لا يعرف البعض أن أبخازيا هي نفسها «بلاد الأباظة» .. وهو المكان الذي قامت فيه دولة مسلمة في بداية القرن العشرين، وهي أيضًا منطقة ينتسب إليه الكثير من العائلات في عالمنا العربي والمسلم، ومنه الوزراء في مصر الحالية، والعديد من المشاهير في مصر والشام وعدد من بلاد المسلمين. كانت أبخازيا ذات يوم أرضًا للمسلمين، ولا يزال بها اليوم أقلية هامة من المسلمين.

أبخازيا أو بلاد الأباظة يسمّيها أهلها بـ«أباد نمل» أي «أرض الروح»؛ لأنها تمثل قطعة منهم لا تنفك عن أرواحهم التي قدّموها دائمًا فداءً لها، ويسمّيها الروس «لؤلؤة البحر الأسود» لجمال طبيعتها، وطيب هوائها، وموقعها الفريد على البحر الأسود[١٣٠]. وفي أعقاب انتصار الثورة البلشفية في روسيا، سمح لينين للمسلمين الأبخاز في عام ١٩٢١م بإقامة دولة مستقلة لهم سميت وقتها «بلاد الأباظة المسلمة»، كما يذكر الباحثون المتخصصون في تاريخ تلك المنطقة، واستمرت هذه الجمهورية المستقلة تحكم نفسها بنفسها بواسطة دستورها الخاص لمدة عشر سنوات حتى عام ١٩٣١م، عندما أمر جوزيف ستالين ـ وهو من أصل جورجي ـ بضم أبخازيا (المسلمة) لجورجيا كجمهورية ذات حكم ذاتي تابعة لجورجيا. ومنذ أيام الحكومة المركزية الشيوعية تمت محاولة تغيير التركيبة السكانية المسلمة للمنطقة من خلال الدفع بأعداد كبيرة من الروس والأرمن والجورجيين إلى أبخازيا؛ حيث تمّ غرسهم في أرض ليست أرضهم، في الوقت الذي نفت تلك الحكومة عائلات جمّة من الأبخاز إلى خارج أرضهم وديارهم، فتقلّص تعداد سكان أبخازيا الأصليين من المسلمين، وتدنّت نسبتهم وصاروا أقلّيّة في بلادهم بعدما كانوا الكثرة الغالبة. كان الأبخاز يمثّلون ٨٥٪ من السكان في النصف الثاني من القرن التاسع عشر، لكنهم بعد عمليات التهجير التي تعرّضوا لها، مقابل عمليات إحلال جنسيات أخرى، صاروا يشكّلون ١٧٪ فقط.[١٣١]

وأما الحلم الذي يراود بعض أبناء جورجيا على مر العقود الماضية، ويسمى «جورجيا الكبرى»، فهي في نظرهم تضم جورجيا الحالية، وتسعى لضم كل مما يلي - لأنها تعتبرها جزءًا من جورجيا الكبرى- : ١) أبخازيا وأوسيتيا الجنوبية وأدجاريا، مع إنهاء

---

[١٣٠] الأمريكان وبلاد الأباظة المسلمة، شعبان عبد الرحمن، إسلام أون لاين، ٢٢ مايو ٢٠٠٢م.

[١٣١] كيف حال مسلمي القوقاز؟، المشاهد السياسي، ٣٠ أغسطس ٢٠٠٨م.

الحكم الذاتي فيها، و٢) أراضٍ من جنوب الشيشان وأوسيتيا الشمالية حتى نهر ترك ومنطقة سوتشي (الوبخ)، و٣) أراضٍ من شمال غرب أذربيجان وشمال أرمينيا وأجزاء كبيرة من شمال شرق تركيا. هذه هي أطماع جورجيا التاريخية التي يعتقد بها الرئيس الحالي سيكاشفيلي اعتقادًا كاملاً - كما يؤكد المراقبون.[١٣٢]

## الخارطة الدينية للمسلمين في جورجيا

لكي يمكن تفهّم تأثير العلاقات الدولية على المسلمين في جورجيا، فلا بد من دراسة الخارطة الدينية والمذهبية والفكرية للوجود المسلم في تلك البلاد، ليس من أجل الحكم على هذه التوجهات أو انتقادها، وهو ليس هدف هذه الدراسة أو موضوعها، وإنما من أجل دراسة علاقة هذه التوجهات بمستقبل المنطقة، وارتباطها بالعالم المسلم من ناحية، وبعودة روسيا إلى ساحة التأثير الإقليمي من ناحية أخرى، وكذلك لارتباط الوجود المسلم في جورجيا بأطماع الغرب والولايات المتحدة تحديدًا في مد مناطق النفوذ الاستراتيجي لها بدعوى الحرب على الإرهاب.

ومن أفضل ما كُتب في الأعوام الماضية حول التعرف على الخارطة الفكرية والدينية والمذهبية لمسلمي جورجيا هو بحث بعنوان «هل هناك مكان للإسلام في ظل حكومة ميخائيل ساكاشفيلي المسيحية في جورجيا؟»[١٣٣]، وهي دراسة أعدها الباحث بايرام بالسي، وهو باحث متخصص في دراسات الإسلام في منطقة القوقاز، ويرأس برنامج تركيا والقوقاز في المعهد الفرنسي لدراسات الأناضول، وهي دراسة قيمة، نورد نصها الكامل ضمن ملاحق هذا الكتاب بعد ترجمتها إلى العربية؛ حرصًا على تقديم المادة العلمية المتميزة الواردة في الدراسة دون تدخّل، لأهميتها الأكاديمية؛ ولأنها تقدم رؤية متكاملة عن الخارطة الدينية والمذهبية والفكرية للمسلمين في جورجيا، ودور التبشير والدولة الجورجية في إعاقة تطور التواجد المسلم هناك.

ويبدأ الباحث دراسته بسؤال وهو «هل يجب أن يخشى الإسلام في جورجيا من التهميش؟» ويحدد مكامن هذا الخطر في سياسة الدولة التنصيرية والمعادية للإسلام

---

[١٣٢] تاريخ القوقاز : مت يوسف عزت جوناتوقة، وشمال القفقاس تنوع في إطار الوحدة: عز الدين سطاس، وموسوعة تاريخ القفقاس والشركس: جمال صادق آبازاو.

[١٣٣] هل هناك مكان للإسلام في جورجيا المسيحية برئاسة ميخائيل ساكشفيلي؟ بايرام بالجي، القوقاز يورونيوز، عدد ٦ أغسطس ٢٠٠٥م

تحديدًا. ورغم سنوات الإلحاد تحت الحكم الشيوعي وكذلك الميول العلمانية السائدة في إدارة الدولة، إلا أن التوجهات الدينية بالغة التأثير أيضًا في سياسة جورجيا.

ويرى بايرام بالسي أنه «في مراكز الأيديولوجية الوطنية الجديدة في جورجيا، سواء في تبليسي، أو في منطقة كفيمو كارتلي؛ حيث يقطن غالبية السكان من الشيعة الآذرية، وفي أدجاريا [ذات التواجد السني المرتبط بتركيا]، وعلى الرغم من عمليات التنصير التي جرت منذ الاستقلال، فإن الكنيسة الجورجية قد أوجدت نموذجًا مناوئًا للإسلام في جورجيا، والذي استمر في تلك الدولة منذ بداية الفتح الإسلامي. ففي اليوم التالي لتوليه السلطة، اعتمد الرئيس الجورجي ميخائيل ساكاشفيلي عَلَمًا وطنيًّا جديدًا، مما يدل بوضوح على التزام النظام السياسي بالقيم المسيحية. فالصلبان الخمسة (للملك داوود) على هذا العلم الجديد ترمز إلى أن الدولة تريد أن تستأنف الروابط مع الماضي المسيحي، وتريد وضع القيم الدينية المسيحية أساسًا في البناء الوطني. بالإضافة إلى الدور الحاسم الذي تضطلع به الكنيسة في تاريخ جورجيا؛ حيث كانت من أوائل الدول التي اعتمدت المسيحية كديانة رسمية بعد أرمينيا، والذي يفسر لماذا بعد ٧٠ عامًا من الإلحاد تحت حكم الاتحاد السوفييتي ومنذ استقلالها، قد أعادت من جديد الدولة المسيحية. ففي القرن التاسع عشر تجمع الوطنيون الجورجيون حول شعار (اللغة، والوطن، والعقيدة المسيحية)».

## تنوع مذاهب مسلمي جورجيا

يرى الباحث أنه رغم الهجمة القاسية على الإسلام في جورجيا، فإنه «مع ذلك؛ فإن الإسلام راسخ في جورجيا اليوم»، فالإسلام موجود في منطقة كفيمو كارتلي؛ حيث إن السكان في هذه المنطقة غالبيتهم من الشيعة الآذرية، كما أن الإسلام ما زال موجودًا في منطقة أدجاريا، رغم فرض المسيحية منذ الاستقلال. ويوجد كذلك في جورجيا بعض المناطق المسلمة الأخرى، وهي: أقلية صغيرة في أبخازيا، فضلاً عن ١٢٠٠٠ في كيستيني (يرتبطون بصلات مع الشيشانيين) في وادي بانكيسي، والذين يمارسون الإسلام الجورجي، ولكن بسبب قلة عددهم لا يوجد لهم أي تأثير. كما يوجد أيضًا المسلمون المسخيت، والذين تمكن جزء قليل منهم من العودة إلى الدولة بعد سنوات عديدة من الهجرات القسرية بين آسيا الوسطى والاتحاد الروسي، كما يؤكد الباحث.

ويرجع تطور الإسلام في جورجيا - كما يظهر من البحث - إلى اثنتين من القوى الإقليمية المسلمة، وهما الإمبراطورية الصفوية في إيران، والإمبراطورية العثمانية، واللتين

عملتا على ترسيخ أقدامهما على التوالي على الحدود الحالية لجورجيا. تسببت الهيمنة الصفوية في هجرة القبائل التركية من المنطقة، مما أدى إلى دخول بعض المناطق في الإسلام، ولا سيما كفيمو كارتلي والقرى المحيطة بها. وتم تطبيق الإسلام في أدجاريا بطرق مختلفة، وبدأ بطريقة سطحية.

ثم عمل الإلحاد الأيديولوجي على سحق جميع الأديان الموجودة في اتحاد الجمهوريات الاشتراكية السوفييتية، والإسلام على وجه الخصوص. ومع ذلك، ففي الفترة من عام ١٩٤٤م وبعد ذلك تراجعت هذه السياسة المعادية للدين. وقد أُسس أحد أربع إدارات تابعة للشئون الدينية لبناء الاتحاد السوفييتي في باكو، والتي يعتمد عليها كل مسلمي جورجيا سنة وشيعة. ومنذ تفتت الاتحاد السوفييتي تطورت الروابط بين الإسلام على المستوى المحلي والمنظمات الإسلامية الأجنبية، ولا سيما مع كل من إيران وتركيا.

وفي ظل غياب إحصاءات موثوق بها، فمن الصعب إعطاء أرقام دقيقة حول عدد المسلمين في جورجيا اليوم. ومع ذلك، تشير إحدى الدراسات المحايدة نسبيًّا إلى أن عدد المسلمين يُقدر بحوالي ٦٤٠٬٠٠٠ في عام ١٩٨٩م، أي ما يعادل ١٢٪ من إجمالي عدد السكان. ويبدو أن هذا الاتجاه آخذ في الانخفاض بسبب ظاهرة الهجرة التي تحدث بين بعض السكان المسلمين، وقبل كل شيء بين الأذربيجانيين، والمرشحين للهجرة إلى روسيا لأسباب مادية، أو إلى أذربيجان لأسباب عائلية.[١٣٤]

## المسلمون المسخيت

يذكر بايرام بالسي في بحثه القيم أن «المسخيت هم مجموعة مسلمة صغيرة تسكن الحدود التركية الجورجية، وشكّلت أحد العناصر الأساسية للإسلام في جورجيا حتى الحرب العالمية الثانية. وتقع في الجنوب الغربي من البلاد، في مقاطعة مسخيتيا أخالتشيخ بالنسبة للعثمانيين، وهذه الأقلية التركية خضعت للترحيل على نطاق واسع من جانب ستالين في عام ١٩٤٤م (حوالي ١٠٠٠٠٠ نسمة) ؛ لأنه كان يخشى من تعاونهم مع الألمان أو مع الأتراك (حلفائهم المحتملين)».

## مسلمو أبخازيا (بلاد الأباظة)

---

[١٣٤] هل هناك مكان للإسلام في جورجيا المسيحية برئاسة ميخائيل ساكشفيلي؟ بايرام بالجي، القوقاز يورونيوز، عدد ٦ أغسطس ٢٠٠٥م

تعيش مجموعة أخرى من الأقليات المسلمة، الأبخاز، في جميع أنحاء المنطقة الانفصالية في أبخازيا وجورجيا وغيرها من المدن. وعاشت تلك المجموعة في جزء اعتنق الإسلام طوال القرنين السابع عشر والثامن عشر، وكان خاضعًا لسيطرة الدولة العثمانية. وخلال الفترة السوفييتية، ضعف الإسلام في أبخازيا، ولكن يبدو أنه منذ سقوط الاتحاد السوفييتي، وإقامة روابط بين أبخازيا الجورجية، ونسل الأبخاز المهاجرين في تركيا والذين فضلوا النهضة الإسلامية، عاد الإسلام وبقوة إلى تلك المنطقة التي استقلت مؤخرًا بدعم روسي، واعتراض من كثير من دول العالم.

وسوف نلقي المزيد من الضوء على أبخازيا في الصفحات القادمة؛ لأنها من المناطق المؤهلة للمزيد من الصراعات التي يمكن أن تتمحور حول الدين، وحول علاقة المسلمين في أبخازيا بباقي الكيان المسلم في العالم.

## المسلمون الكستن

وهناك أقلية أخرى وهم المسلمون الكستن، وهي مجموعة عرقية تنتمي إلى مجموعة فايناخ، ولذلك فهي قريبة من الشيشانيين والإنجوشيين. وقد نشأت هذه المجموعة - كما يذكر الباحث بايرام بالسي - في وادي بانكيسي، في شمال شرق جورجيا، منذ وقت ليس ببعيد، وهذا المجتمع مكون من ١٢٠٠٠ شخص، ممن اتسموا بالأخوة في الإسلام، وخصوصًا لارتباطهم ببعض الطرق الصوفية مثل القادرية (والتي قدمها كونتا حاجي الشهير في القرن التاسع عشر) والنقشبندية (والتي قدمت إلى قرى الكستن المسلمة من قبل أذربيجاني صوفي يدعى عيسى أفندي في عام ١٩٠٩م). وعانى إسلام الكستن منذ عشرات السنين من الآثار الكارثية للحرب التي يخوضها المقاتلون الشيشان ضد جبروت الجيش الروسي.[١٣٥]

## تعليم الإسلام في جورجيا

في أثناء الحقبة السوفييتية، كانت المدارس الإسلامية متاحة في مدينتي بخارى وطشقند، والتي اشتهرت بمدارسها الدينية [المدارس الإسلامية]. واليوم، فإن غالبية المسئولين التنفيذيين الإسلاميين الذين تبلغ أعمارهم فوق الـ ٤٠ قد تلقوا تعليمهم هناك.

---

١٣٥ هل هناك مكان للإسلام في جورجيا المسيحية برئاسة ميخائيل ساكشفيلي؟ بايرام بالجي، القوقاز يورونيوز، عدد ٦ أغسطس ٢٠٠٥م

وفي جورجيا، في ظل اتحاد الجمهوريات الاشتراكية السوفييتية، ذهب المسلمون أيضًا إلى آسيا الوسطى الإسلامية للاستفادة من التعليم المدرسي. ومع ذلك، وبالتوازي مع هذه الأماكن الرسمية فقد أُنشِئت المؤسسات غير الرسمية. لقد كانت أصغر ووُجدت بشكل رئيس في أماكن الحج والمساجد الصغيرة غير المعلنة. وبهذه الطريقة، كان لدى بعض الشيوخ الكبار حلقات صغيرة من الطلاب، والتي غالبًا لم تكن تتجاوز الـ ١٠ طلاب، والذين تم تعليمهم بطريقة غير رسمية.. ولكن هذا لا يعني بالضرورة أنه من المستحيل الحصول على التعليم الإسلامي في جورجيا. وعلى الرغم من قلة المدارس وعدم انتشارها يوجد عدد قليل من المدارس الدينية؛ حيث يمكن الحصول على نوعية جيدة من التعليم الإسلامي.

**العلاقة بين السنة والشيعة**

رغم أن الإسلام في جورجيا منظّم من قبل الدولة ذاتها عبر الجامع الرئيس في تبليسي، الذي يشرف عليه الحاج علي، والذي عيِّن من قبل شيخ الإسلام من باكو، (شكر الله باشا زاده)، فإنه توجد درجة عالية من التعايش بين مجموعتين مسلمتين في جورجيا بشكل واقعي وهما الأذربيجيين الشيعة والأجاريانس السُّنة. ويرى الباحث بايرام بالسي أن استقرار العلاقة لا يرجع إلى التعاون أو التكاتف، وإنما لأن الروابط والاتصالات بين الطائفتين شبه معدومة، باستثناء عدد قليل ممن يصلون أحيانًا في الجامع الرئيس في تبليسي، والذي صُمّم للسماح للطائفتين بممارسة شعائرهما.

ويشير الباحث إلى نقطة هامة حول تأثير ذلك على العلاقة مع الدولة الجورجية قائلاً: «إن عدم وجود الإسلام الموحد في جورجيا يعني أن اثنتين من المدارس ليس لهما نفس المطالب للمطالبة بها من الدولة المركزية. فمطالب الشيعة الأذربيجانيين اقتصادية أكثر منها دينية، ولا سيما في ضوء تدهور وضعهم منذ استقلال البلاد. وكانت المسائل الدينية موجهة إلى باكو وإدارة الشؤون الدينية، والتي بدورها تنقل مشاكل الأذربيجانيين الشيعية إلى تبليسي. ومن ناحية أخرى، فالمسلمون الأجاريانس، والذين لا يشكلون أقلية عرقية مثل الأذربيجانيين، لديهم علاقة مختلفة مع الدولة الجورجية. إنهم مسلمون، ولكن

جورجيون، فهم في موقف صعب؛ إذ تشجع الدولة المركزية الأجاريانس للعودة إلى الدين المسيحي، والذي يتم الترويج له بأنه الدين الحقيقي للجورجيين.[١٣٦]

**الدور الشيعي الإيراني**

لقد عاشت هذه المنطقة لسنوات عديدة كجزء من الإمبراطورية الإيرانية الصفوية، كانت تحت تأثير مباشر من الشيعة الإمامية، وهو الدين الرسمي للإمبراطورية منذ عهد الشاة إسماعيل. وأدى توسع الصفويين في منطقة القوقاز، في عهد الشاة عباس في القرن السابع عشر، إلى انتشار المذهب الشيعي في المنطقة. وفي ظل الدولة الصفوية كان الحكم الإسلامي في شكل هرمي صارم، ويرتبط رجال الدين ارتباطًا وثيقًا بالحكومة.

في عشية استقلال أذربيجان وجورجيا، كان وضع الإسلام في تلك المنطقة في موقف ضعيف ومنظم بشكل سيئ، وكان لدى المسلمين سيطرة ضعيفة على أولئك الذين تأثروا بشدة بالعلمانية التي فرضها السوفييت. ويشمل هذا: التقاليد الإسلامية التي لم تعد موجدة في المنطقة؛ بسبب سياسة الإلحاد التي تبناها السوفييت.

وقد جاء الدعاة الإيرانيون إلى منطقة القوقاز قبيل سقوط الاتحاد السوفييتي لإعادة الإسلام إلى السكان الشيعة الذين تعرضوا لعقود من الإلحاد. وسرعان ما أُعيد فتح المساجد، والمدارس الدينية غير الرسمية، وترجم العديد من الأعمال الأدبية من الفارسية إلى الأذربيجانية، وانتشرت في كل المناطق الناطقة باللغة الأذربيجانية في أذربيجان وجورجيا. وعلاوة على ذلك، كان هناك ارتفاع كبير في عدد الحجاج إلى المدن الشيعية المقدسة ككربلاء والنجف (قبل الغزو الأمريكي للعراق)، وأيضًا إلى قم ومشهد في إيران.[١٣٧]

أما بالنسبة لشيعة أذربيجان وجورجيا، فقد أخذ مئات من الشباب زمام المبادرة عن طريق الذهاب إلى قم ومشهد، والقليل منهم ذهب إلى طهران وقزوين، لدراسة العلوم الدينية. وفي حوزة قم، وهو نوع من حرم الجامعة الإسلامية، رحّبت اثنتان من المدارس الدينية وهما مدرسة الإمام الخميني ومدرسة الحُجة بعشرات من الطلبة الشيعة

---

[١٣٦] هل هناك مكان للإسلام في جورجيا المسيحية برئاسة ميخائيل ساكشفيلي؟ بايرام بالجي، القوقاز يورونيوز، عدد ٦ أغسطس ٢٠٠٥م

[١٣٧] هل هناك مكان للإسلام في جورجيا المسيحية برئاسة ميخائيل ساكشفيلي؟ بايرام بالجي، القوقاز يورونيوز، عدد ٦ أغسطس ٢٠٠٥م

الأذربيجانيين القادمين من جورجيا. وأدى إعادة الروابط إلى السماح بعودة الشيعة مجددًا إلى منطقة القوقاز تدريجيًّا قبل أن ينخرطوا في المجتمع الشيعي الدولي.

**الدور السني التركي في أدجاريا، وجورجيا**

يختلف الإسلام [ السني ] في أدجاريا عن الإسلام [ الشيعي ] في كفيمو كارتلي؛ بحيث من الصعب تصديق أنها تتعايش في نفس الدولة. فالشيعة الأذربيجانيين الذين يعيشون في كفيمو كارتلي وورثة الدولة الصفوية الذين سيطروا على المنطقة لفترة طويلة، يعارضون السنة في أدجاريا الذين برزوا أثناء الحكم العثماني، من القرن السادس عشر فصاعدًا. وهذا الانقسام التاريخي القوي لا يزال قضية مطروحة على الساحة حاليًا. ومنذ استقلال جورجيا، والإسلام في أذربيجان ترعاه إيران، ولكن الإسلام في أدجاريا يشهد صحوة كبيرة بفضل العلماء الأتراك.

يخبرنا التاريخ أن الإسلام بدأ في أدجاريا بين ١٥١٠م وبداية القرن السابع عشر عندما بدأت الإمبراطورية العثمانية في التوسع في منطقة القوقاز. وبمجرد اندماج أدجاريا بشكلها الحالي تحت حكم الإمبراطورية العثمانية، ازدهر الإسلام، ولا سيما بين النخب المحلية، والتي استخدمها الأتراك كوسيلة لتوطيد سلطتهم. وبالنسبة للحكام العثمانيين، فقد مثَّل دخول النخب في الإسلام الخطوة الأولى نحو دخول السكان الخاضعين لتلك القوى في الإسلام أيضًا.

وخلال الفترة العثمانية، كان الإحساس بالهوية الجورجية ضعيفًا إلى حد ما. أما بالنسبة للأدجاريين، فقد عرفوا أنفسهم أولاً بأنهم مسلمون، و«تتر»، (وهو مصطلح يُستخدَم من قِبَل الإدارة الروسية على جميع المسلمين في المنطقة). كما عرفوا أنفسهم بالجورجو، أو المسلمين الجورجيين، خلافًا لمجموعة كارتفيليان الذين يعنون بالجورجيين المسيحيين.

وكان مجيء النظام السوفييتي على أنقاض الإمبراطورية الروسية كانت له معاني بالنسبة لأدجاريا. وبالفعل، كانت خصوصية المسلمين الدينية داخل الاتحاد الروسي معيارًا استخدمته موسكو لمنح الحكم الذاتي للأدجاريين داخل جورجيا. غير أن هذا الحكم الذاتي قد تم اكتسابه نظرًا لخصائص الأدجاريين الإسلامية، والذي لم يمنع الجمهوريات السوفييتية من شن سياسة إبادة ضد الإسلام في المنطقة، كما هو الحال في جميع أنحاء

الاتحاد السوفييتي. وتم إغلاق جميع المساجد والمدارس الدينية تقريبًا، وحظر عرض الإسلام على الملأ، ولم يبق الإسلام إلا في ضمائر الناس وخواصهم.[١٣٨]

وفي أدجاريا، ظل الحال في الاتحاد السوفييتي السابق أو حتى بلدان المعسكر الاشتراكي السابق كما هو منذ حدوث الظاهرة نفسها في منطقة البلقان، حتى قبل إعلان الاستقلال، فقد كان يُعتقد أن الجماعات الدينية التركية لديها مجموعة من المشاريع والروح الدعوية، وسعت إلى تصدير التعاليم الدينية. واليوم يوجد أربع حركات إسلامية، بالإضافة إلى حركات الديانات الرسمية، والذين يشاركون في النشاط الديني الحقيقي في باتومي، ولكن الأهم من ذلك مشاركتهم في القرى المحيطة بها.

وأهم حركة وعظ تركية في أدجاريا هي حركة «سليمان»، وهم أتباع الزعيم الإسلامي التركي، سليمان حلمي تاناهان (١٨٨٨ ـ ١٩٥٩م) وتركت وراءها حركة إسلامية قوية، فضلاً عن شبكة واسعة من المدارس القرآنية، والتي أدى انتشارها إلى وجود نزاع مع الدولة التركية. فمنذ سنواتها الأولى، وهي تحمل شعار «كل شيء طبقًا للقرآن، والكل من أجل القرآن»، وقامت بحملة نشطة لفتح المزيد من المدارس القرآنية في جميع أنحاء البلاد . هذه الفكرة التقليدية التي تهدف إلى تعليم الأطفال كيفية قراءة القرآن الكريم هي جزء من الأنشطة التي تقوم بها الحركة، والتي تشمل إرسال البعثات الدعوية إلى أوروبا وآسيا الوسطى والقوقاز .

كما انخرط أتباع سعيد النورسي (١٨٧٦ ـ ١٩٦٠)، والذي كان ناشطًا في ظل فترة الاتحاد السوفييتي السابق، وشارك في النشاط الإسلامي المهم في جورجيا، وعلى الأخص في أدجاريا في أعمال الدعوة في جورجيا . وقد انقسمت حركة سعيد النورسي إلى عدة فروع، والمجموعة الحالية في أدجاريا تتبع مصطفى سُنجر، وهو أحد أتباع سعيد النورسي التاريخيين. وكانت لديهم مدرسة في تبليسي، وأخرى في ضواحي باتومي. وتقدم مجموعة من الكوادر المحلية للانضمام إلى أفكار سعيد النورسي. وفي مدارسهم في باتومي، والتي تُدار من قبل رجال الأعمال الأتراك.[١٣٩]

---

١٣٨ هل هناك مكان للإسلام في جورجيا المسيحية برئاسة ميخائيل ساكشفيلي؟ بايرام بالجي، القوقاز يورونيوز، عدد ٦ أغسطس ٢٠٠٥م
١٣٩ هل هناك مكان للإسلام في جورجيا المسيحية برئاسة ميخائيل ساكشفيلي؟ بايرام بالجي، القوقاز يورونيوز، عدد ٦ أغسطس ٢٠٠٥م

وعلى قدم المساواة في أدجاريا توجد حركة الإخوة، والتي أسسها الأخوان فتح الله جولن، وهم أيضًا من أتباع سعيد النورسي، والتي تتمتع بقدر كبير من الاستقلال الذاتي، وهي إحدى المؤسسات التعليمية الأربع لحركة فتح الله في جورجيا، وتقع في باتومي، والبعض الآخر في تبليسي وكوتايسي. والشيء الذي تتميز به الحركة هو إعطاء الأولوية للتعليم العلماني.

لا يقتصر التأثير التركي الديني على ما ذُكر سابقًا من أنها مبادرات خاصة؛ لأن الدولة التركية لديها مؤسسة رسمية تسمى «ديانت»، وقد دعا مسئول منظمة «ديانت» وزارة الشؤون الدينية الموضوعة تحت سلطة رئيس الوزراء، بوضع سياسة التعاون بين كل دول الاتحاد السوفييتي السابق. وبصفة عامة، تمتلك «ديانت» عددًا من مكاتب التمثيل في كل المدن الكبرى، والتي تقدم خدماتها للمواطنين.

## الخوف من الإسلام في جورجيا

تعاني السياسة الثقافية الجورجية عمومًا من كثرة الحديث عما يسمى بـ «اللهجات الدخيلة» (أي كثرة الحديث عن الدخلاء في لغة الشعب). ففي الواقع، تعتبر الحكومة أن الأقلية الأذربيجانية ضيوف قد تم استقبالهم من قِبَل السكان الجورجيين الأصليين، وبسبب هذا يُتوقع منهم أن يعيشوا على الطريقة الجورجية التي تتبعها الأغلبية. وقد أدى ذلك إلى أن الجورجيين الأذربيجانيين يشعرون بالتهميش على الرغم من أن ذلك ليس صحيحًا، وخصوصًا فيما يتعلق بخصخصة الأرض، وهي عملية يشعر من خلالها الأذربيجانيون بالظلم.

وبمجرد تقسيم الاتحاد السوفييتي، شهدت جميع الجمهوريات صحوة دينية وأعادت الروابط بين الهوية الوطنية والمشاعر الدينية. وفي جورجيا، قرّر زيفياد جامساكورديا، الرجل القوي الجديد في جورجيا المستقلة الاعتماد على الكنيسة لإيجاد دولة جديدة ونظام جديد للمواطنة.

وأعرب المثقفون عن خشيتهم من الإسلام النشط، تلك الخشية النابعة في الآونة الأخيرة من إعادة فتح الحدود التركية. وقد اعتُبر عودة رجال الأعمال والدعاة الأتراك عودة إلى العثمانيين وإلى العهد العثماني. وبعد هذا التنبيه الذي قام به المثقفون ووسائل الإعلام في باتومي، قررت السلطات الجورجية تنفيذ سياسة لتحويل الأدجاريين إلى المسيحية بمساعدة من الكنيسة الجورجية. وقد كانت هناك العديد من التحولات بين الشباب الأدجاري،

والذين اعتقدوا أنه عودة إلى الوضع الطبيعي: وتماشيًا مع التقاليد المسيحية الأدجارية، فإن جورجيا تعتبر أول منطقة دخلتها المسيحية في البلاد بفضل الرسول سانت اندروز (كما يقولون). وعلى الرغم من أن عملية العودة إلى المسيحية كانت مدعومة من الكنيسة والسلطات في تبليسي، تحت حكم جامساكورديا وشيفرنادزه، فإن هذا لم يمنع انتشار الإسلام بعد صعود ساكاشفيلي إلى الحكم، ويعود هذا لجهود الدعاة الأتراك.[١٤٠]

إن الصورة السابقة حول خريطة المسلمين في جورجيا تؤكد أن الإسلام سيكون أحد محاور الصراع في تلك المنطقة في المرحلة القادمة، والمسلمون في جورجيا معرّضون لبعض المضايقات نتيجة لذلك، وخاصة مع استقلال أبخازيا، ومع تنامي الوجود الصهيوني والأمريكي في جورجيا، والذي قد يستهدف إيران عسكريًّا، وبالتالي يدخل في مواجهة لم يخطط لها مع الأقليات الشيعية في جورجيا، والمرتبطة فكريًّا ودينيًّا مع إيران.

## أثر أزمة القوقاز على العالم العربي والمسلم

إن من النتائج الفورية لحرب القوقاز ـ كما يذكر أحد الباحثين ـ هو اضطراب العلاقة بين روسيا والحلف الأطلسي والتهديد بتجميدها. ومثل هذه الخطوة ستسحب نفسها بالتأكيد على قوات الحلف في أفغانستان التي تتخذ من مناطق النفوذ الروسي عمقًا استراتيجيًّا، خصوصًا لجهة خطوط الإمداد واللوجستية. ومعروف أن خطوط الإمداد البرية لهذه القوات تخضع عمليًّا للموافقتين الباكستانية والروسية، وعندما تضرب هذه الخطوط، وهذا ما ترشحه التطورات الأخيرة، يصبح المأزق الأطلسي كاملاً في أفغانستان.

فور حدوث الأزمة، قامت روسيا بدعوة الرئيس السوري لزيارة موسكو. وكانت استضافة روسيا للرئيس السوري بشار الأسد ذات مغزى، واتفاقها مع سورية على صفقة صواريخ دفاعية متقدمة، وكأنها ـ أي موسكو ـ تلمح بإشارة عقاب لإسرائيل، فقد تورطت تل أبيب في دعم جيش جورجيا، لكن موسكو لا تريد ـ الآن ـ الوصول بالأمر إلى قطيعة تامة مع إسرائيل، ولذلك حرصت على التواصل مع قادة إسرائيل، وعلى طمأنتهم بأن الصفقة الروسية لسورية لن تخلّ بتوازن القوى في منطقة الشرق الأوسط، وقصدت

١٤٠ هل هناك مكان للإسلام في جورجيا المسيحية برئاسة ميخائيل ساكشفيلي؟ بايرام بالجي، القوقاز يورونيوز، عدد ٦ أغسطس ٢٠٠٥م

موسكو من رسالتها لإسرائيل نوعًا من تشتيت الاهتمام الأمريكي أيضًا، فإسرائيل - في السياسة الأمريكية - أهم من جورجيا بالطبع، ومقدرة أمريكا على دعم إسرائيل أكبر من مقدرتها على دعم جورجيا، وتخفيف التوتر الروسي على جبهة إسرائيل قد يكون مفيدًا في تخفيف عواقب زيادة التوتر الروسي على جبهة جورجيا.[١٤١]

## تحديات المرحلة القادمة للمسلمين في جورجيا

الناظر في أحول مسلمي جورجيا على مدى السنوات الماضية، يلحظ أنه لم تتبدل أحوالهم، بل بقوا أسرى الفقر والتهميش والتصفية من جانب الآلة العسكرية الجورجية، في وقتٍ لا يزال فيه العالم الإسلامي يغطّ في سبات عميق! من أهم المشاكل التي يعاني منها مسلمو جورجيا: النقص الكبير في الوعي الديني لديهم، نتيجة افتقادهم الواضح للمؤسسات الدينية، وعدم قدرتهم على تشييد مساجد ومراكز إسلامية لزيادة وعي أطفالهم وشبابهم بتعاليم الدين.

ويحاول المسلمون مواجهة هذا الأمر، عبر ابتعاث مئات الطلاب إلى مصر وتركيا للعودة للعمل كدعاة في المساجد والمؤسسات الإسلامية الموجودة، وفي المؤسسات المعتزم إنشاؤها في المستقبل، مع محاولاتهم إيجاد صِلات مع العالم الذي انقطعت أواصره بمسلمي جورجيا، مما أعطى حُكَّامَهَا فرصةً للعصف بهم، لا لشيء إلا لأنهم مسلمون يعتزون بإسلامهم.

وعادةً ما يصدر عن مسلمي جورجيا، العديد من الدعوات المطالبة بضرورة تدخل منظمة المؤتمر الإسلامي، لتتبنى قضية المسلمين هناك، واستغلال علاقات الدول العربية والإسلامية مع تبليسي؛ لتحسين أوضاع المسلمين في جورجيا، والوصول إلى حلٍّ وسطٍ يحافظ على حقوقهم، ويراعي في الوقت نفسه وحدة أراضي جورجيا. لقد تبنت جورجيا في العقد الماضي فكرة القضاء التام على الهوية المسلمة لأبخازيا، وأفصحت في ذلك الوقت - على لسان وزير خارجيتها في حينه - عن أن هدفها هو سحق هؤلاء المسلمين الأباظة وإبادتهم؛ إذ قال وزير الدفاع الجورجي منذ أكثر من عقد من الزمان لتليفزيون بلاده: «إنه

[١٤١] صحوة السيف الروسي، عبد الحليم قنديل، صحيفة القدس، ٢٢ سبتمبر ٢٠٠٨م.

مستعد للتضحية بـ ١٠٠ ألف جورجي لقتل ١٠٠ ألف مسلم أبخازي، وترك الأمة الأبخازية المسلمة دون ذرية أو هوية!».

وكما ظهر من دراسة الخارطة الفكرية للمسلمين في جورجيا، يُعَدُّ الرئيس الجورجي الحالي ميخائيل سكاشفيلي من أبرز المناهضين للإسلام والمسلمين في البلاد؛ حيث سبق أن شَنَّ حربًا على رئيس جمهورية أدجاريا المسلمة المجاورة له؛ أصلان آباشدزه، في محاولةٍ لإبعاده؛ لأنه كان يسعى إلى دعم مسلمي جورجيا!

وفي الواقع، فإن جملة المضايقات التي يتعرض لها المسلمون في جورجيا، لا تقف عند الوقت الراهن؛ إذ إنها تمتد إلى بداية تسعينيات القرن الماضي، عندما كانت حدة المضايقات التي تمارسها الحكومة الجورجية ضد مسلمي إقليمَيْ أوسيتيا وأبخازيا اللَّذَيْنِ انفصلا عن جورجيا بشكل أحادي، قد تزايدت مع استمرار الحملة الأمريكية العالمية ضد ما يُسَمَّى بالحرب على الإرهاب

**استقلال مسلمي أوسيتيا وأبخازيا**

أما أوسيتيا الجنوبية، فوفق ما هو معروف تاريخيًّا، فإنها تُطِلُّ على البحر الأسود، وتصل نسبة المسلمين فيها إلى ٦٥٪ من سكان الإقليم، وعاصمتها مدينة (تسخنفالي)، ويحاول مسلمو أوسيتيا الجنوبية الانفصال عن جورجيا، والاتحادَ مع مسلمي الشمال.

وأدت حملات الاضطهاد المستمرة ضد أوسيتيا إلى تدهور أحوال المسلمين الذين بقوا أسرى الفقر والتهميش، علاوةً على قلة الوعي الديني لديهم، نتيجةَ افتقادهم للمؤسسات الدينية، وعدم قدرتهم على تشييد مساجد ومراكز إسلامية.

وعلى الرغم من ذلك، فإن هناك بعض الأعمال التي يقوم بها المسلمون للتقريب فيما بينهم، وتحديدًا في أوسيتيا الشمالية، وَفْقَ ما كان يدعو إليه علي حاجي يفتييف؛ مفتي أوسيتيا الشمالية، بإقامة أجواء اجتماعية بين المسلمين هناك، بما يساعد على مزيدٍ من التلاحم المثمر بين المسلمين، في الوقت الذي كان يثير ذلك حَنَق معظم سكان أوسيتيا الشمالية من المسيحيين الأرثوذكس.

ومنذ اندلاع الحرب الروسية الجورجية، طيّرت وكالات الأنباء ما يفيد بأنّ المسلمين في أوسيتيا، أصبحوا ضحايا هذه الحرب، للدرجة التي جعلتها تصفهم بأنهم يدفعون ثمن الحرب بالوكالة، بعد تزايد أعداد الضحايا من أبناء أوسيتيا الجنوبية من المسلمين، دون الحديث عنهم في وسائل الإعلام العالمية، أو اجتماعات مجلس الأمن .

ومن اللافت للنظر أن الإعلام العربي والمسلم لم يقدم للقارئ خلال أزمة القوقاز معلومات كافية عن الإسلام في تلك الديار، وعلاقتها بعالمنا العربي سواء تاريخيًّا أو حتى في المرحلة الراهنة. فإذا كانت علاقة العالم المسلم بتلك الديار ترجع إلى عصر الصحابة رضوان الله تعالى عليهم، فكيف يتم تجاهل هذه العلاقات التاريخية، والنظر للموضوع وكأنه أمر لا يهم في قليل أو كثير؟

إن الصحابي الجليل حبيب الروم .. ذهب إلى هناك، وقاتل، وحكم، وعدل، وهو ممن عاصروا النبي صلوات الله وسلامه عليه، وممن شهدوا قوة الخلافة وعظمتها في المدينة المنورة، ومع ذلك سافر وحارب وتغرب من أجل أن ينتشر العدل الذي تحمله رسالة الإسلام، ويصل إلى أقصى ما استطاع أن يصل إليه من بقاع المعمورة آنذاك. أليس من العجيب أن تعاني الأمة من التكاسل إلى درجة ألا نقرأ أو نتعرف على هذا التاريخ، ونناصر أبناء المسلمين في تلك الديار.

إن ما يحدث في جورجيا سيكون له تداعيات عالمية واسعة التأثير، وسيتعرض المسلمون في تلك المناطق إلى الكثير من المصاعب في محاولتهم لنيل حقوقهم، ولا بد للأمة الإسلامية أن تناصرهم، ولن يحدث ذلك إلا بعد أن نعرف عنهم ونعرف تاريخهم، وندرك أيضًا أن هذا البُعد التاريخي حاضر ومؤثر في صراعات اليوم أيضًا.

## أزمة القوقاز واستقلال كوسوفا

وقعت الأزمة السياسية في القوقاز في سياق عدد من التطورات الدولية، والتي تكشف عن اختلاف مصالح الدول الكبرى، كما يذكر الباحث خيري عمر، ومن أهمها تفكيك يوغسلافيا واستقلال كوسوفا. فبعد تفكك الاتحاد السوفييتي، وحدوث توترات عرقية في يوغسلافيا، بدأ الاتحاد الأوروبي والولايات المتحدة في سياسة تكوين دول قومية ـ عرقية على أنقاض الاتحاد اليوغسلافي. أثمرت هذه السياسة عن تكوين دولة كرواتيا وصربيا والبوسنة والهرسك، ثم الإعلان عن استقلال كوسوفا في ٢٠٠٨م.

وفي سياق السياسة الغربية لتقويض النفوذ الروسي في منطقة البلقان، عقدت محاكمات دولية للقوميين السلاف الموالين لروسيا، وطالت المحاكمة الرئيس الصربي السابق «سلوبودان ميلوسيفيتش»، ثم رادوفان كاراجيتش منظّم عمليات الإبادة في البوسنة ـ الهرسك، وقد جاء الإعلان عن تقديم كاراجيتش للمحاكمة في سياقين مهمين: ١) الإعلان عن استقلال كوسوفا، واعتراف دول أوروبية وأمريكا بها، ٢) تنامي الجدل

حول إخلال أمريكا بصفقة عدم تقديمه للمحاكمة وتوفير الحماية له.[١٤٢] وفي هذا السياق، هددت روسيا قبل الأزمة بإعلان استقلال جمهوريتي أوسيتيا الجنوبية وأبخازيا من جانب واحد، والاعتراف بهما كدولتين مستقلتين، كنوع من رد الفعل على الموقف الغربي الذي لم يراعِ أو يأخذ موقف روسيا في الاعتبار عند اتخاذ القرارات الخاصة بالبلقان.

لقد عارضت روسيا بشدة فكرة استقلال كوسوفا؛ نظرًا للمصالح التي تربط روسيا بدولة صربيا، إضافة إلى القواسم المشتركة من ناحية الهوية والارتباط بالكنيسة الأرثوذكسية الروسية. وحذّر بعض قادة الغرب من أن الدعم الأمريكي لاستقلال كوسوفا سوف يُعيد إشعال الخلافات العرقية والمذهبية في البلقان والقوقاز أيضًا. وأكد المستشار الألماني السابق جيرهارد شرودر أن تحذيراته التي أطلقها لدى اعتراف الغرب بكوسوفو قد تحققت، وقال: «يجب أن نعتاد بالمستقبل على تزايد حالات دول الأمر الواقع والتي لا تعترف بها سوى أقلية من دول العالم»، داعيًا إلى «كبح» الآلية التي نتجت عن قرار الغرب بشأن الاعتراف بكوسوفو.[١٤٣]

ويلاحظ أن بدء القتال من جانب جورجيا، وتطوره المفاجئ، يجعل من الصعب الأخذ بالنظرية التي تربط بين استقلال كوسوفا، وتحريك الأحداث بشكل مباشر في أبخازيا وأوسيتيا الجنوبية، رغم تهديد موسكو بذلك في إطار ما حاولت ممارسته من ضغوط للحيلولة دون استقلال كوسوفا.

ولكن روسيا ألمحت في أكثر من مناسبة أنها لم تقبل بالموقف الغربي من استقلال كوسوفا، وأنها قادرة على الرد على ذلك في الوقت المناسب، وبالطريقة المناسبة. ولعل مساندة أبخازيا وأوسيتيا الجنوبية في الاستقلال عن جورجيا، هي رسالة روسية إلى الغرب، أن روسيا قادرة على إشعال المزيد من المشكلات الإقليمية في حال تهديد مصالحها في مجالها الإقليمي.

### الأزمة وقضية فلسطين

فور إعلان استقلال أبخازيا وأوسيتيا الجنوبية، أعلن الناطق الرسمي باسم حركة حماس، أيمن طه لوكالة «نوفوستي» الروسية، أن حماس ترحب باعتراف روسيا باستقلال أوسيتيا الجنوبية وأبخازيا، وترى أن هذه سابقة سياسية وقانونية تحيي الأمل في نفوس

---

١٤٢ أزمة القوقاز .. تغيير العلاقات الدولية، خيري عمر، إخوان أونلاين، ١٢ سبتمبر ٢٠٠٨م.

١٤٣ شرودر يحمّل الغرب تبعات أخطائه مع موسكو، قضايا وأحداث، موقع دويتشه فيله، ٢ سبتمبر ٢٠٠٨م.

الشعوب المضطهدة جميعها. وقارن طه بين الجمهوريتين المستقلتين حاليًا وبين الشعب الفلسطيني الذي يناضل ضد الاحتلال الإسرائيلي، وقال: إن الفلسطينيين يكافحون من أجل حقوقهم، وأهمها الحق في إقامة دولة مستقلة، وهم يأملون في أن قرار موسكو سيكون بداية للاعتراف بالشعوب التي تناضل من أجل الحرية والعدالة.[١٤٤]

إن أزمة القوقاز سوف تؤدي إلى عودة واضحة لروسيا إلى ساحة التأثير على القضية الفلسطينية. ورغم أن روسيا أو الاتحاد السوفييتي كان من أوائل الدول التي اعترفت بالكيان الصهيوني، واحتفظ بدرجة مناسبة من التقارب معه طوال العقود الماضية، إلا أن روسيا لا تُعرف دوليًّا بمساندة هذا الكيان الغاصب في الفترة الأخيرة، وتميل إلى تأييد الحق الفلسطيني في إقامة الدولة، وتحرير الأراضي. بالطبع ليست المساندة قوية وفاعلة في المرحلة الماضية، ولكن يُتوقع أن يتغير ذلك في الأعوام القادمة.

«إن على روسيا دينًا أخلاقيًّا نحو الشعب الفلسطيني؛ لأن هذا الشعب راهن لعقود على الاتحاد السوفييتي ثم على روسيا؛ اعتقادًا منه أنها أكثر عدالة نحوه من الولايات المتحدة. اليوم فإن المطلوب من فلاديمير بوتين أن يفكر مليًّا بهذا الشعب تحت الاحتلال عندما يجلس إلى طاولة التكتيك والاستراتيجية. عليه مسؤولية ألا يضحي بالفلسطينيين لمجرد أنه يرى أن احتياجاته وتحالفاته في الحرب الباردة المصغرة تتطلب منه التحالف مع دمشق والفصائل الفلسطينية المعارضة للسلطة الفلسطينية. أمامه خيار آخر».[١٤٥]

ويرى الباحث الفلسطيني الدكتور بلال الحسن في دراسة نشرت له مؤخرًا حول المواجهة بين سوريا وإسرائيل عبر جورجيا، وعلاقة ذلك بالقضية الفلسطينية، فقال: «أبرزت أحداث جورجيا، بُعدًا آخر للمسألة ذا مساس مباشر بالصراع العربي ـ الإسرائيلي؛ إذ ظهر في هذه الأحداث دور إسرائيلي بارز في تسليح جورجيا، وفي تدريب جيشها، وأصبحت إسرائيل بذلك شريكًا أساسيًّا في ما تعتبره روسيا تهديدًا لأمنها. وهو أمر سيكون له أثره في العلاقات الثنائية بين روسيا وإسرائيل من جهة، وسيكون له أثره في بروز دور روسي داعم للطرف العربي ضد سياسة إسرائيل.. وسوريا ستكون أول من يقطف

---

[١٤٤] اتفاق ساركوزي ـ ميدفيديف في ميزان الفحص، نتالي نوغيريد، صحيفة الحياة، لندن، ٢٧ أغسطس ٢٠٠٨م.

[١٤٥] بوتين لن يرمي علاقته مع أمريكا في البحر إرضاء لإيران وسورية، نيويورك، راغدة درغام، صحيفة الحياة اللندنية، ١٠ أكتوبر ٢٠٠٧م.

ثمار ذلك، وسيكون قطف الثمار دعمًا سياسيًّا لسوريا، وتقديم غطاء دولي لها، ينهي مرحلة انفراد إسرائيل بالاستفادة من هذا النوع من الغطاء الدولي».[١٤٦]

في مقابلة مع جريدة «فريميا نوفوستيه» الروسية أشار رئيس وزراء الكيان الصهيوني إيهود أولمرت إلى أن روسيا لم تجعل سياستها الشرق أوسطية متوازنة بعد. وهذا يعني أن رئيس تلك الحكومة ما زال يعتقد كغيره من قادة الكيان الصهيوني أن موسكو تواصل سياسة الانحياز لصالح العرب.

وكما يرى الباحث الدكتور هاني شادي، فقد عاد «مؤخرًا إلى الأضواء مشروع نقل الغاز الروسي إلى إسرائيل؛ حيث جرت مناقشة هذا المشروع أثناء زيارة وزير الصناعة والتجارة الإسرائيلي بنيامين بن أليعازر للعاصمة الروسية. ويتضمن هذا المشروع في حال تنفيذه مد أنبوب من تركيا التي يصلها الغاز الروسي عبر ما يسمى بـ«السيل الأزرق» إلى إسرائيل. وكانت المفاوضات حول تصدير الغاز الروسي إلى إسرائيل بدأت في عام ٢٠٠٦م، ولكن لم يتوصل الطرفان إلى اتفاق حتى الآن. وتقول مصادر شركة «غاز بروم الروسية» التي تفاوض معها بن أليعازر: إن إنشاء خط أنابيب جديد لنقل الغاز من تركيا إلى إسرائيل يعتبر ترفًا باهظ التكاليف. وربما تفهم إسرائيل هذا التصريح في وقت لاحق على أنه من قبيل الانحياز الروسي للعرب، بينما يتعلق الأمر بالجدوى الاقتصادية لمشروع نقل الغاز الروسي إلى إسرائيل التي في الغالب ستعيد تصديره إلى الخارج لتتربح منه، كما يعتقد مراقبون روس».[١٤٧]

إن تدخل الكيان الصهيوني في أزمة القوقاز من خلال دعم جورجيا من ناحية، ومحاولة الاستفادة من ذلك في الضغط على روسيا، أو استخدام جورجيا كنقطة انطلاق لضرب إيران في المستقبل قد سبَّب للكيان الصهيوني أزمة حقيقية في العلاقات مع روسيا الصاعدة. ليس سبب الأزمة فقط ما تفعله إسرائيل، ولكن كذلك ما تمليه أمريكا على إسرائيل في شأن إدارة العلاقات الدولية المتعلقة بالقوقاز.

ويوضح هذه الفكرة الباحث الدكتور بلال الحسن قائلاً: «فقد أسفر هذا الوضع عن نقاش صاخب في إسرائيل حول العلاقة مع جورجيا، وامتلأت الصحف الإسرائيلية ..

---

[١٤٦] مواجهة «غير مباشرة» بين سوريا وإسرائيل عبر جورجيا، بلال الحسن، جريدة الشرق الأوسط، العدد ١٠٨٦٢، ٢٤ أغسطس ٢٠٠٨م.

[١٤٧] روسيا وإسرائيل، د. هاني شادي، صحيفة الوطن، سلطنه عمان، ٢٥ يونيو ٢٠٠٨م.

بعشرات المقالات التي تقترح تجميد العلاقات العسكرية مع جورجيا، أو تناقش الخطأ الفادح الذي تم ارتكابه بقرار بدء هذا النوع من العلاقات معها. لكن هذا النقاش الذي يحاول أن يظهر الأمر على أنه قرار إسرائيلي بحت، يتجاهل، وهذا أمر طبيعي، أن قرار إمداد جورجيا بالسلاح، ليس قرارًا إسرائيليًّا، إنما هو قرار أمريكي أولاً وأخيرًا، فالولايات المتحدة الأمريكية هي التي تمد إسرائيل بالقروض، وبالأبحاث العلمية حول الأسلحة، وهي التي تزودها حتى بالعلماء من حَمَلة الجنسيتين الأمريكية والإسرائيلية، وذلك من أجل هدفين: الأول هو أن تتولى إسرائيل إنتاج سلاح أمريكي، وبيع هذا السلاح الأمريكي لدول أخرى، حين تكون الاعتبارات السياسية غير مناسبة لواشنطن في أن تَظهر كبائع مباشر للسلاح. والهدف الثاني هو أن تؤدي هذه العمليات التجارية الضخمة إلى مساعدة ودعم الاقتصاد الإسرائيلي. ولكن.. وبغض النظر عن كل هذه الأسباب، فإن إسرائيل تظهر هنا بوضوح كأداة ضاربة من أدوات السياسة الأمريكية. تظهر هنا بوضوح كدولة تؤدي «وظيفة» في خدمة السياسة الأمريكية، ولا تستطيع إلا أن تؤدي هذه الوظيفة حين يُطلب منها ذلك».[١٤٨]

### دور جورجيا في تحجيم إيران

إذا كانت أزمة جورجيا الأخيرة قد صعّدت من التوترات بين روسيا والولايات المتحدة لاعتبارات مصالح جيوسياسية تتعلق بكل منهما، إلا أنها قد أفرزت كذلك جهة رابحة، ربما ستجني ثمار الصراع، وهذا هو ما توصل إليه عدد من المحللين السياسيين والخبراء، وقد حاول الصحافي والمحلل الأمريكي المعروف «جيم لوب» - مدير مكتب وكالة «إنتر برس سرفيس» في واشنطن - تقديم عرض لتلك الآراء والتعليق عليها، في مقال نشره في الرابع من سبتمبر ٢٠٠٨م تحت عنوان «أزمة جورجيا قد تعود بالفائدة على إيران» جاء فيه: «يرى عدد من المحللين في واشنطن أن إيران يمكن أن تخرج كمستفيد كبير - على الأقل على المدى القصير - من التوترات المطردة التصاعد بين الولايات المتحدة وروسيا حول قضية تدخل موسكو في جورجيا.. فالنفوذ الجيوسياسي لطهران - كشريك ممكن للغرب في احتواء روسيا وحليف محتمل لموسكو في درء الضغوط الغربية - تزايد كذلك بدرجة كبيرة كنتيجة عارضة للأزمة.

---

١٤٨ مواجهة «غير مباشرة» بين سوريا وإسرائيل عبر جورجيا، بلال الحسن، جريدة الشرق الأوسط، العدد ١٠٨٦٢، ٢٤ أغسطس ٢٠٠٨م.

وترى الباحثة راغدة درغام، أن «خطورة المواقف الروسية هي في التكتيك أكثر مما هي في الاستراتيجية. فبوتين أوعى من رمي العلاقة الروسية ـ الأمريكية في البحر إرضاء لإيران أو لسورية. فهو يدرك أن إعلان الدول المطلة على بحر قزوين بأنها لن توفر المساعدات العسكرية لضربة أمريكية لإيران ليس سوى موقف سياسي؛ إذ قد لا تحتاج الولايات المتحدة إلى هذه الدول على أي حال لضربات كالتي في ذهنها. تكتيك بوتين حتى الآن سوفييتي اللهجة، لكن قدراته تمكّنه من انطلاقة جديدة في العلاقات الدولية ودور روسيا العالمي إذا اختار التجددية في القيادة الروسية، بدلاً من الحنين إلى سوفييتية الماضي القديم. فليته يفعل وقبل فوات الأوان لا سيما في فلسطين ولبنان».[١٤٩]

أما الصحف الإيرانية، فقد أجمعت خلال فترة الأزمة على أن الصراع بين روسيا وجورجيا قد يفيد إيران بشكل غير مباشر من خلال جعل توصل الغرب لإجماع مع موسكو على عقوبات دولية جديدة أمرًا أكثر صعوبة. وقالت صحيفة «إيران نيوز» اليومية: إن الصراع الجورجي الذي زاد التوتر بين واشنطن وموسكو قد يجعل الآن حصول الولايات المتحدة وحلفائها الغربيين على تأييد موسكو لجولة رابعة من العقوبات أمرًا أكثر صعوبة. الصحيفة أضافت تحذير بقولها: «لكن على الرغم من أن المرء يأمل في أن يكون التوتر الغربي الروسي مفيدًا لإيران، فمن المهم التشديد على أن الانطباع الأولي بشأن الأحداث كثيرًا ما يكون غير كامل، وفي بعض الأحيان يكون زائفًا تمامًا».

ويقول الخبير بالشأن الإيراني بجامعة كولومبيا، «جيري سيك»: إن «الولايات المتحدة عندما اجتاحت العراق، لم تفعل ذلك من أجل تعزيز نفوذ إيران في المنطقة، ولكن هذا ما حدث.. ولم يكن أيضًا هدف الاجتياح الروسي لجورجيا مساندة إيران، ولكنه كذلك ربما يكون قد حقق هذه النتيجة».

إن النفوذ الإيراني ـ كما تعلق مفكرة الإسلام في دراسة مترجمة حول إيران ـ ينبع أيضًا من كون إيران منتجًا رئيسًا للغاز والنفط يمكنه أن يقوم بدور أكثر أهمية كنقطة عبور أمام إمدادات الطاقة القادمة من آسيا الوسطى وقزوين، والمتجهة إلى دول أوروبا، والتي يبدو أن تزايد اعتمادها على روسيا في تموينها بالطاقة صار أكثر مخاطرة عن أي وقت مضى. وهذا صحيح بالفعل، وخاصة بعد أن برهنت موسكو أنها يمكنها بسهولة أن تصل إلى ـ أو حتى تُعطل إذا أرادت ـ خط أنابيب جيهان الممتد بين باكو

---

[١٤٩] بوتين لن يرمي علاقته مع أمريكا في البحر إرضاء لإيران وسورية، نيويورك، راغدة درغام، صحيفة الحياة اللندنية، ١٠ أكتوبر ٢٠٠٧م.

وتبليسي (BTC)، وهو خط الأنابيب الوحيد الذي ينقل نفط منطقة قزوين إلى الغرب دون الحاجة إلى المرور عبر إيران أو روسيا. ويرى خبير شئون تمويل الطاقة «جاي ستانلي»، الذي يكتب لصحيفة «كاسبيان إنفيستور» أنه «يتعين حاليًا على شركات النفط والغاز أن تضيف مستوًى جديدًا من عدم اليقين»، مضيفًا: أن «جورجيا الآن في حالة عدم استقرار، وهو ما يزيد من خطر أن يتم نقل مواد هيدروكربونية عبرها».

يرى «تريتا بارسي» مدير المجلس الإيراني الأمريكي القومي، أنه مع الاستخدام الروسي المحقق تقريبًا لحق النقض ضد توقيع عقوبات جديدة على إيران، فإن واشنطن يمكن أن تلجأ إلى إغفال طريق الأمم المتحدة ومحاولة فرض نظام عقوبات منفصل مع حلفائها من «ائتلاف المؤيدين». وبالمجمل يمكن أن تكون أزمة القوقاز في صالح إيران من ناحية تخفيف الضغوط السياسية عليها، وإزاحتها ولو بشكل مؤقت من الأخبار الرئيسة للإعلام الغربي. كما أن تعدد الأقطاب في عالم الغد سيخدم المصالح الإيرانية قطعًا في حال مقارنة ذلك بقطب واحد معادٍ لإيران، ويهدف إلى تحجيمها، ولا يستبعد الخيار العسكري لتحقيق ذلك.

## الحرب على الإرهاب

كتب الباحث الأمريكي جون ليونارد مقالاً هامًّا في الذكرى الأولى لأحداث الحادي عشر من سبتمبر من العام ٢٠٠١م تحت عنوان «أين سنكون من دون حروب؟» وهو تعليق على مقال آخر لكاتب أمريكي معروف وهو جيمس ماديسون والمعنون بـ «أكثر أعداء الحرية إثارة للرهبة»، والذي كتب عام ١٩٧٣م عن استراتيجية الغاية من الحروب والقتل والدماء. يقول جون ليونارد معلقًا: «إن الحرب أصل القوات، وعنها تتأتى الديون والضرائب، وتعتبر القوات والضرائب وسائل معروفة لسيطرة الغالبية على القلة، وإذا بالرواتب تتضاعف، وتضاف وسائل إغراء العقول إلى وسائل إخضاع القوة، أي في النهاية إن الحرب هي وسيلة مناسبة للحصول على أهم الغايات بأبسط الوسائل والإمكانيات.

لذلك كان سعي الولايات المتحدة الأمريكية متواصلاً ودءوبًا لتكوين وصناعة أعدائها بنفسها، سواء كانوا أعداء حقيقيين أم وهميين. في النهاية الغاية واحدة، وهي تكوين الأجواء المناسبة لجعل العالم يسير خلف مخاوفه.. وبالفعل فقد تحقق ذلك من خلال نفس الوسائل، وتحت قناع كاذب من معاداة الاستعمار بهدف حماية إرادة «أمريكا الطيبة» التي تملكها أمريكا في العالم، ولاستبدال الإمبراطوريات القديمة بوسائل عالمية متقدمة ومتطورة من السيطرة العالمية».

إن أزمة القوقاز ستجعل من الحرب على الإرهاب مشروعًا أمريكيًا، فقد انفضّ التحالف الغربي والأوروبي في هذه المعركة الأمريكية، وأصبحت كل دولة من دول أوروبا مهتمة بأمنها الداخلي فقط. وتسببت أزمة القوقاز في ابتعاد روسيا أيضًا عن التعاون مع أمريكا في هذا المجال. ولعل هذه الأمور تساهم بشكل أو آخر في تخفيف الهجمة الأمريكية على العالم الإسلامي إعلاميًا وثقافيًا أيضًا بدعوى الحرب على الإرهاب أيضًا.

### تأثيرات غير مباشرة

هل ستؤثر عودة روسيا على المواقف السورية مثلاً من التفاوض مع الكيان الصهيوني أم ستجعل سوريًا أكثر رغبة في الابتعاد عن التفاوض من أجل استعادة الجولان؟ من غير المفيد أن نفترض أن روسيا يمكن أن تتخلى عن مصالحها الاستراتيجية الدولية من أجل دعم الحق العربي، فلم يحدث ذلك من قبل خلال الحرب الباردة، وليس من المتوقع أيضًا أن يحدث ذلك في المرحلة القادمة أيضًا. وفي تقرير صدر مؤخرًا يرى باحثو مركز الخليج للدراسات الاستراتيجية أن «تعقيدات التحالفات في منظومة السياسة الدولية لا تقدم توصيفًا عقلانيًا لفرضية اعتبار التقارب الروسي السوري الأخير أحد بوادر تحالف استراتيجي جديد بين دمشق وموسكو يمكن أن يغيّر التوازن الاستراتيجي في المعادلة الشرق أوسطية بقدر ما هو تحالف مرحلي يسعى الطرفان للاستفادة منه بشتى الوسائل. فعلى أرض الواقع يصعب تصور قيام موسكو بتضخيم الأزمة مع إسرائيل وحلفائها الغربيين، وتهديد مصالحها الحيوية من دون مقابل مقنع، خاصة أن اللوبي الإسرائيلي في روسيا يلعب دورًا مؤثرًا من الناحيتين الاقتصادية والإعلامية. وعلى الجانب الآخر فإن هدف القيادة السورية من تعزيز تعاونها العسكري مع موسكو يهدف بالدرجة الأولى إلى دعم موقفها التفاوضي مع إسرائيل، وكسر عزلتها الدولية نهائيًا، عن طريق توظيف دخول روسيا خط الصراع الدولي والإقليمي بعد أن فرضت نفسها لاعبًا مهمًا في منظومة العلاقات الدولية بشكل مكثف في الآونة الأخيرة.»[١٥٠]

---

١٥٠ حرب باردة جديدة بأدوات مختلفة واستراتيجيات متنوعة، مركز الخليج للدراسات الاستراتيجية، نشرة قراءات غربية، المركز الدولي لدراسات أمريكا والغرب، ٢ سبتمبر ٢٠٠٨م.

# الباب الثاني: ملامح عالم الغد

## الفصل الخامس: معالم الحرب الباردة

## الفصل السادس: الاستفادة من أزمة القوقاز

## الفصل السابع: ملاحق ووثائق

## الفصل الخامس: معالم الحرب الباردة

«ستغير منطقة القوقاز والصراع حولها من خارطة الاستراتيجيات الدولية بشكل كبير وملموس. لن يكون سبب ذلك هو عودة الحرب الباردة بنفس نمطها القديم، وإنما لأن المواجهة ستكون مختلفة وذات آليات ووسائل تختلف عن صراعات القرن العشرين»

[ ٥ ]

## خامسًا: معالم الحرب الباردة

تؤكد موسكو مرارًا أنها «لا تخشى نشوب حرب باردة مع واشنطن تحديدًا، ومع الغرب بوجه عام»، لكنها تقدم تفسيرًا أو تطرح مفهومًا جديدًا لهذه الحرب. يقول أحد أبرز مساعدي رئيس الوزراء فلاديمير بوتين، وهو ديمتري بيسكوف: «إن موسكو لا تواجه تهديدًا بحرب باردة، وأن التهديد بعزلها سيرتد سلبًا على الدول التي ستساهم في ذلك». ويضيف بيسكوف: «إن حربًا باردة بالمفهوم القديم للكلمة مستحيلة، إذا أتت تلك الحرب مبنية على صدام الأيديولوجيات».[١٥١]

وفي المقابل يتساءل الباحث اللبناني الدكتور كمال حماد، أستاذ القانون الدولي في كلية الحقوق - الجامعة اللبنانية، عن مستقبل الأزمة قائلاً: «إن الارتدادات الآنية والمحتملة للأزمة الجورجية ورغم قِصَر الفترة التي عاشتها وما زالت، تعطي المراقب إشارات للمستقبل وتساؤلات عديدة منها: ١) هل تكون هذه الأزمة أزمة كاشفة ومنشئة لأزمات جديدة في العالم، ٢) وهل الرسائل الروسية للولايات المتحدة كانت مفهومة، والتي

---

[١٥١] من البحر الأبيض إلى البحر الأسود: مشاريع حروب ساخنة وباردة! بداية سقوط الأحادية الأمريكية وانبعاث الثنائية التقليدية، عادل مالك، صحيفة الحياة، لندن، ٣١ أغسطس ٢٠٠٨م

مفادها أن إتعابي في منطقتي يعني إتعابك في مناطق أخرى في العالم، ٣) هل الروس جادّون بتموضع استراتيجي وأمني في البحر المتوسط، أم هو نوع من التكتيك؟ وأخيرًا ٤) هل نشهد قريبًا إعادة رسم لنظام عالمي جديد. انطلاقًا مما تقدّم، لا يمكن توصيف الأزمة الجورجية بمعزل عن المتغيرات الدولية التي حصلت منذ حرب الخليج الثانية وانهيار الاتحاد السوفييتي وتشكّل الأحادية القطبية المتمثلة بالولايات المتحدة الأمريكية».[١٥٢]

ستغير منطقة القوقاز والصراع حولها من خارطة الاستراتيجيات الدولية بشكل كبير وملموس. لن يكون سبب ذلك هو عودة الحرب الباردة بنفس نمطها القديم، وإنما لأن المواجهة ستكون مختلفة وذات آليات ووسائل تختلف عن صراعات القرن العشرين. وكما قال الرئيس بوتين نفسه، فليس ثمة خلاف أيديولوجي مع الغرب بعد أن اعتنقت روسيا اقتصاد السوق، وتسير بخطى ولو متباطئة في اتجاه الديمقراطية السياسية الليبرالية، وتود أن تدخل إلى المنظمة العالمية للتجارة. ثم إن روسيا تفتقد إلى ما تتمتع به الولايات المتحدة من ناحية القدرة على إرسال جنود إلى عشرات الآلاف من الكيلومترات خارج الحدود، ولا مجال ألبتة للمقارنة ما بين الميزانيتين العسكريتين الأمريكية والروسية، فالأولى تبلغ خمسة وعشرين ضعفًا للثانية، ناهيك عن القدرات التي يملكها حلف الأطلسي والتي يمكن إضافتها إلى القدرات الأمريكية الذاتية. من المؤكد أن الأحادية تغادر النظام الدولي الذي لم يطقِ الرزوح تحت هيمنة أمريكية مطلقة، وهو ما سيترك فراغًا استراتيجيًّا تلجأ قوى إقليمية وعظمى سابقة إلى سده. لذا ينبغي التريث قبل الحديث عن عودة للحرب الباردة بالمعنى الذي ساد في القرن المنصرم.[١٥٣]

**روسيا لها مشكلاتها**

َنحَتَ وزير الخارجية الروسي سيرغي لافروف مصطلحًا جديدًا، وجّه من خلاله نصيحة للولايات المتحدة بأن تبدأ بـ«التكيّف» مع ما أسماه عالم «ما بعد الهيمنة الأمريكية». ولكن هذا العالم الذي سيأتي بعد الهيمنة الأمريكية لا يعني بالضرورة أنه عالم «روسيا القوية» أو الخالية من المشكلات، فلا تلازم هنا. إن الواقع الروسي يعاني من مشكلات

---

[١٥٢] الأزمة الجورجية (٢٠٠٨) والأزمة الكوبية (١٩٦٢) : تصارع الإرادات وتشابه المسارات، كمال حماد، صحيفة المستقبل ـ الاثنين ٢٩ أيلول ٢٠٠٨ م- العدد ٣٠٩٢، لبنان.

[١٥٣] هل يشهد العالم حربًا باردة جديدة؟، غسان العزي، ملف جورجيا وروسيا، مقال رقم: ١٣٠٦٩، ١٠ سبتمبر ٢٠٠٨م، المركز العربي للدراسات الإنسانية، ICAWS

متعددة حقيقية قد تعيق تحقيق الأحلام الروسية في دور دولي بارز ومؤثر ما لم يتم التعامل مع/ ومعالجة هذه المشكلات والتحديات المتعددة.

وعلى سبيل المثال، فقد تناولت صحيفة «ارغومنتي نيديل» في افتتاحيتها لعدد يوم ٢ أكتوبر ٢٠٠٨م المشكلة السكانية (الديموغرافية) في روسيا، لافتة إلى أن عدد المواطنين يتقلص، بمعدل ٧٠٠ ألف إلى ٨٠٠ ألف نسمة كل عام. وتضيف استنادًا إلى تقديرات الأمم المتحدة، أن ذلك، سيؤدي في حال استمراره، إلى انخفاض عدد سكان روسيا إلى ١٠٠ مليون نسمة بحلول العام ٢٠٥٠م. وجاء في المقالة أن الإدمانَ على الكحول والمخدرات من أهم أسباب ذلك، إضافة إلى حوادثِ الطرق والتوترِ العصبي والإجهاض والأدويةِ المغشوشة.

صحيفة «إزفيستيا» تنقل في بداية شهر أكتوبر ٢٠٠٨م والموافق لـ «يوم المسنين» في روسيا، دراسة جاء فيها أن متوسط الأعمار في روسيا يبلغ حاليا سبعةً وستين عامًا فقط، وهذا ما يعتبر من أدنى المعدلات في أوروبا. كما تشير معطياتُ هيئة الإحصاء إلى أن متوسط العمر بين النساء في روسيا يبلغ ثلاثةً وسبعين عامًا، وبين الرجال ستين عامًا فقط.

أما المتشائمون فيحذرون من خطر عزلة روسيا، ومن تصاعد الميول المعادية لجورجيا وللغرب في المجتمع الروسي. فعلى سبيل المثال تبين الاستطلاعات أن حوالي ثلثي الروس، وتحديدًا خمسة وستين بالمائة منهم، باتوا يُعربون عن موقفهم السلبي من الولايات المتحدة، فيما كان عدد هؤلاء في شهر يونيو/حزيران الفائت أقل من ثلث المشاركين في استطلاع الرأي. وكان نصف المشاركين آنذاك قد عبّروا عن موقف إيجابي حيال الولايات المتحدة. كما تبين الاستطلاعات أن الموقف من جورجيا عمومًا، وليس من قادتها فقط، ساء بعد الحرب وتردى عند أكثر من نصف أهالي روسيا. ويبدو أن القيادة الروسية تدرك خطورة هذه التبدلات الاجتماعية في المواقف. فليس من قبيل الصدفة أن يصرح وزير الخارجية الروسي سرغي لافروف مؤخرًا بأنه لا يجوز تأجيج الميول المعادية لجورجيا في المجتمع الروسي.

وكما كتب أحد المحللين الروسيين كاشفًا صورة مغايرة لما ينشره الإعلام الروسي مؤخرًا، ومحذرًا من مغبة الوقوع في فخ التسلح العسكري، فقط لاستعادة العزة الروسية أو الرد على الإذلال الغربي، فيؤكد: «إذا افترضنا أن روسيا مستعدة لمواجهة العالم، فالسؤال الملح هو «بماذا نجابهه؟». في روسيا يتراجع عدد السكان، وينتشر الإدمان على الكحول انتشارًا وبائيًا، وتصيب البطالة شرائح كبيرة من السكان، وتتفشى السرقة.

والنظام الروسي بيروقراطي متآكل وفاسد. ويقتصر الإنتاج الروسي على النفط والغاز والخامات. ولكن من أين لنا أن نوقن أن هذا العالم اللعين لن يكون قادرًا على العيش من دون مصادر طاقاتنا؟ ولا يمتّ اقتصادنا بصلة إلى التطور. ولا تُسهم بلايين الدولارات النفطية في حل مشكلات روسيا الاقتصادية، بل تفاقم مشكلتها. وليست قوة جيشنا ساطعة. فالانتصار على جورجيا باهت. ولا تدل هزيمة عدو يقل عدد سكانه عن عددنا أربعين مرة على قوة يعتد بها. نحن ذاهبون إلى الحرب، ومن المتوقع أن يتلقى اقتصادنا الصفعة الأولى. فشن الحرب على العالم يعطل حركة السوق. وفي مثل هذه الظروف، تتعطل عجلة الأعمال التجارية، ويكون تأميم القطاعات الاقتصادية، على ما أمم قطاع النفط والغاز أنجع الحلول. الحلول ستنفد من جعبتنا، ووحدها تعبئة الموارد العامة ممكنة، في وقت تتحول روسيا إلى معسكر.

ومن المهم القول أنه لا يجب أن تكون مثل هذه الصورة القاتمة سببًا في التقليل من الواقع الروسي، أو من الدور الذي يمكن لروسيا مرحليًّا أن تؤديه حتى مع وجود المشكلات السابق عرضها. إن الاستهانة بروسيا قد لا يكون موقفًا عقلانيًّا؛ لأنه - كما يرى الدكتور يوسف عوض في دراسة حول تداعيات الأزمة - حتى لو لم تكن روسيا تمتلك تقنية متقدمة، فهي بكل تأكيد تمتلك سلاحًا نوويًّا قادرًا على تدمير العالم عدة مرات. كما أنها تضع القارة الأوروبية كلها رهينة تحت يديها، ولن تغامر أوروبا بأمنها في رهان خاسر. ذلك أن روسيا لا تحتاج إلى تقنية متطورة ترسل بها صواريخها إلى الولايات المتحدة أو أي بلد أوروبي آخر، فهي تستطيع أن تلقي قنابلها في أي مكان من العالم لتخلق نوعًا من الفوضى تجعل العالم كله مكانًا خطيرًا، وبالتالي سيكون من الخطأ وضع دروع صاروخية حول روسيا بدعوى أنها موجهة ضد إيران.

إن روسيا ليست بهذه الدرجة من السذاجة لتصدق ما يقوله الغربيون، كما أنه من الحماقة أن تقبل جورجيا أو أوكرانيا أو أي بلد آخر نظامًا دفاعيًّا يهدد الأمن الروسي؛ لأن النتيجة ستكون مقاومة روسية عنيفة، وخير من أن يستمر العالم في عملية الشد والجذب - التي قد تؤدي إلى نتائج خطيرة في حال وقوع خطأ افتراضي يؤدي إلى حرب عالمية ثالثة - فإن المطلوب هو مزيد من العقلانية والابتعاد عن التفكير النمطي الذي ظلت تمارسه الولايات المتحدة منذ نهاية الحرب الباردة التي يبدو أنها ستعود من جديد، وستكون أكثر قوة في هذه المرة.

# احتمالات عودة الحرب الباردة

يخطئ من يظن أن الحرب الباردة التي استمرت لعقود في القرن الماضي عائدة في السنوات القادمة بنفس تفاصيلها وطبيعة صراعاتها، فالتاريخ لا يكرّر نفسه، والواقع الدولي اليوم يختلف تمامًا عن واقع الحرب الباردة في القرن العشرين. إننا أمام مواجهة مختلفة وعهد جديد، وقد يشترك مع المواجهة السابقة في الاسم الدال على أن المواجهة لن تبدأ مسلحة، وسيسعى كل طرف إلى تجنب تحولها إلى مواجهة مسلحة، ولكنه صراع مختلف عن السابق، وله ظروفه وتداعياته ومستقبله المختلف أيضًا.

## ما هي الحرب الباردة؟

أول استخدام لمصطلح الحرب الباردة لوصف الاضطراب السياسي بعد الحرب العالمية الثانية بين الاتحاد السوفييتي والولايات المتحدة، قام به بيرنارد باروش المحلل المالي الأمريكي، ومستشار الرئيس الأمريكي في ذلك الوقت[١٥٤]. ففي ١٦ أبريل ١٩٤٧م، ألقى باروش خطبة في ولاية كارولينا الجنوبية قال فيها: «دعونا لا نخدع أنفسنا، نحن اليوم في حرب باردة». كما أعطى الصحفي الأمريكي والتر ليبمان شهرة كبيرة للمصطلح عندما نشر كتابه بعنوان الحرب الباردة عام ١٩٤٧م.[١٥٥]

والحرب الباردة هي مصطلح يُستخدم لوصف حالة الصراع والتوتر والتنافس التي نشأت واستمرت بين الولايات المتحدة والاتحاد السوفييتي ( يو اس اس ار ) وحلفائهم في الفترة من منتصف الأربعينيات حتى أوائل التسعينيات. وخلال تلك الفترة، ظهرت الندية بين القوتين العظيمتين من خلال التحالفات العسكرية، والدعاية وتطوير الأسلحة، والتسابق في التقدم الصناعي وتطوير التكنولوجيا وأبحاث الفضاء. وفي ظل غياب حرب معلنة بين الولايات المتحدة والاتحاد السوفييتي، قامت القوتان بالاشتراك في عمليات بناء عسكرية وصراعات سياسية من أجل المساندة.

ورغم أن الولايات المتحدة والاتحاد السوفييتي كانا حلفاء ضد قوات المحور في الحرب العالمية الثانية، إلا أن القوتين اختلفتا في كيفية إدارة ما بعد الحرب، وإعادة بناء العالم.

---

[١٥٤] تم الاستفادة هنا من المعلومات المتوافرة على صفحة المعرفة الإلكترونية «ويكيبيديا» حول تعريفات الحرب الباردة، وأهم أحداثها بتصرف بسيط.

[١٥٥] تم الاستفادة هنا من المعلومات المتوافرة على صفحة المعرفة الإلكترونية «ويكيبيديا» حول تعريفات الحرب الباردة وأهم أحداثها بتصرف بسيط.

وخلال السنوات التالية للحرب العالمية الثانية، انتشرت مظاهر الحرب الباردة خارج أوروبا إلى كل مكان في العالم؛ إذ سعت الولايات المتحدة إلى سياسات المحاصرة والاستئصال للشيوعية وحشد الحلفاء خاصة في أوروبا الغربية والشرق الأوسط. وخلال نفس الفترة، دعم الاتحاد السوفييتي الحركات الشيوعية حول العالم، خاصة في أوروبا الشرقية وأمريكا اللاتينية و دول جنوب شرق آسيا.

وصاحبت فترة الحرب الباردة عدة أزمات دولية مثل أزمة حصار برلين ١٩٤٨م - ١٩٤٩م والحرب الكورية ١٩٥٠م - ١٩٥٣م، وأزمة برلين عام ١٩٦١م وحرب فيتنام ١٩٥٩م - ١٩٧٥م والغزو السوفييتي لأفغانستان، وخاصة أزمة الصواريخ الكوبية ١٩٦٢م، والتي أشعرت العالم أنه على حافة الانجراف إلى الحرب العالمية الثالثة، وكانت آخر أزمة قد حدثت خلال تدريبات قوات الناتو ١٩٨٣م. كما شهدت الحرب الباردة أيضًا فترات من التهدئة عندما كانت القوتان تسعيان نحو التهدئة، وتم تجنب المواجهات العسكرية المباشرة؛ لأن حدوثها كان سيؤدي إلى دمار محتم لكلا الفريقين بسبب الأسلحة النووية.

واقتربت الحرب الباردة من نهايتها في نهاية الثمانينيات وبداية التسعينيات من القرن العشرين مع وصول الرئيس الأمريكي رونالد ريجان إلى السلطة، وضاعفت الولايات المتحدة خلال فترة حكمه من ضغوطها السياسية والعسكرية والاقتصادية على الاتحاد السوفييتي. وفي النصف الثاني من الثمانينيات، قدم القائد الجديد للاتحاد السوفييتي ميخائيل جورباتشوف مبادرتي «بيريستوريكا» أي الإصلاحات الاقتصادية، و«جلاسنوت» وهي مبادرة اتباع سياسات أكثر شفافية وصراحة. ثم انهار الاتحاد السوفييتي عام ١٩٩١م تاركًا الولايات المتحدة القوة العظمى الوحيدة في عالم أحادي القطب.

وترى الباحثة الروسية جانا بوريسوفنا أن تطور الأحداث والمواقف كشف عن أن العداء الغربي تجاه الاتحاد السوفييتي لم يكن حقًا عقائديًا كما روَّج الغرب له، أو بسبب اختلاف وتعارض النظامين الاقتصاديين، وإنما أسَّس الغرب حلف الناتو ضد الشرق بصرف النظر عن نوعية أنظمة الحكم في بلاد الشرق، بل وبصرف النظر عن ما إذا كانت تشكل خطورة على الدول الغربية؛ لأن الهدف الحقيقي كان فرض الهيمنة الغربية على ثروات بلدان وسط آسيا والقوقاز لحساب الاحتكارات الغربية، وهو ما يفسر استمرار عداء الناتو لروسيا - كما تقول الباحثة. فرغم تسليم القيادة الروسية والتزامها بمبادئ الاقتصاد الحر والديمقراطية الغربية، فالعداء لم يتوقف، ويعني ذلك أن الشعارات

البراقة التي يروج لها القادة الغربيون عن حماية الديمقراطية وحقوق الإنسان ليست أكثر من عبارات رنانة فارغة تُستخدم لحساب الشركات الاحتكارية ولزيادة أرباحها.

**هل عادت الحرب الباردة؟**

قبل مناقشة احتمالات عودة الحرب الباردة، فقد يكون السؤال الأهم، هو هل انتهت تلك الحرب ابتداء؟ إن من الخطأ الشائع أن يُنظر إلى ما حدث في نهاية عام ١٩٨٩م على أنه النهاية الطبيعية للحرب الباردة، فهي لم تنتهِ باتفاق، أو بانتصار حقيقي لطرف على آخر، ولكنها توقفت؛ لأن أحد أطراف الحرب انهار، ولم يعد له وجود فعلي على الساحة. بالطبع هذا شكل من أشكال الانتصار، أو هكذا أراد الغرب أن يُرِي العالم ما حدث. ولكن هذا الشكل من أشكال الانتصار دائمًا ما يكون مؤقتًا إلى أن يظهر البديل الطبيعي للكيان الذي انهار، وعندها تستعيد الحرب عافيتها وعنفوانها، ويدرك خبراء الفكر والاستراتيجية في الغرب هذه الحقيقة، ولذا عملوا بدأب شديد على وأد إمكانية ظهور ذلك البديل.

ويرى بعض المحللين «أن الحرب الباردة توقفت بسبب انسحاب أحد طرفيها من الساحة، عند انهيار الاتحاد السوفييتي. لكنها لم تنته بالنسبة للأمريكيين والغربيين، الذين استمروا في محاولة الإجهاز على روسيا، وفرض انكماشها داخل حدودها، إضافة إلى شن الحرب ضد «الإرهاب»، لمواصلة استنفار القدرات العسكرية الغربية، استعدادًا لمراحل قادمة من المواجهات الدولية. ومن ثم فإن الحرب الباردة لم تنته في الواقع، وإن أخذت شكلا آخر».[١٥٦]

قد تنتهي الحروب، وتضع أوزارها، لكن ثقافتها ومعجم مفرداتها يبقيان إلى زمن طويل؛ لأن أساليب التفكير وأنماط التعامل مع الظواهر، سواء أكانت عسكرية أم اقتصادية أم سياسية، لا تزول بسرعة - كما يرى أحد المحللين، الذي يقول أيضًا: «إن خطاب الحرب الباردة لم يغرب بزوالها، فهو قابل للانبعاث من رماده، وجورجيا مجرد واحدة من المناسبات الصالحة لإثارة هذه «الفوبيا» الساخنة عن أكثر الحروب برودة في التاريخ».

قد يكون من الخطأ تصور أن الحرب الباردة بشكلها السابق، ونمط صراعاتها، وأسلوب الاستقطاب الدولي الذي قدمته ستتكرر بنفس الشكل والترتيب، فالتاريخ لا

---

١٥٦ صراع جديد بين الشرق والغرب، عبد الله حمودة، صحيفة الوطن العمانية، ٣٠ أغسطس ٢٠٠٨م.

يعيد نفسه. ومن الخطأ كذلك رفض فكرة أن روسيا لن تدخل في مواجهة مع الغرب - فقط لأن التاريخ لا يعيد نفسه - وهو مفهوم غير دقيق كذلك، ويقع فيه الكثير من المحللين. إننا أمام تجدد للمواجهة بين روسيا التي لا تزال تمثل الكرملين، والغرب الذي لا تزال أمريكا تلعب دورًا هامًّا فيه من خلال «البيت الأبيض». كلا الطرفين يحاول ألا تتحول المواجهة إلى حرب حقيقية مسلحة، ولذا فليس من الغريب، بناء على هذين القاسمين المشتركين مع الماضي القريب أن يميل المحللون إلى وصف الصراع الحالي أنه «حرب باردة». هذا لا يعني أنها ستكون تكرارًا لما سبقها، وإنما ستكون مرحلة جديدة مختلفة من مراحل الصراع على النفوذ والسيادة والسيطرة في عالم الغد.

إن روسيا كانت تطمح إلى حلف استراتيجي حقيقي مع الولايات المتحدة، لا إلى مواجهتها، وما يدفع روسيا - التي تم إذلالها، والمدفوعة إلى هامش الأحداث منذ انقضاء الحرب الباردة - هو محاولة الانضمام إلى نظام عالمي جديد يحترم مصالحها على أنها قوة صاعدة في الساحة الدولية، وليست عقيدة مواجهة استراتيجية مع الغرب. لقد أخطأ الغرب خطأ قاتلاً في الاستمرار في إذلال روسيا، والعودة إلى استراتيجية الحرب الباردة لن تخدم مصالح الغرب، والتهديدات بإبعاد روسيا عن الدول الصناعية الكبرى الثماني، أو إلغاء عضويتها في منظمة التجارة العالمية، سيزيد فقط إحساسها بالعزلة، ويدفعها إلى أن تلعب دور الدولة الثورية التي تعارض الوضع الراهن.[١٥٧]

هناك اختلافات جوهرية اليوم بين روسيا والغرب، وبين نمط الحرب الباردة التي دارت رحاها في النصف الثاني من القرن العشرين. وكما يرى المفكر الأمريكي ديمتري ترينين فإن «التشبيه المفرط لما يحدث اليوم بما كان يحدث في أيام الحرب الباردة هو تشبيه خاطئ أساسًا: فالأيديولوجية ليست جزءًا من المعادلة هنا. مشكلة روسيا ليست في ديمقراطية جورجيا (غير الكاملة)، فهي لا يهمها حتى النسخة الأكثر نضجًا للديمقراطية في فنلندا القريبة، كما أنها تعلمت أن تستعمل تعددية أوكرانيا السياسية لمصلحتها. إن الصراع الحالي يدور حول القضايا الجيوسياسية للفضاء السوفييتي السابق، التي تسعى موسكو إلى تحريره من النفوذ الأمريكي، وحول النظام العالمي الذي تسعى روسيا إلى تخليصه من الهيمنة الأمريكية. لقد بدأ التحدي. وحتى في الوقت الذي تسعى

---

[١٥٧] طموحات الدب الروسي، شلومو بن عامي، يديعوت احرونوت، ٩ سبتمبر ٢٠٠٨م، نقلاً عن: ملف جورجيا وروسيا، ملف رقم: ١٣٠٦٣، المركز الدولي لدراسات أمريكا والغرب، ICAWS

فيه الولايات المتحدة للرد وتجد أوروبا نفسها عاجزة عن اتخاذ قرار حاسم، فإن الصين وإيران والكثير غيرهما من الدول تراقب ما يجري باهتمام شديد. فقد بدأ عهد جديد». [158]

ويعترض ريتشارد هاس، رئيس مجلس العلاقات الخارجية الأمريكي، على الاستدعاء التاريخي لمصطلحات الحرب الباردة عندما يقول: إن «إدارة بوش قالت: إنه ما دامت القوات الروسية تحتل أجزاء من جورجيا؛ فإنها لن تعود «إلى سابق عهدها» في علاقاتها مع روسيا. وهذا يعني نوعًا من الربط بين القضايا، وهي سياسة مستمدة من سياسات الحرب الباردة؛ إذ تكون العلاقات الثنائية بمجملها متأثرة بصورة شديدة بالخلاف على قضية معينة، وهي جورجيا في هذه الحال. إنها استراتيجية مشكوك في سلامتها بالنسبة إلى الولايات المتحدة في وقت نجد فيه أن الكثير من القضايا على قائمة أولوياتنا يتطلب مشاركة روسية. فبدلاً من ذلك، ينبغي أن تكون السياسة الأمريكية تجاه روسيا قائمة على أن يتعاون البلدان حيث يستطيعان، وأن يختلفا ويتنافسا ضمن قيود معينة؛ حيث لا مفر من ذلك». [159]

يعكس رأي ريتشارد هاس الإقرار بأن المواجهة ستحدث بين أمريكا وروسيا، ولكنه ينصح بعدم التعامل معها على أنها بالضرورة حرب باردة جديدة، ولكن من مصلحة أمريكا أن تعيد صياغة هذه المواجهة على أنها مجرد خلاف في الرأي بين قطبين من أقطاب عالم الغد. بالطبع ليس من مصلحة روسيا قبول هذا التوصيف؛ لأنه يساهم في احتوائها. لذا سنجد أن روسيا هي التي ستحاول بالتأكيد القيام بالاستدعاء التاريخي للمواجهة مع الغرب تحت شعار «الحرب الباردة». ولكنها لن تكون حربًا كالتي مضت ـ في نظر الكثير من الباحثين والمراقبين.

ما هي إذن احتمالات عودة الحرب الباردة، وهل هي احتمالات حقيقية، وهل ننتظر عودة حرب بين روسيا وأمريكا مماثلة لما حدث في النصف الثاني من القرن العشرين، أو ستكون حربًا جديدة ذات استراتيجيات مختلفة وأطراف أخرى وأنماط جديدة من المواجهة والصراع، وهل يمكن حينها أن نسميها أيضًا «حربًا باردة»؟

---

158 تتحرر من أمريكا، الإجماع في واشنطن يتمثل في أنه يجب وقف عودة وصعود روسيا كقوة متمردة تسعى إلى الانتقام قبل فوات الأوان، ديمتري ترينين، مجلة نيوزويك الأمريكية، ٢ سبتمبر ٢٠٠٨م.

159 كيف يمكن التعامل مع موسكو، طرد روسيا من مجموعة الثماني لن يحل أي مشكلة. علينا أن نربطها بالنظام الدولي، ريتشارد هاس، مجلة نيوزويك الأمريكية، ٢ سبتمبر ٢٠٠٨م.

يرى الباحث صالح بشير أن القول بـ «عودة الحرب الباردة»، ذلك الذي استشرى على الألسن والأقلام بعد الواقعة الجورجية، وسواء جاء من باب التقرير أو الترجيح أو مجرد التساؤل، ينطوي على نصيب من الصحة يكاد يوازي نظيرًا له من الخطأ كذلك. أما عن الصحّة فهي تلك المتعلقة بفكرة «العودة»؛ إذ إن هناك بالفعل عودةً ما قد جدّت إلى سالفٍ معهود، مع استئناف التوتر بين روسيا والعالم الغربي إثر الصدام بشأن جورجيا وكيفية نشوب ذلك التوتر وخوضه. أما عن الخطأ، فهو ذلك المتمثل في افتراض استعادة حقبة ولّت، وذلك ينافي التجربة التاريخية ـ بإطلاق دون تحديد ـ والمنطق كذلك، إضافة إلى مجرد الحس السليم.

ويستمر الباحث في إيضاح وجهة نطره قائلاً: «أغلب الظن إذًا أن الناس استشعروا «عودة» وحدسوا بها أمرًا مهمًّا فارقًا، لكنهم أخفقوا في إدراك ماهيتها، فسارعوا «يتعرفون» عليها في ما يجود به القياس القريب، على الماضي القريب، أي «الحرب الباردة»، خصوصًا وأن شخوص الدراما هم أنفسهم لم يتغيروا: روسيا الناهضة بـ «استبداد شرقي» يستوي فيها جوهرًا من ناحية، والغرب «عالمًا حرًّا» تتزعمه الولايات المتحدة من ناحية أخرى، وما بينهما الشعوب الصغرى في التخوم الأوروبية الشرقية والقوقازية، وفي ما وراء تلك التخوم ربما. فما هي إذًا تلك «العودة» التي نسلم بها وندحضها في الآن نفسه، قاصدين بذلك أنه إن كان من المتعذر استعادة حقبة ولت؛ لأن التاريخ ببساطة لا يعود أدراجه، فإنه من الممكن استعادة مبدأ من المبادئ تقوم عليه الحياة الدولية، وقد يكون عُلِّق العمل به، وإعادة تفعيله نافذًا ساريًا، وذلك ما يبدو أنه قد حصل من خلال الأزمة الجورجية الأخيرة وبواسطتها.»[١٦٠]

ويستبعد عدد من المحللين العرب تحديدًا ـ كما يذكر الباحث إبراهيم غرايبة ـ عودة الحرب بعد أن مضى العالم في حالة لا رجعة فيها من الاعتماد المتبادل والتداخل الاقتصادي والمعلوماتي، وأصبح التنافس العالمي يتخذ أشكالاً ومضامين مختلفة عن المرحلة السابقة، ويؤكد أن نهاية الحرب الباردة لم تكن مجرد انتصار وهزيمة، أو توجهات سياسية عالمية جديدة، ولكنها حالة سياسية واجتماعية وثقافية تشكلت حول الاقتصاد الجديد (اقتصاد المعرفة) وتقنياته المتمثلة في الحوسبة والمعلوماتية والعولمة، والتي غيّرت كل شيء وصنعت عالمًا جديدًا من الموارد وقواعد التنافس والصراع والتعاون.

---

[١٦٠] مبدأ الأرض وراء «العودة» (الغامضة) للحرب الباردة، صالح بشير، جريدة الحياة، لندن، باب رأي وفكر، ٢١ من سبتمبر ٢٠٠٨م.

## مواجهة موسعة بين روسيا والغرب

الفكرة إذن أننا أمام مواجهة جديدة بين خصمين تنافسا من قبل تحت شعار «الحرب الباردة». المواجهة هذه المرة مختلفة في العديد من جوانبها، وإن كانت بين نفس الدول التي شكلت عناصر «الحرب الباردة» السابقة. يؤكد نفس الفكرة ويدعمها الباحث الفلسطيني راسم عبيدات، الذي يرى أنه لا مجال للعودة لحرب باردة بين أمريكا وروسيا، فالصراع الدائر حاليًا لا يجري بين نهجين مختلفين اقتصاديًّا واجتماعيًّا، بل صراع يدور بين قوى رأسمالية على المصالح ومناطق النفوذ والاتحاد السوفييتي السابق التي تمكنت أمريكا من اختراقه داخليًّا من خلال قوى رأسمالية، لعبت دورًا بارزًا في تحطيم بنيته الاقتصادية الاشتراكية، وتشويه كامل التجربة الاشتراكية، والنجاحات التي حققتها، مستفيدة من الأخطاء التي وقعت فيها القيادة الاشتراكية هناك، وهذا لم يقتصر على الاتحاد السوفييتي السابق، بل سبق ذلك ما قامت به أمريكا من هذا الدور الشبيه في بولندا من خلال النقابات العمالية «ليخ فاليسا».

لا أحد يريد حربًا باردة جديدة، لكن الحرب «الجديدة» قد وقعت، والحديث يجب أن يكون عن كيفية إدارتها، لا عن إثبات وجودها من عدمه. والأصح أن هذه الحرب أخذت مسارًا متقدمًا؛ لأنها في الأصل كانت قد بدأت في اليوم الذي ضم فيه حلف شمال الأطلسي (الناتو) إلى صفوفه جمهوريات البلطيق الثلاث، ليتوانيا ولاتفيا وأستونيا.[١٦١]

ويرى الدكتور حسن نافعة أن تدخل روسيا في الأزمة الجورجية، وتمكّنها من حسمها لصالحها بقوة السلاح، رغم أنف العالم الغربي، أدى إلى دخول العلاقات الروسية الغربية حالة من التوتر الشديد. غير أن ذلك لا يعني بالضرورة العودة إلى مرحلة الحرب الباردة، لأن روسيا ليست الاتحاد السوفييتي، ولا تطمح لاستعادة دوره، ولا تملك وسائله، فضلاً عن عدم توفر مقومات وشروط اندلاع حرب باردة جديدة في البنية الحالية للنظام الدولي. ومع ذلك فقد بات من الواضح تمامًا تصميم روسيا على حماية أمنها القومي وفقاً لرؤية استراتيجية جديدة مختلفة جذريًّا عن الرؤية التي سادت عقب انهيار الاتحاد السوفييتي.[١٦٢]

---

١٦١ الغرب يتحد في مواجهة روسيا، عبد الجليل المرهون، جريدة الرياض، ٢٩ أغسطس ٢٠٠٨م، العدد ١٤٦٧٦.

١٦٢ هل تشكل أزمة جورجيا نقطة تحول في النظام الدولي؟، حسن نافعة، صحيفة الحياة، لندن، ٣ سبتمبر ٢٠٠٨م.

في مايو عام ٢٠٠٦م، كتبت «نيويورك تايمز» مقالاً جاء فيه: «إن طعن روسيا ومغازلة جيرانها اللا ديمقراطيين في الوقت ذاته، يربك رسالة أمريكا، خاصة وأن ذلك يتم على يد نائب رئيس عُرف بارتباطاته بمصالح النفط». كان هذا تعليق الصحيفة على زيارة لـ تشيني إلى ليتوانيا، والتي ألقى فيها كلمة أمام مؤتمر لقادة من دول البلطيق، والبحر الأسود، وتحرش في تلك الكلمة بروسيا، وأشار إلى أن الغرب يهيمن على ما حولها، فعدَّه العديدون تأريخاً لحرب باردة جديدة بين روسيا وأمريكا.[١٦٣]

يتصور الباحث الأمريكي روجر كوهين أننا لسنا أمام مشروع حرب باردة، ولكنها حرب موسعة بين روسيا من طرف والغرب من طرف آخر. ويلخص رؤيته في التعامل مع هذه الأزمة قائلاً: «بدلاً من حرب باردة جديدة، فإننا اليوم في حرب واسعة جديدة تضم عددًا من اللاعبين، في مقدمتهم الصين؛ وروسيا بوتين غلَّبت المكاسب قريبة المدى على المصالح بعيدة المدى. وبالتالي، يتعين على الغرب ألا يقوم بوقف المحادثات مع روسيا حول الحد من التسلح والدفاع الصاروخي؛ لأن ذلك لا يخدم مصلحة أيٍّ منهما. كذلك الأمر بالنسبة لمحاولة طرد روسيا من مجموعة الثماني الكبار. وفي نفس الوقت لا يمكن للغرب أن يقبل بأن يتم إخضاعه من قِبَل روسيا، ولذا يتعين عليه أن يساعد الرئيس الجورجي ميخائيل سكاشفيلي بالدعم المالي وغيره؛ وأن يبقي على ممر الطاقة العابر لبحر قزوين والملتف حول روسيا مفتوحًا؛ وأن يدعم استقلال أوكرانيا. كما يتعين عليه خلال اجتماع وزراء خارجية «الناتو» في ديسمبر ٢٠٠٨م أن يستبدل التعهدات الفارغة والفضفاضة التي صدرت عن قمة بوخارست بأمور أساسية من قبيل «مخطط عملي ممهد لانضمام» جورجيا وأوكرانيا إلى الحلف الأطلسي. لقد أدى التصميم وسياسة شركاء النجاح إلى الفوز في الحرب الباردة من قبل؛ وهو ما يمكن أن ينجح أيضًا في هذه الحرب الواسعة».[١٦٤]

**معالم المواجهة الجديدة**

إن نموذج الحرب الباردة السابق ارتكز ليس على دول، وإنما على كتلتين؛ الكتلة الشرقية الاشتراكية والكتلة الغربية الرأسمالية، وكانت كل منهما تشكل منظومة مغلقة إزاء الأخرى. هذا الوضع لم يعد موجودًا الآن، فكثير من دول الكتلة الاشتراكية

---

١٦٣ ما وراء الحرب الروسية الجورجية، حامد عبدالله العلي، موقع برامج نت، ٢٧ أغسطس ٢٠٠٨م.

١٦٤ أزمة جورجيا... سياسة كارثية لـ«الناتو»، روجر كوهين، جريدة الاتحاد الإماراتية، باب: وجهات نظر، ٠٢، سبتمبر ٢٠٠٨م.

التحقت بالاتحاد الأوروبي وحلف «الناتو»، كما أن روسيا نفسها تتطور حسب قواعد الرأسمالية؛ إذ فتحت أبوابها للقطاعين الخاص المحلي والأجنبي، وتحاول جذب الاستثمار الخارجي. وباختصار شديد، كانت إحدى السمات الرئيسة للحرب الباردة ما سماه تشرشل «الستار الحديدي» الفاصل بين الشرق والغرب. هذا الستار لم يعد حتى ورقيًا.[١٦٥]

إننا أمام مواجهة جديدة يرى البعض أنها ليست إلا امتدادًا لحلقات مستمرة من الصراع حول مستقبل العالم. فكما يذكر الباحث إبراهيم غرايبة، فإن «الأزمة بين روسيا والغرب قائمة، ولم تتوقف عمليات التجسس، ولا الاختلافات السياسية والاقتصادية الكبيرة والصغيرة بين الطرفين، وكما حققت الولايات المتحدة مكاسب استراتيجية كبيرة بانضمام دول أوروبا الشرقية إليها بل وتأييدها أكثر من أوروبا التقليدية، فإن روسيا قد حقّقت اختراقات ومكاسب جديدة ومهمة، أهمها توظيف النمو الاقتصادي وتطور الموقف الصيني والأمريكي اللاتيني، وربما يكون أكثرها أهمية هو الفشل الأمريكي في العراق. لم تصل الأزمة القائمة إلى مستوى الحرب الباردة السابقة، ولكنها تتصاعد بجدية، وقد تتفوق في المستقبل القريب على الحرب الباردة السابقة في الانقسام والصراع».[١٦٦]

إن الأزمة الجورجية باقية إلى أجل غير معلوم، ومرشحة للتفاعل في نطاق أوسع مما يبدو عليه المشهد الجيوسياسي الراهن؛ وذلك لأننا ندرك أن هناك أكثر من بُعد واحد لهذه الأزمة التي تكشف عن عدة وجوه لم تكتمل ملامحها النهائية بعدُ، ولا تزال محل أخذ ورد، بما في ذلك الوجه الاستخباري الذي لم يتكشف بالكامل، والبعد الاقتصادي الذي بقي متواريًا وراء غلالة رقيقة من الادعاءات المتقابلة، وضجيج الهجمات العسكرية المحدودة، ناهيك عن الهجمات الكلامية المتبادلة والاتهامات القاسية بين مختلف أطراف أزمة لا تزال مفتوحة على عدد من الخيارات المحتملة.[١٦٧]

لن تعود الحرب الباردة إذن، ولكن المسمى قد يعود لسهولته ولاستدعائه للذاكرة التاريخية التي يحتاجها الأصوليون من الطرفين لحشد الأنصار في خندق المواجهة. إننا أمام ظاهرة جديدة ومواجهة مختلفة، ولكنها يمكن أن تسمى أيضًا بـ«الحرب الباردة»،

---

١٦٥ الحرب الباردة... بين شارعين!، بهجت قرني، الاتحاد الإماراتية، ٤ سبتمبر ٢٠٠٨م.

١٦٦ الحرب الباردة.. هل تعود من جديد؟ إبراهيم غرايبة، قناة المعرفة، الجزيرة، التحليلات، ١٣ يوليو ٢٠٠٧م.

١٦٧ البعد الاقتصادي للأزمة الجورجية، عيسى الشعيبي، ٩ سبتمبر ٢٠٠٨م، ملف جورجيا وروسيا، ملف رقم: ١٣٠٦٣، المركز الدولي لدراسات أمريكا والغرب، ICAWS

وهكذا سيسعى أنصار الجبهتين في إبراز هذا المسمى مرة أخرى. هذه الحرب الجديدة الباردة ستكون بين روسيا من طرف وبين أمريكا من طرف آخر، ولكن عالم الغد لن يتقاسمه قطبان: شرقي وغربي، أو شيوعي ورأسمالي، ولكنه سيكون عالمًا متعدد الأقطاب تسعى أطراف الحرب الباردة الجديدة إلى اكتساب دوله وأقطابه إلى صفها، أو تحجيم قدرة هذه الدول على التأثير السلبي على المواجهة لمصلحة الطرف المقابل.

لن يكون من السهل في الحرب القادمة السيطرة على الدول، وتكوين معسكرات خاضعة لواشنطن أو موسكو، فقد مضى إلى حدّ بعيد زمان هذا الشكل من أشكال إدارة الصراعات، ولكننا سنشهد تحالفات اقتصادية وسياسية واستراتيجية يسعى فيها كل طرف إلى إنهاك الطرف الآخر، والتقليل من دوره العالمي، ولن يمانع الجميع أن تسمى هذه المواجهة بـ «الحرب الباردة» مرة أخرى.

## الحرب الباردة الثانية!

ذكرت مجلة الإيكونومست البريطانية في أحد أعدادها في مطلع القرن الحادي والعشرين أن «الولايات المتحدة الأمريكية تتخطى العالم كتمثال هائل، فهي تسيطر على الأعمال والتجارة والاتصالات، واقتصادها هو الأنجح في العالم، وجبروتها العسكري لا يطاوله أحد». ومع اقتراب العِقد الأول لهذا القرن من نهايته، تبدو الصورة مختلفة تمامًا. فأمريكا لم تعد ذلك الكيان الهائل، بل إنها تعاني من أزمات مالية خانقة، وانهارت منظومة الحلفاء والأصدقاء الذين اجتمعوا في بداية العقد حول مصطلح «الحرب على الإرهاب»، واهتزت صورة الحلم الأمريكي في الرفاه والعدل والحرية لدى معظم شعوب الأرض، وظهرت مكانها صورة بشعة للهيمنة والسعي نحو إمبراطورية لن تكون. كما ظهر بوضوح الخوف والهلع الأمريكي من مستقبل عالم متعدد الأقطاب لن تنجح الولايات المتحدة في أن تفرض شروطها وهيمنتها عليه.

وحتى على مستوى التفوق العسكري، فإن العالم يشهد مرحلة جديدة من تبادل التهديدات، فروسيا تطلق صورايخ جديدة متعددة الرءوس وقادرة على اختراق الدرع الصاروخي الأمريكي، وأمريكا تنقل صورايخها إلى أقرب نقطة للحدود الروسية، وتدعي أن هذا الإجراء إنما هو لحماية أوروبا من إيران وكوريا. ونقلت روسيا قاذفات نووية استراتيجية إلى فنزويلا لأول مرة في تاريخ العلاقة العسكرية بين أمريكا وروسيا،

ولكن روسيا تقول: إن هذا الإجراء كان مقررًا من قبل ضمن برامج تدريب مشتركة مع فنزويلا.

وأشار فلاديميير بوتين في المؤتمر السنوي في الكرملين في عام ٢٠٠٧م إلى أن الاختصاصيين العسكريين الروس قد أكدوا أن منظومة الدفاع المضاد للصواريخ، والتي يجري نشرها في بلدان أوروبا الشرقية لا تمت بصلة إلى دعوى التصدي للخطر الذي يأتي من إيران أو إرهابيين معينين. وشارك بوتين ذلك الخوف وزير الدفاع سيرغي إيفانوف، ورئيس هيئة أركان الجيش الجنرال يوري بالويسكفسكي الذي قال: «إن روسيا تواجه اليوم تهديدًا عسكريًّا يفوق حقبة الحرب الباردة، وإن موسكو في حاجة إلى توجه عسكري جديد لمواجهة هذه التحديات» وفق ما نقلت وكالة الأسوشيتد برس الدولية.

هناك مواجهة حقيقية بين الولايات المتحدة وبين روسيا، وقد بدأت هذه المواجهة منذ منتصف العقد الحالي بوضوح، ولكنها تتفاقم وتتسارع بمعدلات أكبر وأكثر وضوحًا منذ اندلاع أزمة القوقاز. ويرى العديد من الباحثين في مجال العلاقات الدولية أن العالم يشهد مؤخرًا - طبقًا لدراسة صادرة عن مركز الخليج للدراسات الاستراتيجية - تحولاً استراتيجيًّا مهمًّا في العلاقات بين موسكو والغرب وعلى رأسه الولايات المتحدة، مفاده أن الصمت الروسي على الاحتكار الأمريكي لإدارة شؤون العالم منذ سقوط الاتحاد السوفييتي السابق لن يطول، وأن الأمن القومي الروسي سيظل خطًا أحمر أمام طموحات واشنطن إلى السيطرة على مناطق نفوذ روسيا السابقة، ونشر أنظمة درع الدفاع الصاروخية على مقربة من حدودها.. وقد عزز هذا التحول إعلان روسيا أنها تنوي تطوير جيل جديد من الصواريخ الباليستية العابرة للقارات، وأنها ستستأنف برنامجها الفضائي استعدادًا لإرسال رواد فضاء إلى القمر بحلول عام ٢٠١٢م لتأسيس قاعدة على سطحه، كما ألمحت إلى أنها تنوي أيضًا إرسال رحلة فضائية إلى المريخ بعد عام ٢٠٢٥م. أما على المستوى الخارجي، فقد كانت حالة التراجع الأمريكي والمأزق الذي تعيشه واشنطن في العراق وأفغانستان، بمثابة فرصة لا ينبغي تفويتها بالنسبة لروسيا؛ حيث منحتها تلك الحالة حرية الحركة الكافية لاكتساب حلفاء جدد أو استعادة حلفاء قدامى فقدتهم حين انشغلت بالتطورات الداخلية الدراماتيكية التي شهدها الاتحاد السوفييتي السابق.[١٦٨]

---

[١٦٨] حرب باردة جديدة بأدوات مختلفة واستراتيجيات متنوعة، مركز الخليج للدراسات الاستراتيجية، نشرة قراءات غربية، المركز الدولي لدراسات أمريكا والغرب، ٢ سبتمبر ٢٠٠٨م.

قد تلجأ روسيا في مواجهة سياسة الولايات المتحدة التوسعية إلى بعث الحركات الانفصالية في بلدان الاتحاد السوفييتي السابقة، مثل الدُنباس والقرم في أوكرانيا وأبخازيا وأوسيتيا الجنوبية في جورجيا، وبريدنيسترو في مولدافيا، ويبدو أن التحرك بدأ في هذا الاتجاه، وفي جعبة روسيا عدة ذرائع استراتيجية تبرر مثل هذه السياسة. المواجهة لن تكون إعلامية أو كلامية فقط بالتأكيد، ولكنها ستشمل إزكاء لصراعات إقليمية جديدة، وسعي كل طرف إلى تهميش والتقليل من قوة وتأثير الطرف الآخر على الساحات الدولي المختلفة.

**هل يمكن تجنب مواجهة جديدة مستقبلاً؟**

يرى عدد من المفكرين إمكانية تجنب حرب باردة جديدة. ومنهم الباحث الدكتور كمال حداد من الجامعة اللبنانية عندما حدّد إطار تجنب الأزمة في بحث نُشر مؤخرًا قائلاً: «إن آفاق التسوية ستتطلب من الاتحاد الروسي والولايات المتحدة الأمريكية الجلوس إلى طاولة المفاوضات. أما أُطر التسوية المحتملة فهي:[١٦٩]

١ - عودة حلف شمال الأطلسي جغرافيًّا إلى ما كان عليه قبل انهيار الاتحاد السوفييتي السابق، أي إلى ألمانيا مع الأخذ بالاعتبار المصالح الأمريكية في دول أوروبا الشرقية.

٢- التخلي عن فكرة نشر منظومة الدرع الصاروخية الأمريكية حول الاتحاد الروسي، مقابل تعهد روسي بتعزيز فكرة الأمن الجماعي الأوروبي والعالمي عبر محادثات أمنية وسياسية روسية أمريكية عالية المستوى.

٣ - سحب الاعتراف الروسي باستقلال أبخازيا وأوسيتيا الجنوبية، وسحب الجيش الروسي من جورجيا مع احتفاظ الجيش الروسي ببعض القواعد العسكرية، والتي تعتبر ذات بعد أمني واستراتيجي له في أوسيتيا الجنوبية وأبخازيا.

٤ - تعهد روسي بمعالجة للطرد النووي الإيراني ضمن الأراضي الروسية، وتحت إشراف روسي مع إعطاء الحق لإيران باستغلال الطاقة النووية لأغراض سلمية فقط.

---

١٦٩ الأزمة الجورجية (٢٠٠٨) والأزمة الكوبية (١٩٦٢) : تصارع الإرادات وتشابه المسارات، كمال حماد، صحيفة المستقبل - الاثنين ٢٩ أيلول ٢٠٠٨ م- العدد ٣٠٩٢، لبنان.

٥ ـ تمديد فترة استئجار الموانئ الأوكرانية على البحر الأسود للأسطول الروسي والتي ستنتهي في العام ٢٠٠٩م، وذلك لأهداف حيوية واستراتيجية مع التعهد بعدم استعماله ضد المصالح الأوكرانية أو ضد أوكرانيا.

٦ ـ عدم انضمام أوكرانيا إلى حلف شمالي الأطلسي حاليًا ومستقبلاً لأن عكس ذلك يعني تهديدًا للأمن القومي الروسي.

٧ ـ بقاء الأسطول الروسي مستقبلاً في سوريا على البحر الأبيض المتوسط مرتبط ببقاء القواعد العسكرية الأمريكية، وخاصة البحرية منها، في الخليج وخاصة في قطر والبحرين.

كما أن العديد من المفكرين المعتدلين في الولايات المتحدة يرون أن حربًا باردة جديدة ليست في صالح أحد. ويكتب المفكر الأمريكي توماس فريدمان قائلاً: «لا شك أننا نريد الضغط دبلوماسيًا على روسيا كي تسحب قواتها من جورجيا؛ لأنه لا يجب في النهاية على أحد أن يغزو جيرانه، ولكن أين أولوياتنا هنا؟ كم من حرب نستطيع خوضها في وقت واحد دون أن نكون قادرين على إنهاء حتى واحدة منها؟ وبينما يجاهد أفراد الشعب الأمريكي من أجل سداد قيمة ديون الرهانات العقارية التي تثقل كاهلكم، هل يعقل أن ننفق مليار دولار على دولة تصرّف رئيسها برعونة، ونخز بوتين في عينيه؟ ألم يكن من الواجب أن ننخرط في التمهيد لحوار مع جورجيا، ومع بوتين؟ وإلا فأين ننوي أن نذهب؟ هل إلى حرب باردة جديدة؟ ومن أجل ماذا؟»[١٧٠]

وتبقى هذه الأفكار الحالمة نظرية في معظمها؛ لأن طرفي الصراع يميلان بقوة إلى استخدام تصاعُد المواجهة لخدمة أهدافهما الاستراتيجية، ولذلك فإن العالم مقبل بلا شك على شكل من أشكال المواجهة الدولية بين روسيا من طرف، وبين أمريكا والغرب من ناحية أخرى.

### صورة المواجهة الجديدة

التاريخ لا يعود ولا ينتهي أيضًا لمجرد انتصار قوة على قوة أخرى، أو معسكر غربي على معسكر شرقي، ولكن تفاعلات القوى المتصارعة لتقديم رؤاها حول مستقبل البشرية تتغير كل فترة، ويتسبب ذلك في تغيير موازين القوى، وهو أمر ليس من السهل

١٧٠ جورجيا.. في خاطري!، توماس فريدمان، جريدة الاتحاد، باب: وجهات نظر، ٠٨ سبتمبر ٢٠٠٨م.

بمكان التكهن به، أو الادعاء بمعرفة مستلزماته. الحرب الباردة الجديدة لن تكون على شاكلة سابقتها، ولكنها ستتمحور حول نفس الخصوم المتنافسة، وكذلك سيسعى كل طرف من الأطراف المتنافسة ما أمكن إلى تجنب الصراع العسكري المباشر. وقد يكون هذان الأمران هما وجهي الشبه الوحيدين اللذين يجعلان استخدام مصطلح الحرب الباردة مقبولاً.

مما يؤكد نذر الحرب الباردة الجديدة المناورات الروسية الفنزويلية المقرر بدؤها في نوفمبر ٢٠٠٨م، وترحيب الرئيس الفنزويلي شافيز بإقامة قواعد عسكرية روسية في بلاده، ولم يقف شافيز عند ذلك، بل أعلن في شهر سبتمبر ٢٠٠٨م طرد السفير الأمريكي من بلاده مهدداً بوقف إمدادات النفط الفنزويلي إلى الولايات المتحدة وبالرد عسكريًّا في حالة الإطاحة بالرئيس البوليفي. وما زاد الطين بلة وزاد من سخونة بدء حرب باردة أن الرئيس البوليفي إيفو موراليس انضم إلى شافيز، متهمًا إدارة الرئيس بوش بتدبير انقلاب ضد نظام حكمه، وقام بطرد السفير الأمريكي من بلاده، وما كان الرئيس بوش يفعل أقل مما فعله الرئيسان الفنزويلي والبوليفي، ففي الحال طرد سفيري البلدين. والأرجنتين التي تعد حليفاً تقليديًّا للولايات المتحدة شنت هجومًا على إدارة بوش، متهمة إياها باستخدام قضية ميامي لأغراض سياسية بهدف زعزعة استقرار نظام الرئيسة كريستينا كيرشنر، وقد انضمت هندوراس إلى قافلة الدول المعترضة على السياسات الأمريكية، فالرئيس مانويل زيلايا رفض اعتماد أوراق السفير الأمريكي الجديد لدى ذلك البلد، وكل التطورات المتسارعة تعد بلا شك خطوات تحمل الكثير من الدلالات المباشرة وغير المباشرة التي تبرز الدور الروسي الجديد في الخلفية للولايات المتحدة.[١٧١]

وكشفت السلطات الروسية أن سلاح «طيران المدى البعيد» سيقوم بتنفيذ «أكبر» مناورة على الإطلاق منذ تفكك الاتحاد السوفييتي في خريف عام ٢٠٠٨م، بمشاركة عدد من القاذفات الاستراتيجية، فيما حذرت الخارجية الأمريكية موسكو من تحليق القاذفات الروسية في النصف الغربي للكرة الأرضية. وأكد متحدث بالقوات الجوية الروسية أن «طائرات المدى البعيد»، ستقوم لأول مرة بعد انقطاع طويل بطلعات جوية بكامل أسلحتها، تتضمن إطلاق «صواريخ مجنحة»، ضمن مناورات يُطلق عليها اسم «الاستقرار ٢٠٠٨م» خلال أكتوبر من ذلك العام.

---

[١٧١] أين موقع العرب من الحرب الباردة وصراع النفوذ الجديد؟عيد بن مسعود الجهني، هيئة الإذاعة والتلفزيون، سورية، ٢٠ سبتمبر ٢٠٠٨م.

كما أن من أهم معالم التغير في المشهد السياسي في الحرب الباردة الجديدة هو فوز «اليسار» وهيمنته على «شارع» أمريكا اللاتينية، وهي منطقة نفوذ الولايات المتحدة الأمريكية التقليدية. إن تاريخ أمريكا اللاتينية الدموي والتدخلات الأمريكية فيه معروف، ومن المفارقات أن تنمو قوة اليسار في هذه القارة المعزولة نسبيًّا، وأن تخبو تلك «القوة» في عقر دارها، أي روسيا وما جاورها، ليحل مكانها شعور قومي كانت أبرز تجلياته حرب البلقان الدموية، والحروب التي تندلع هنا وهناك في القوقاز! سينام فيدل كاسترو في قبره قرير العين؛ لأنه خلّف في محيطه أكثر من نموذج لشخص على شاكلة «هوغو شافيز» ليواصلوا مناوشاتهم لجارتهم الكبرى أمريكا![١٧٢]

إن صورة المواجهة الجديدة بين روسيا وبين الغرب معقدة، وستمتد خارج منطقة القوقاز لتشكل مناطق متعددة من العالم. كما أن معالم الصراع لن تتوقف عند حدود الدبلوماسية أو التهديدات الإعلامية، وإنما ستكون مواجهات شاملة اقتصاديًّا وثقافيًّا وإعلاميًّا، وسيصحبها أيضًا سباق تسلح دولي جديد لخدمة مبيعات السلاح للطرفين من ناحية، وتأكيد القوة على التأثير من ناحية أخرى.

## الأقطاب الخمسة لعالم الغد

أظهرت الأزمات السياسية منذ بداية القرن الحادي والعشرين، صعوبة استمرار عالم القطب الواحد. فلن تكون المواجهة بين الغرب وبين روسيا في عالم ثنائي القطبية كما حدث في منتصف القرن العشرين، فقد اختلفت صورة العالم تمامًا في هذه المرحلة الراهنة. ليس مرجع ذلك فقط صعود قوى أخرى كالصين أو الهند، ولكن كذلك للضعف الأمريكي الاقتصادي، ودخول الولايات المتحدة في مجموعة من المغامرات العسكرية غير الناجحة، وفقدان التعاطف العالمي مع المشروعات والطموحات الأمريكية. الأقطاب الخمسة المؤهلة للتأثير في عالم الغد، هي الصين وأمريكا وروسيا والاتحاد الأوروبي والعالم الإسلامي.

ورغم أنه لا يزال يُنظر للولايات المتحدة على أنها مركز العولمة الرئيسي في الوقت الراهن، كما يؤكد ذلك الأستاذ والتر لافيبر في كتابه «مايكل جوردن ورأس المال

---

١٧٢ الروس للأمريكيين: كفاكم!، محمد حسين اليوسفي، صحيفة البيان الإماراتية، ٥ سبتمبر ٢٠٠٨م، العدد ١٠٣٠٦.

العالمي الجديد» عندما يشير إلى أن «العولمة اليوم أمريكية المركز، بمعنى أن جزءًا كبيرًا من ثورة المعلومات يأتي من الولايات المتحدة الأمريكية، كما أن قسمًا كبيرًا من محتويات شبكات المعلومات العالمية يتم تكوينه حاليًا في الولايات المتحدة»، إلا أن الواقع العالمي يؤكد أن ثورة المعلومات نفسها والتي يمكن نسبتها إلى أمريكا لها دور رئيس ومسؤولية لا يمكن تجاهلها في فقدان الولايات المتحدة لقدرتها الاستراتيجية وقوتها العالمية. وكما يرى عدد من الباحثين، فإن الولايات المتحدة صنعت برغبتها في الهيمنة على العالم الأدوات التي ارتدت عليها، وقد تؤدي مع الزمن إلى انهيار قدرتها على التحكم برقعة الشطرنج الدولية.

أزمة جورجيا كانت وثيقة إعلان عن ميلاد مرحلة عالمية جديدة، عنوانها «نحو عالم متعدد الأقطاب». هذه المرحلة لا تفرضها القوة العسكرية المتعاظمة لروسيا الاتحادية والصين الشعبية والهند فحسب، ولكن القوة الاقتصادية لهذه الدول ومعها الاتحاد الأوروبي واليابان أيضًا. إن أمريكا لم تعد القوة الاقتصادية الأولى في العالم، بسبب التراجع في نسبة النمو، وتراكم الديون الخارجية والداخلية، والنفقات الخيالية على الحروب الوهمية. وبعد ضربة جورجيا، لم تعد كذلك هي القوة العسكرية الأولى في العالم، والقادرة دائمًا على التدخل السريع وفرض إرادتها.[١٧٣]

إن الرد الروسي على محاولة جورجيا بسط سيطرتها بالقوة على إقليم أوسيتيا الجنوبية يعني أن على واشنطن التفكير مليًا بسياساتها الاستراتيجية والعلاقات الدولية، فالحركة الروسية المعاكسة نحو روسيا البيضاء وإيران وسورية قد تقلب كل حسابات واشنطن، ناهيك عن حجم الحركة الصينية المعاكسة إذا مضت واشنطن في دعم تايوان بإعلان استقلالها عن الصين. عندها سيكون الرد الصيني أعنف من رد روسيا على جورجيا، فالصين أيضًا قطب في عالم متعدد الأقطاب.[١٧٤]

ليس من مصلحة أقطاب الغد أن يتمحور العالم حول حرب باردة جديدة، ففي ذلك ـ على أبسط مستوى ـ تهميش لدور هذه الأقطاب في عالم الغد. الصين والهند واليابان وكذلك العالم الإسلامي مؤهلون ليكونوا من أقطاب الغد، ولذلك فمن المتوقع أن تقوم تلك الكيانات بمحاولة تهميش فكرة عودة أو وجود «حرب باردة» بين موسكو وواشنطن.

---

١٧٣  مرحبًا بعالم متعدد الأقطاب، جمال سلامة، صحيفة القدس، ١٩ سبتمبر ٢٠٠٨م.

١٧٤  مرحبًا بعالم متعدد الأقطاب، جمال سلامة، صحيفة القدس، ١٩ سبتمبر ٢٠٠٨م.

تقول الأستاذة رنا ميتر من جامعة أكسفورد: «لقد تمكنت الصين خلال السنين الخمس أو الست الماضية من أن ترسخ دورها كوسيط نزيه في المجتمع الدولي».

كذلك فقد أصبحت اللاعب الحاسم في منظمة التجارة العالمية. ويمكن لحرب باردة جديدة أن تُضعف «المؤسسات الدولية التي تستطيع فيها الصين أن تمارس نفوذًا أكبر، مثل انضمامها إلى منظمة الدول الصناعية الكبرى الثماني لدى توسعها»، حسب رأي الباحث أوسكانا أنتوننكو من المعهد الدولي للدراسات الاستراتيجية في لندن، وكما ورد في مقال نُشر بمجلة النيوزويك الأمريكية مؤخرًا.

ويرى الباحث خيا بيشان من معهد الدراسات الدولية الصيني، وهو معهد فكري تابع لوزارة الخارجية أن ما هو أسوأ من ذلك «أن مثل هذه الحرب الباردة من شأنها أن تجبر الصين على أن تساند جانبًا ضد الآخر، وهو أمر بغيض بالنسبة للاستراتيجية العظمى للصين».

ويشير الباحث إلى مفهوم «النهضة المسالمة» الذي ينادي به الرئيس هوو، والقائم على فكرة إعطاء الأولوية للاقتصاد على الأيديولوجية، ويؤكد على وجود علاقات نفعية (براغماتية) مع الجميع ـ كما يرى الباحث ـ ويدعم فكرة بناء قوة الصين بهدوء من دون إثارة مشاكل معيقة. ويؤكد خيا بيشان «أن صمت بكين حيال جورجيا يعكس هذا النهج السائد المؤيد لبقاء الوضع الراهن على حاله؛ حيث تفضل الصين عالمًا لا تمس فيه قوة عظمى، الخطوط الحمراء لقوة عظمى أخرى».

يرى الكاتب المصري المعروف مكرم محمد أحمد كذلك أن العالم يتجه نحو تعدد الأقطاب، وليس نحو حرب باردة. ويقول في هذا الشأن: «إن استبعاد فرص تجدد الحرب الباردة بسبب مضاعفات النزاع الجورجي الروسي وتأثيره علي علاقات روسيا بالغرب لا يعني أن الأمور سوف تمضي في سيرتها الأولى دون أي تغيير، وأن يد الولايات المتحدة سوف تظل طليقة من أي قيد، كما كان الحال على عهد إدارة بوش والمحافظين الجدد.

إن بزوغ روسيا دولة قوية تسعى لاستعادة دورها على المسرح العالمي، وتحالفها المتصاعد إلى حدود استراتيجية مع الصين التي سوف تصبح في غضون العقدين المقبلين القوة الاقتصادية الأولى في العالم، وتزايد كثافة علاقاتهما الاقتصادية مع الاتحاد الأوروبي، سوف يساعد كثيرًا على بزوغ عالم جديد متعدد الأقطاب أصبح في حكم الواقع.. عالمًا

يحد من سطوة الهيمنة الأمريكية، ويساعد على توازن المصالح في العالم، ويعزز ديمقراطية العلاقات الدولية».[175]

وتُجمع الكثير من دول العالم على أن تعدد الأقطاب هو الطريق الأمثل للتقليل من محاولات الهيمنة الأمريكية على سياسات العالم. كما يرى البعض أن «الصحوة الروسية الحالية في حال استمرارها واستغلالها من قِبل القوى الأخرى الساعية إلى بلورة عالم متعدد الأقطاب قد تُسهم بلا شك في تصحيح مسار التوازن الدولي لتقليل جنوح الهيمنة الأمريكية وتداعياتها السلبية التي تمثلت في التجاوزات الخطيرة التي ارتكبت في حق العديد من الدول والشعوب، وهو ما ظهر جليًّا من خلال تحييدها دور المؤسسات الدولية ورفضها توقيع المعاهدات الدولية من قبيل معاهدة كيوتو، وانسحابها من معاهدة حظر انتشار الصواريخ، وإصرارها على الغزو العسكري للعراق على الرغم من اعتراض الدول الدائمة العضوية في مجلس الأمن وفي مقدمتها روسيا والصين».[176]

الأقطاب الخمسة لعالم الغد، وهي الصين وأمريكا وروسيا والاتحاد الأوروبي والعالم الإسلامي ستلعب أدوارًا مهمة في تشكيل مستقبل العالم واستقراره وحل مشكلاته أيضًا. قد يعتقد البعض أن العالم الإسلامي غير مؤهل ليكون أحد أقطاب عالم الغد، ولكن الحقائق المجردة على أرض الواقع تقطع أنه يمثل حاليًا أحد هذه الأقطاب بالفعل. وتكفي مشاهدة أية نشرة أخبار عالمية، أو تصفح أي صحيفة في أي من بقاع العالم، ليجد المراقب أن أخبار العالم العربي والمسلم قد أصبحت أحد المواد الأساسية لمحتوى الأخبار.

ويرى أحد المراقبين أنه بإمكان العرب ليس فقط تمني قيام عالم بقطبين، أو حتى متعدد الأقطاب، ولكن العمل على تكوينه أيضًا. هذه العقلية لا تزال غائبة، وما يزال النظام/الفوضى العربية تحاول ملاحقة الأحداث بدلاً من السعي إلى صنعها والتأثير فيها. الحقيقة أن هذا السلوك من قِبل مجموع الأنظمة العربية هو نتيجة منطقية لغياب دولة المؤسسات، وحضور دولة الأفراد أو دولة العائلات أو دولة الجماعات المغلقة. إنها نماذج الدول التي تفضل البقاء على الهامش للحفاظ على استقرارها، في عالم أصبح يعيش تحت الأضواء الكاشفة. لقد ألفت الكثير من الأنظمة نفي إرادة الشعب، وإقامة علاقات محاصصة مع بعض القوى الدولية مقابل الحصول على مظلة دولية. الأحداث الدولية التي

---

[175] عرب يحلمون بتجدد الحرب الباردة، مكرم محمد أحمد، جريدة الأهرام المصرية، ٢٠ سبتمبر ٢٠٠٨م.

[176] حرب باردة جديدة بأدوات مختلفة واستراتيجيات متنوعة، مركز الخليج للدراسات الاستراتيجية، نشرة قراءات غربية، المركز الدولي لدراسات أمريكا والغرب، ٢ سبتمبر ٢٠٠٨م.

عرفها العالم منذ نهاية القرن الماضي أثبتت أن العلاقات الدولية أصبحت أكثر تعقيدًا، وأن الحدود بين الأحداث الداخلية والخارجية قد تبددت.[177]

ليست هذه مجرد أحلام، وإن كانت تبدو عسيرة التحقق في مثل هذا الواقع العربي، ولكنها طوق النجاة الأخير إذا قُدر للدول العربية البقاء ولعب دورها في المستقبل. في عالم لا يعترف إلا بالأقوياء، على الأنظمة العربية أن تختار بين بناء اتحاد عربي حقيقي، وبين جامعة لم يبق منها إلا الاسم. مثل هذا المشروع يتطلب ضغطًا عربيًا شعبيًا منظمًا تنخرط فيه كل القوى السياسية والمدنية العربية.[178]

ظهور العالم العربي والمسلم على الساحة الدولية في العقود الماضية لم يحدث بسبب «الحرب على الإرهاب» فقط كما يرى بعض المتشائمين، وإنما هو يرجع أيضًا للتواجد الفعلي للعالم المسلم بشكل واضح في أحداث الكرة الأرضية في مختلف المجالات. الأمر لا يتوقف فقط حول مقاومة الهيمنة أو التأثير الثقافي، ولكنه كذلك يتصاعد في مجالات النهضة المدنية والعمرانية في بعض مناطق العالم المسلم، أو الطفرات المالية المرتبطة بارتفاع أسعار النفط والغاز في مناطق أخرى، أو القدرة على التنافس الحضاري مع الغرب في مناطق ثالثة من أركان هذا العالم المسلم المترامي الأطراف. ورغم ما يعانيه هذا العالم المسلم من مشكلات سياسية واقتصادية، إلا أنه قد ظهر كقوة حقيقية في القرن الحادي والعشرين، ربما بسبب قوة الشعوب ومعتقدها وشبابها، وليس بسبب صلاح الحكومات. لن يتمكن أحد من إغفال العالم المسلم من حسابات القرن الحادي والعشرين، وسيكون هذا العالم جزءًا فاعلاً من أقطاب المستقبل.

## صراعات القرن الحادي والعشرين

هناك من يحذر بوضوح أن ما يحدث في القوقاز يمكن أن يكون مقدمة لكارثة سياسية وعسكرية في القرن الحادي والعشرين. يشير إلى ذلك الباحث رومان مانيكين قائلاً: «منذ تبوأت الولايات المتحدة مكانة الدولة العظمى الوحيدة في العالم، لم تنقطع عن إثارة القلق في المجتمع الدولي. فهي بادرت إلى قرارات سياسية واستراتيجية لا تخلو من الحماقة. وخاضت مغامرات في العراق وأفغانستان، وتورطت في أزمة البلقان، وانتهجت

---

[177] أي دور للعرب في التحولات الدولية الراهنة؟ عبد الفتاح الحنين، صحيفة القدس، ١٨ سبتمبر ٢٠٠٨م.

[178] أي دور للعرب في التحولات الدولية الراهنة؟ عبد الفتاح الحنين، صحيفة القدس، ١٨ سبتمبر ٢٠٠٨م.

سياسة استمالة الدول السوفييتية السابقة إليها. هذه المغامرات لا تتعدى العبث كما حدث غداة الحرب العالمية الثانية من إطاحة النظام العالمي المستقر، وإلغاء معاهدة هلسنكي.

في ذلك الوقت. لكن يظهر أن روسيا قد تجاوزت آثار تدمير المد الجيو/سياسي الأوراسي. ونشأت أنظمة تابعة وعميلة صغيرة في أوروبا الشرقية والجنوبية، وعلت أصوات الحركات الانفصالية في معظم بلدان العالم. وفي حال تمكنت الولايات المتحدة من تقويض فاعلية أسطول البحر الأسود الروسي العسكرية والسياسية، فهل ينبري الأسطول السادس الأمريكي، أو الجيوش التي تتخذ كوسوفو قاعدة، إلى مواجهة الإسلاميين؟ وهل نعلم ما ينتظر أوروبا في الألفية الثالثة؟ وهل نتذكر ما جرى في ١٩٣٤م - ١٩٣٩م؟ ونحن نتمنى أن تبعد أوروبا نفسها من الكأس هذه المرة».[١٧٩]

تحدث الرئيس الأمريكي جورج بوش في يونيو من عام ٢٠٠٢م، أمام خريجي الأكاديمية العسكرية الأمريكية - وأكدته كذلك وثيقة الإدارة الأمريكية الخاصة باستراتيجية الأمن القومي للولايات المتحدة، البيت الأبيض للعام ٢٠٠٢م - قائلاً: «على امتداد جزء كبير من القرن الماضي - أي القرن العشرين - ظل دفاع أمريكا معتمدًا على عقيدتي الحرب الباردة المتمثلتين بالردع والاحتواء، وهاتان الاستراتيجيتان ما زالتا مطبقتين في بعض الحالات، غير أن هناك تهديدات جديدة تتطلب تفكيرًا جديدًا. إن الردع - الوعد بفرض عقاب انتقامي كبير على دول معينة - لا يعني شيئًا ضد الشبكات الإرهابية الهلامية، التي لا تملك دولاً تدافع عنها أو مواطنين تدافع عنهم.

أما الاحتواء فليس ممكنًا حين يكون حكام مستبدون معتوهون يملكون أسلحة تدمير شامل قادرين على إيصال تلك الأسلحة بالصواريخ أو تزويد حلفائهم الإرهابيين بهذا السر». ثم أشار الرئيس الأمريكي جورج بوش إلى البديل في قوله: «يبقى الدفاع عن الوطن والدفاع الصاروخي جزءًا من أمن أقوى، وهما من الأولويات الأساسية عند أمريكا ... سيتطلب أمننا تغيير الجيش الذي ستتولون قيادته، وهو جيش يجب أن يكون مستعداً للضرب بعد لحظة من تلقي الأمر في أي زاوية مظلمة من العالم».

وفي مقابل هذا التهديد الأمريكي بنشر الصورايخ للوصول إلى أي بقعة في العالم في أي لحظة، اتخذ الرئيس الروسي فلاديمير بوتين موقفاً صلبًا ضد تلك الخطط الأمريكية

---

[١٧٩] سياسة روسيا في البلقان والقوقاز والبحر الأسود، رومان مانيكين، نشرة بوليتيشيسكي كلاس الروسية، ٢٧ أغسطس ٢٠٠٨م.

لنشر الدرع الصاروخي في القارة الأوروبية، وحذر الولايات المتحدة من مغبة السير قدمًا في خططتها لإقامة هذا المشروع قائلاً: إن هذا المشروع يمكن أن يؤدي إلى «التدمير المتبادل»، وجاء حديث الرئيس بوتين بعد يوم من تهديده بالانسحاب من معاهدة حظر سباق التسلح التقليدي في أوروبا.. وصرح بوتين بأن «هذا المشروع ليس درعًا صاروخيًا فقط، بل هو جزء من التسلح النووي الأمريكي.

## عناصر منظومة الدفاع المضاد للصواريخ الأمريكية في أوروبا: رأي الجانبين

في ٨ يوليو الحالي وقعت وزيرة الخارجية الأمريكية كوندوليزا رايس مع نظيرها التشيكي كارل شفارتسنبيرغ اتفاقية حول نشر رادار منظومة الدفاع الصاروخية الأمريكية في أراضي تشيكيا.

**خريطة رقم (٧) عناصر الدرع الصاروخي الأمريكي في أوروبا**

يرجع أحد أسباب هذا الرفض إلى أن الخطة الأمريكية أثارت حفيظة روسيا التي تعتقد أن مشروع المظلة الدفاعية الصاروخية سوف يخل بتوازن القوة إقليميًا، وهو ما أشار إليه كذلك وزير الخارجية الروسي سيرغي لافروف خلال اجتماع وزراء خارجية دول مجموعة الثماني في بوتسدام في ألمانيا بتاريخ ٣٠ من شهر مايو ٢٠٠٧م، من خلال قوله: «إن أمريكا بنشرها لهذا الدرع الصاروخي ستعيد إطلاق سباق تسلح النووي جديد في العالم».[١٨٠]

لقد بلغ إنفاق أمريكا العسكري وحده ـ كما تذكر إحدى الدراسات المتخصصة ـ ما إجماله ٤٥٥ مليار دولار أي ما يقارب نصف الإنفاق العالمي، وبما يتجاوز الإنفاق

---

[١٨٠] الفوضى القادمة في السياسات العسكرية، ملف: روسيا بين قرنين، محمد بن سعيد الفطيسي، نقلاً عن: قراءات غربية، سبتمبر ٢٠٠٨م، المركز الدولي لدراسات أمريكا والغرب، ICAWS

الإجمالي لأقوى ٣٢ دولة تلي الولايات المتحدة في القائمة. وقد زاد ذلك الإنفاق خصوصًا خلال الفترة من العام ٢٠٠٢م ـ ٢٠٠٤م وذلك بشكل واضح.

كما يلاحظ أن الإنفاق العسكري الأمريكي نما إلى ٣٫٤ في المائة من الناتج المحلي الإجمالي عام ٢٠٠٤م، عنه في عام ١٩٩٩م بنسبة ٣٫٠٪، لكنه ظل أقل من الذروة التي بلغها في الحرب الباردة عندما تجاوز ٦٪ في ذلك الوقت، بسبب المواجهة الأمريكية مع الاتحاد السوفييتي وبسبب أزمة الصواريخ الكوبية وحرب النجوم، كما أكد أحد معاهد الدراسات الأمريكية المتخصصة أن «الولايات المتحدة الأمريكية مسئولة عن ٤٨٪ من زيادة النفقات في المجموع العالمي، تليها بفارق كبير بريطانيا وفرنسا واليابان والصين بنحو ٤ أو ٥٪ لكل منهما، كما يشير التقرير إلى أنه خلال عام ٢٠٠٤م أنفقت واشنطن ٤٧٪ من مجموع ما أنفق في العالم على التسلح، ويقدر بنحو ١٠٣٥ مليار دولار في ذلك العام».

خريطة رقم (٨): المواقف من مشروع الدرع الصاروخي

وقد أعلن قائد القوات الاستراتيجية الروسية نيكولاي سولفستوف في ١٧ ديسمبر ٢٠٠٦م أن الدرع الأمريكية المضادة للصواريخ التي تعتزم واشنطن نشرها في بولندا

وجمهورية التشيك قد تصبح هدفًا للصواريخ الروسية، وأن روسيا مرغمة على اتخاذ الإجراءات التي تراها ضرورية لأمنها، لتعلن البحرية الروسية، وفي نفس اليوم أيضًا أن غواصة روسية أجرت يوم الاثنين تجربة ناجحة لصاروخ بالستي قاري من طراز سينيفا أطلقته من بحر بارنتس إلى أقصى الشرق الروسي «لكي لا نسمح تحت أي ذريعة بالتقليل من القوة الروسية في مجال الردع النووي، ولا نستبعد أن يتم اختيار تجهيزات الدرع المضاد للصواريخ في حال محاولة من هذا النوع كأهداف لصواريخنا الاستراتيجية العابرة للقارات بناء على قرار أعلى للسلطات العسكرية والسياسية في البلاد».

كانت الكلمات تمثل رسالة واضحة إلى الغرب حول فكرة عودة سباق التسلح بين روسيا المنتعشة اقتصاديًّا بعد أن أوشكت على الإفلاس، وبين الغرب المنهك اقتصاديًّا بسبب المغامرات العسكرية غير المحسوبة. ولن تكون حروب المستقبل بالأسلحة التقليدية فحسب، ولن تكون كذلك بالضرورة بالأسلحة النووية، ولكننا أمام أنظمة تسلح جديدة ومتعددة ستشكل حروب المستقبل، في عالم متعدد الأقطاب، سوف تجره المواجهة بين روسيا وبين الغرب إلى استخدام أسلحة جديدة ومتنوعة لضمان الحفاظ على التفوق العسكري على الخصوم.

## التقنيات وحروب المستقبل

تتغير أساليب الصراع وأدواته بتغير طبائع الحروب واستراتيجياتها، فمن الحروب التقليدية المحدودة، أو «الكلاسيكية» والتي تُعرف بأنها «الحروب التي تخوضها - بصفة أساسية - القوات النظامية لدولة أو أكثر ضد دولة أو أكثر، وتعتمد على أربعة عناصر هي الاستراتيجية، والتكتيك، والتقدم العلمي المناسب زمانًا ومكانًا، ثم الخطة»، وتستخدم فيها الأسلحة والأدوات التقليدية .. إلى الحروب والاستراتيجيات النووية، وهي الصراعات التي تُستخدم فيها الأسلحة النووية والذرية كوسائل وأدوات تمثل شكل وطبيعة تلك الحروب بشكل رئيس، وهي بطبيعتها لا تعتمد كثيرًا على أدوات الحروب التقليدية .. وأخيرًا توجد الاستراتيجيات الكونية أو الحروب الفضائية «السبرانية»، وهي الحروب والصراعات التي تعتمد على أدوات البعد الفضائي والوسائل التكنولوجية وشبكات المعلومات بشكل أساسي، كالأقمار الصناعية والمدن الفضائية واللواقط

الكهرومغناطيسية والحشرات الروبوتية وموجات المايكروويف وتقنيات الليزر والبلازما وغيرها الكثير من أدوات وأسلحة حروب المستقبل.[181]

إن روسيا لا تنظر للتقنية فقط على أنها وسيلة تقدم، ولكنها تراها سلاحًا يجب أن تتفوق فيه من أجل مواجهة خصوم المستقبل، ومن أجل التعامل مع الواقع الاقتصادي لعالم ما بعد النفط. ولذا يرى أحد الباحثين الأمريكية أنه «ثمة إجماع على أن البلد [ روسيا ] يجب أن يخفف من اعتماده على إيرادات النفط والغاز. لكن كيف؟ أحد الأطراف في هذا الجدال، الذي يتضمن مجموعة من كبار مستشاري بوتين اللامعين الذين أتموا تعليمهم في الغرب، يدرك أن روسيا لا يمكنها تحقيق ذلك سوى من خلال إحراز تقدم في مجال الصناعة المتطورة، مكتسبة بالكامل ليس فقط أحدث تقنيات الغرب، بل أيضًا تقنياته الإدارية والتنظيمية وأسسه في إدارة الشركات».

النظرية الجديدة التي باتت سائدة في الأوساط السياسية والعسكرية والاستخباراتية تؤكد بأن الذي سيمتلك الفضاء سيتحكم بالأرض ومن حولها، وهي نظرية أثبتت صحتها ونجاحها في عدد كبير من الحروب والصراعات الحديثة، والتي شكلت الأقمار الصناعية والحواسيب العملاقة ووسائل التحكم عن بُعد الفاصل فيها ما بين النجاح والفشل أو النصر والهزيمة.

تتميز المنافسة هنا من خلال التنافس على تطوير الأسلحة الفضائية والتكنولوجية المعلوماتية، وهي حقائق واقعية منها ما تم تفعيله واستخدامه على أرض الواقع كصواعق المعلومات كما حدث في يوغسلافيا في العام ١٩٩٩م، وشعاع الألم، ومنها ما يتوقع تفعيله خلال السنوات القليلة القادمة كأسلحة البلازما والمايكروويف وغيرها، وفي هذا السياق أعلن قائد القوات الجوية الروسية ألكسندر زيلين في مؤتمر في أكاديمية العلوم العسكرية في منتصف يناير ٢٠٠٨م بأن التهديدات الأكبر بالنسبة لروسيا في القرن الـ٢١ ستأتي من الجو والفضاء.[182]

---

[181] الحروب القادمة ستبدأ من الفضاء، ملف: روسيا بين قرنين، محمد بن سعيد الفطيسي، نقلاً عن: قراءات غربية، سبتمبر ٢٠٠٨م، المركز الدولي لدراسات أمريكا والغرب، ICAWS

[182] الحروب القادمة ستبدأ من الفضاء، ملف: روسيا بين قرنين، محمد بن سعيد الفطيسي، نقلاً عن: قراءات غربية، سبتمبر ٢٠٠٨م، المركز الدولي لدراسات أمريكا والغرب، ICAWS

وفي مجال استخدام الإنترنت سلاحًا فقد تزامن الغزو العسكري الروسي مع الهجوم عبر الإنترنت لأول مرة في تاريخ الحروب المعاصرة. ويؤكد ذلك الباحث ترافيس ونتوورث قائلاً: «لقد استحوذت فيروسات روسية على مئات الآلاف من أجهزة الكمبيوتر في العالم، موجهة إياها لتقصف مواقع الشبكة الإلكترونية الجورجية، ومن ضمنها الصفحات التابعة للرئيس، والبرلمان، ووزارة الخارجية، ووكالات الأنباء والبنوك. وقد قامت تلك الجهات الجورجية مضطرة إلى إغلاق [ المواقع ] وأجهزة الكمبيوتر العاملة عند ظهور أول إشارة للهجوم، وذلك بهدف الحيلولة دون سرقة الهويات. لقد جرى في فترة من الفترات استبدال الموقع الإلكتروني التابع للبرلمان بصور تقارن الرئيس الجورجي ميخائيل ساكاشفيلي بأدولف هتلر. ولم يكن هذا أول هجوم رقمي روسي - فالأول شُن ضد أستونيا، في أبريل ٢٠٠٧م - ولكنها كانت المرة الأولى التي تزامن فيها هجوم عبر الإنترنت مع هجوم على الأرض».

وكان الجيش الروسي يملك حتمًا الوسائل لمهاجمة البنية التحتية للإنترنت في جورجيا، كما يذكر جوناثان زيترين، المؤسس الشريك لمركز بيركمان للإنترنت والمجتمع التابع لجامعة هارفارد الأمريكية. ولم يتوقف الأمر هنا فقط على الهجوم التقني على جورجيا، بل قام أنصار روسيا بشن هجوم تقني أيضًا على الجهات الروسية التي تعرف بتأييدها لميول جورجيا في الانفصال عن السيطرة الروسية.

وإضافة إلى استهداف حكومة جورجيا ومواقع الإنترنت التابعة لوسائل الإعلام فيها، عطل مقتحمو الأنظمة المعلوماتية الروس الصحيفة الروسية Skandaly.ru، ليعبروا على ما يبدو عن شعور ما بالتضامن مع جورجيا. ويقول بيل وودكوك، مدير الأبحاث في باكيت كليرينغ هاوس، وهي مجموعة ترصد حركة واتجاهات الأمن والسلامة على الإنترنت ومقرها كاليفورنيا: «كانت هذه أول مرة على الإطلاق يهاجمون فيها هدفًا داخليًّا وآخر خارجيًّا كجزء من الهجوم نفسه».

البعض يتصور أننا مقبلون على عالم اللا دولة .. أي ذلك العالم الذي تتلاشى فيه قوة الدولة بسبب قوة المعرفة والمعلومات والآلات الإلكترونية .. أي ظهور دولة «الآلة» أو «العالم سيكون بمثابة الدولة الواحدة، التي تتحرك وفق منظومة إلكترونية تسيرها ملايين الحواسيب وأجهزة الاتصالات، وبالتالي فإن التحول التاريخي في نظام الإدارة العالمية قائم على التحرك في دائرة مفرغة لا متناهية، الأمر الذي سيؤدي إلى بداية عصر الآلة، أو «الريموت كنترول»، والذي ستتحكم من خلاله أسلاك السيلكون بتلك المنظومة من

خلال شبكات الاعتماد المتبادل عن بُعد، الأمر الذي سيؤدي إلى افتقاد العديد من الدول والحكومات في مختلف أرجاء العالم القدرة على السيطرة والتحكم في أطرافها المتصلة بمركزية ذلك النظام الكوني، وخصوصًا الدول الفقيرة التي لا تملك من الموارد والإمكانيات ما يؤهلها للدخول أو مسايرة تلك المنظومة التكنولوجية والإلكترونية الرقمية المتوقع بروزها كمركزية للنظام العالمي الجديد». إن التنوع في عالم الغد بسبب الثورة التقنية قد لا يعني عالمًا أكثر استقرارًا كما يرى بعض الباحثين. ويذكر أحد الباحثين ذلك بالتفصيل قائلاً: «انطلاقًا من مركزية التكنولوجيا الرقمية والاعتماد على شبكة الإنترنت العالمية، سيؤدي ذلك إلى الثقة بنظام معلوماتي يمكن اختراقه أو العبث به، وبالتالي عدم القدرة والسيطرة بشكل أكثر دقة وأمان على مستقبل العلاقات مع الآخرين، وهو ما يخيفنا في هذا النظام العالمي المتكون من جيل لا متناهي من الأرقام والمعلومات والحواسيب والأزرار، وغيرها من أشكال التكنولوجيا الرقمية، وشبكات المعلومات العابرة للقارات، والذي بدوره سيكون الحاضنة المتوقعة لبروز نظام متعدد الأقطاب، أو آخر قائم على نظام اللادولة.. وبالتالي ولادة النظام اللامركزي، وهو «النظام الأشد نزوعًا إلى الحرب، وذلك ليس بسبب عدد لاعبيه ونوعياتهم، أو جراء تركيبته المتناقضة جذريًا مع الاستقطاب فقط؛ بل لأن سرعة تقلبات صداقاته وعداواته تجعل أمر تشكيل التحالفات المقنعة وديمومتها أمرًا بالغ الصعوبة.

احتمال ردع الحرب أقل ورودًا مما هو في ظل الأنظمة القائمة على قدرة أكبر من الاستقطاب، وفي غياب شركاء تحالف يعول عليهم، تبقى الأمم المنفردة بحاجة إلى أن تستعد للدفاع عن نفسها، متحررة في هذه الأثناء من قيود التحرك الأحادي التي تفرضها العضوية في هذه الأسرة الأمنية الدولية أو تلك».[١٨٣]

لقد ساهم النمو الاقتصادي المتسارع في عودة الثقة إلى روسيا مجددًا، لدرجة دفعتها إلى إرسال غواصة إلى أعماق المحيط المتجمد الشمالي، وهو ما اعتبر بمثابة انتصار تاريخي كبير على أساس أن قاع المحيط المتجمد الشمالي قد أصبح بذلك ملكًا لها لتمتد

---

١٨٣ الوحوش الرقمية ونشوء نظرية اللا مركزية الكونية، ملف: روسيا بين قرنين، محمد بن سعيد الفطيسي، نقلاً عن: قراءات غربية، سبتمبر ٢٠٠٨م، المركز الدولي لدراسات أمريكا والغرب، ICAWS

حدودها من سواحلها الشمالية حتى القطب الشمالي، فضلاً عن إعلان القيادة السياسية استئناف طلعات القاذفات البعيدة المدى بعد غياب دام ١٥ عامًا.[١٨٤]

حروب المستقبل لن تتوقف فقط على الفضاء، أو الأسلحة الفتاكة المباشرة، ولكنها ستهدد أيضًا البنى التحتية للمجتمعات من خلال مهاجمة وسائل الاتصال والتواصل، والتي ارتبط معظمها في العقود الأخيرة بشبكات الإنترنت، والحواسب الآلية التي أصبحت تدير الكثير من العمليات الحيوية والهامة في جميع المجتمعات.

## الحروب الإلكترونية

أظهرت أزمة القوقاز أن الحرب الإلكترونية كانت أحد الأسلحة التي تم تفعيلها من قبل روسيا ضد جورجيا، ومن حالفها من أنصار. وقد يكون من الصعوبة أن تشير أصابع الاتهام بشكل مباشر وقطعي إلى الجيش الروسي في كل هذه الأمور، ولكن مما لا شك فيه أن الإعلام الروسي قد ساهم بشكل مباشر في توجيه القراصنة والمحترفين في الهجوم على الشبكات من روسيا إلى المشاركة في الحرب على جورجيا، وهي وسائل إعلام تخضع لسيطرة الدولة. وعبر هذه الوسائل تتمكن الحكومة ـ بلا شك إن أرادت ـ من إلهام حشود من القوميين كي يوسعوا ويعززوا هذه القوة التدميرية، كما تذكر مجلة نيوزويك الأمريكية. ويعلق على ذلك الباحث الأمريكي بيل وودكوك: «كل صاحب كمبيوتر محمول يحمل مسؤولية مهاجمة العدو، وهو يكتشف هوية العدو من خلال استماعه إلى كلام الحكومة».

ويقول غاري وارنر، وهو خبير في الجرائم الرقمية في جامعة ألاباما بمدينة برمنغهام الأمريكية، إنه وجد «نسخًا من البرنامج الهجومي الإلكتروني» منشورة في فقرة تعليقات القراء في القسم السفلي لكل مقالة تقريبًا من مقالات وسائل الإعلام الروسية التي غطت الصراع مع جورجيا. كما وجد الباحث أن هذه النسخ مرفقة بتعليمات حول كيفية استعمال البرنامج لمهاجمة لائحة محددة من المواقع الإلكترونية.

لقد أعلن بحق عن بدء عالم الحروب الإلكترونية في أزمة القوقاز. فقبل أن تبدأ روسيا في غزو جورجيا توقفت شبكة الإنترنت الجورجية عن العمل، وتم الاعتداء على الموقع

١٨٤    حرب باردة جديدة بأدوات مختلفة واستراتيجيات متنوعة، مركز الخليج للدراسات الاستراتيجية، نشرة قراءات غربية، المركز الدولي لدراسات أمريكا والغرب، ٢ سبتمبر ٢٠٠٨م.

الإلكتروني للرئيس الجورجي، وإيقافه عن العمل، ثم ظهرت على الموقع صورة الزعيم النازي أدولف هتلر، وفي نفس الوقت توقفت مواقع العديد من الوزارات والجهات الحكومية والبنوك، حتى إن وزارة الشؤون الخارجية الجورجية - خروجًا من أزمة انقطاع التواصل الإلكتروني - وضعت لنفسها بريدًا إلكترونيًا مجانيًا على موقع البحث الإلكتروني جوجل Google، واستبدلت كذلك الموقع الإلكتروني الذي توقف فجأة بمدونة مجانية من جوجل أيضًا. هل كان هذا مصادفة أم أننا نشهد بداية الحروب الإلكترونية التي قد تشكل عماد حروب المستقبل؟

لم تتوقف فقط العديد من المواقع الإلكترونية في جورجيا عن العمل، وإنما توقفت معظم شبكة الإنترنت؛ لأنها كانت تعتمد بدرجة كبيرة على كابلات الألياف الضوئية من جارتها روسيا! لقد أنفقت كل من روسيا والهند والصين عشرات البلايين من الدولارات طوال الأعوام الماضية لمد شبكات الإنترنت في معظم أنحاء آسيا وإفريقيا ليس فقط لتقديم خدمة يمكن أن تدرّ على تلك الدول دخلاً ماليًّا مرتفعًا كما يظن البعض، ولكن الأهم أن تصبح تلك الدول هي المتحكمة في حركة تشغيل الإنترنت التي تعتمد بشكل رئيس على تلك الكابلات، وبالتالي فإن من يملك هذه الكابلات يملك قوة استراتيجية لا يمكن الاستهانة بها، ومن يكتفي فقط باستخدام الإنترنت يقع تحت رحمة الآخرين عند الشدائد والأزمات، وهو درس لا بد لنا في العالم العربي والإسلامي من تفهمه، والاستجابة له من أجل تحقيق قدر عالٍ من الاستقلالية الإلكترونية التي لا تجعل دولنا وشعوبنا فريسة سهلة في حال المواجهات الإلكترونية على غرار ما حدث في جورجيا في صيف عام ٢٠٠٨م.

لقد عانت جورجيا في أسابيع المواجهة مع روسيا من أمرين، فيما يتعلق بالتعاملات الإلكترونية فيها: الأمر الأول أن معظم حركة الإنترنت في جورجيا كانت تمر بروسيا في طريقها خارج جورجيا، وبالتالي أمكن لروسيا التحكم في هذه الحركة وشلها بالكامل تقريبًا. والأمر الثاني أن جورجيا كانت تعتمد حتى في التواصل الإلكتروني الداخلي على نقاط اتصال إنترنت Internet Exchange Points مملوكة لروسيا أيضًا .. أي أن حركة الإنترنت داخل جورجيا كانت تمر عبر نقاط اتصال روسية؛ نظرًا لأنها رخيصة التكلفة. بالطبع اكتشفت جورجيا أثناء الأزمة الحالية أن رخص التكلفة لا ينبغي أن يسيطر على الفكر القيادي عندما يتعلق الأمر بالأمن القومي للدولة.

المشكلة ليست خاصة بجورجيا فقط، فهناك أكثر من ١١٠ دولة من دول العالم تعاني من مشكلات أمنية خطيرة فيما يتعلق بالبنية التحتية للإنترنت، ومن بينها معظم الدول العربية والإسلامية، طبقاً لتقرير نُشر مؤخرًا في صحيفة كريستيان ساينس مونيتور. كانت الدول في بداية أي حرب مع دولة أخرى تستهدف تعطيل شبكات الاتصال بقصف مواقع هوائيات الراديو والتلفاز، أو توجيه ضربات مركزة لمقرات الإذاعات والتلفزيونات المحلية للخصوم. ولكننا سنشهد من الآن تعطيل نفس شبكات الاتصال بطرق إلكترونية أكثر كفاءة وخطورة أيضًا. ففي العام الماضي ونتيجة لخلاف بين روسيا وأستونيا، حدث نفس الأمر فجأة في أستونيا، فقد تم تعطيل البنوك، وشبكات تحويل الأموال مما سبّب إشكالاً في حصول المواطنين على رواتبهم أو إمكانية سحب أموال من البنوك، وهو ما هدد بأزمة اقتصادية مفاجئة، وكل ذلك كان بسبب هجوم مباغت على الشبكات الإلكترونية التي تصل البنوك ببعضها البعض، ومع البنك المركزي للدولة. أصابع الاتهام أشارت بالقطع في العام الماضي إلى روسيا أيضًا، ولكن لم يتوفر دليل قاطع على ذلك كما هو الحال مع جورجيا أيضًا.

## نحن وحروب المستقبل الإلكترونية

لم تكن معظم الهجمات الإلكترونية خلال حرب القوقاز تدار من قبل القيادة العسكرية الروسية كما قد يتبادر إلى الذهن، ولكن الكثير منها تم الإعداد له

### نبذة تاريخية عن الإنترنت

أنشئت الإنترنت في بادئ الأمر منذ ما يزيد على العشرين عامًا باعتبارها مجموعة عسكرية مغلقة من الشبكات لأغراض الاتصالات الإلكترونية العالمية. وطوال هذه المدة كانت تتلقى تمويلها في مجالات البحث والتطوير والتنفيذ من وزارة الدفاع بالولايات المتحدة (DOD). وفي عقد الثمانينيات من القرن الماضي كان يشار عادة إلى هذه المجموعة الصغيرة من الشبكات التي تضم ما يقل عن عدة مئات من الحواسيب الحاضنة على أنها «إنترنت وزارة الدفاع الأمريكية».

وفي النصف الثاني من عقد الثمانينيات، قدمت المؤسسة الوطنية للعلوم بالولايات المتحدة والمؤسسات البحثية والتعليمية في بلدان أخرى، التمويل لبناء شبكات غير عسكرية. وفي عام ١٩٨٦م، أنشئت أول شبكة رئيسة للمؤسسة الوطنية للعلوم بالولايات المتحدة. وفي مطلع عقد التسعينيات بدأ عدد من الشركات الإقليمية الممولة أساسًا من المؤسسة الوطنية للعلوم ببيع تراخيص النفاذ التجاري إلى الإنترنت.

وفي ديسمبر ١٩٩٠م بمدينة جنيف، وبفضل الجهود التي بذلها تيم بيرنرز لي أحد موظفي المركز الأوروبي للبحوث النووية، ولدت شبكة الويب العالمية التي قدّر لها أن تُحدث تغييرًا جذريًا في الإنترنت بحيث أصبحت في نهاية المطاف متاحة للمستعمل العادي غير المتخصص.

وفي أوائل عام ١٩٩١م، أنشئ عدد من مخدمات شبكة الويب في أنحاء أوروبا، وفي ديسمبر ١٩٩١م أنشئ أول مخدم لهذه الشبكة في الولايات المتحدة، وكان مقره جامعة ستانفورد.

علنًا بين المتعاطفين مع روسيا من قراصنة الإنترنت الروس أو ما يسمون بالهاكرز، فقد تنادوا منذ فترة تحت شعارات من مثل «قف مع بلدك لأخي» .. أو «من أجل حماية روسيا والدفاع عنها»، أو ما شابه هذا من شعارات. هل نحن نشهد عودة فوضى الحروب .. بمعنى أن يتدخل في الحروب عامة الناس من أجل إشعالها أو زيادة حجم خسائر العدو حتى لو لم يكن ذلك في مصلحة الدولة نفسها؟

إن الحرب الأخيرة على جورجيا من قبل روسيا اندلعت على شبكة الإنترنت قبل أن تندلع عسكريًا .. ومن المتوقع أنها ستستمر على الإنترنت بعد انتهاء العمليات العسكرية، ومن المهم أن يدرس الأمرَ المعنيون عن الأمن القومي في بلادنا العربية والإسلامية؛ لأنها معرَّضة بشدة إلى أخطار حروب الإنترنت مع اعتماد البنية التحتية الإلكترونية في بلادنا على مصادر خارجية، ومع تزايد اعتماد المجتمعات العربية والإسلامية على تلك الشبكات في الحياة اليومية.

إننا عندما نسحب مبلغًا من المال من ماكينة سحب النقود، أو عندما نجري اتصالاً هاتفيًّا عبر الجوال أو النقال، وعندما نشاهد القنوات الفضائية، وعندما نقرأ الجريدة فإننا في كل ذلك نستخدم بشكل مباشر أو غير مباشر الشبكات الإلكترونية، وهنا مكمن الخطر إن لم تكن هذه الشبكات بكاملها خاضعة لسيطرة الدولة من ناحية البنية التحتية لها وإدارتها وتأمينها والتحكم فيها.

لقد اعترفت قمة المعلوماتية في تونس في عام ٢٠٠٧م بأن الإنترنت التي تعتبر عنصرًا مركزيًّا في البنى التحتية لمجتمع المعلومات، قد تطورت من مرفق للبحث والدراسات الأكاديمية إلى مرفق عالمي متاح للجمهور عامة. كما أصبحت الإنترنت الآن وسيلة عالمية مهمة للاتصالات والتجارة، وتكتسي أهمية فائقة للشعوب والحكومات في البلدان كافة، كما يتزايد دورها الحيوي في مجال الأمن القومي.

واتفقت جميع الحكومات في المرحلة الأولى للقمة العالمية في ديسمبر ٢٠٠٣م على أن: «السلطة السياسية على قضايا السياسات العامة المتصلة بالإنترنت تعتبر حقًا سياديًّا للدول. إذ تملك حقوقًا ومسؤوليات بشأن قضايا السياسات العامة الدولية المتصلة بالإنترنت». ومن هنا تأتي أهمية إدراك هذا البعد في سياسات الأمن القومي العربية والمسلمة.

هناك بعض الأنشطة المهمة التي تحدث في العالم العربي والمسلم للاستجابة لهذه المشكلة المتوقعة. فقد أعلنت شركة «غلف بريدج إنترناشيونال»، وهي شركة من شركات دبي، عن خطة لربط دول الخليج العربي بشبكة كابلات بحرية حديثة عالية

التقنية، تربط المنطقة بالعالم. وأكدت الشركة أنها ستنفذ خلال عامين البنية التحتية للكابل البحري في كل أنحاء منطقة الخليج، ليكون جاهزًا للتشغيل التجاري بحلول ٢٠١١م. وسيوزع تنوع المسارات التي يسلكها مشروع الكابل، حركة المعلومات عبر أكثر من نظام واحد، ويحسن مرونة حركة البيانات في شكل كبير.

كما أكدت الشركة في هذا السياق أن هذا الكابل يمتاز بأهمية كبيرة للشركات المشغلة لخدمات الاتصالات، والمصارف، وشركات الوساطة المالية، وقطاع الإعلام، والمؤسسات التعليمية، والخطوط الجوية، والكثير من الشركات والمؤسسات التي تعتمد في أعمالها على إنجاز التعاملات لحظيًّا.[١٨٥]

ورغم أن الشركة أعلنت أنه ستتم حماية الكابل بأنظمة متقدمة، وسيتميز بآليات إنذار مبكر لاقتراب أي من السفن الكبيرة منه، إلا أنها قد عهدت بتنفيذ المشروع إلى مركز التميّز البحري الخاص بشركة «بريتيش تيليكوم»، بمهمة تصميم الكابل وأنظمة الدعم الخاصة به لتمكين العمليات الخاصة بالكابل البحري، ودون أي رقابة حكومية كفيلة بتغطية بعد الأمن القومي العربي في مثل هذه المشروعات.

لا شك أن الطابع التجاري يغلب على هذه العمليات في معظمها، ولكن الدول لا بد أن يكون لها أيضًا إمكانية التدخل لحماية أمن المعلومات، وأمن انتقالها داخل حدود الدول، مع التقليل ما أمكن من التدخلات الخارجية في ذلك. الإنترنت لم تعد فقط خيارًا من خيارات التواصل داخل المجتمعات، بل أصبحت هي الخيار الأكثر استخدامًا، وهو ما يشكل خطورة حقيقية في حال انقطاع هذا الاتصال. لا بد للأجهزة الأمنية في بلادنا من تطوير قدراتها الإلكترونية ليس لمراقبة المواطنين، ولكن لحماية الدولة ومواردها وحدودها الإلكترونية أيضًا. وبدلاً من مراقبة ما يفعله ويكتبه شباب بلادنا فقط.. لِمَ لا ندعوهم إلى المساهمة في حماية شبكاتنا الإلكترونية، وتحويل ذكاء الكثير منهم إلى حماية البنية التحتية الإلكترونية لبلادنا بدلاً من تخريبها والاعتداء عليها؟!

لقد كانت أزمة القوقاز مهمة في الكثير من دلالاتها. فقد كُتب على أحد المواقع الجورجية عبارة تعبر عن حجم الهزيمة، وأثر الحرب الإلكترونية على صراعات الغد. وردت العبارة على الموقع البديل لوزارة الشؤون الخارجية الجورجية، وهو كان من المواقع

---

١٨٥ شبكة خليجية للكابلات البحرية تربط المنطقة بالعالم وتحميها من أعطال الإنترنت، دلال أبو غزالة، صحيفة الحياة، ٢٥ أكتوبر ٢٠٠٨م.

المجانية التي يستخدمها الصغار والشباب. تقول العبارة: «إن حربًا إلكترونية روسية قد تم شنها على جورجيا، وتسببت في إيقاف العديد من المواقع الرسمية للدولة، ومن بينها موقع وزارة الشؤون الخارجية». لا يجب أن ننتظر إلى أن يأتي اليوم الذي نقرأ فيه عبارة شبيهة بذلك على مواقعنا السيادية في العالم العربي والمسلم، ويجب أن نتحرك من الآن لحماية دولنا من حروب المستقبل الإلكترونية؟ من المهم أن تتكاتف الجهود من أجل فهم طبيعة حروب المستقبل، ودور التقنية في إدارتها وتوجيهها، وكسبها أيضًا.

لقد بات من المرجح أن تتغير وسائل الصراع وأدواته واتجاهاته خلال القرن الحادي والعشرين، نحو الحروب والصراعات التي تعتمد على أدوات البعد الفضائي والوسائل التكنولوجية المتقدمة، والتي تستخدم فيها - كما سبق وأشرنا - الأقمار الفضائية وأدوات شل الخصم إلكترونيًّا أكثر منها بشريًّا، أو الحروب والاستراتيجيات الفضائية، وهي بالفعل ما نشاهد بروزه بشكل واضح مع بدايات القرن الحادي والعشرين من خلال عدد كبير من الظواهر والتحركات الأحادية والمشتركة لبعض القوى الكبرى. يعطي كل ذلك انطباعًا أوليًّا يؤكد بأن الفضاء سيكون الساحة الكبرى المحتملة لحروب المستقبل الكونية، وبالطبع فإن الأرض ستكون جزءًا من تلك الساحة الكونية الشاسعة.

وفي هذا السياق قال الجنرال الأمريكي غاري دوليفسكي مؤخرًا: إن الأسلحة التي بدأ العمل في تصنيعها ستضمن للولايات المتحدة تحقيق السيطرة في الفضاء. كما تقوم روسيا حاليًا وهي القطب الثالث في الصراع الكوني المحتمل على رقعة الشطرنج الكونية، بتنفيذ برنامج فضائي يتضمن تحديث قاعدة «بليسيتسك» الفضائية وتجهيزها بمنصات إطلاق صواريخ جديدة مخصصة لحمل الأقمار الصناعية من نوع «انغارا»، وتطوير البنية التحتية لقاعدة «بايكونور» الفضائية، بينما تقوم وكالة الفضاء الروسية والقوات الفضائية حاليًا بتطوير منظومة الأقمار الصناعية الخاصة بها، هذا بخلاف احتمال دخول متنافسين آخرين على ذلك الخط، كاليابان وبريطانيا وفرنسا على سبيل المثال لا الحصر، وخلاصة القول: إن الفضاء سيكون الساحة المقبلة لصراعات وحروب القرن الحادي والعشرين.[١٨٦]

---

[١٨٦] الحروب القادمة ستبدأ من الفضاء، ملف: روسيا بين قرنين، محمد بن سعيد الفطيسي، نقلاً عن: قراءات غربية، سبتمبر ٢٠٠٨م، المركز الدولي لدراسات أمريكا والغرب، ICAWS

## الفصل السادس: الاستفادة من أزمة القوقاز

«نشهد اليوم عالمًا تبدلت فيه الهيمنة الأمريكية، ليحل محلها مظاهر الفشل والإخفاق والانحسار والانهيار. ساهم ذلك في عودة روسيا إلى ساحات التأثير، ولكن قد لا يعني ذلك حربًا باردة بين طرفين أضعف من سابق عهدهما، ولكنه قد يشير إلى مرحلة من الفوضى وعدم الاستقرار المرتبط «بتحول العالم بأسره، وكأنه خلق جديد، ونشأة مستأنفة، وعالم محدث»، كما كتب ابن خلدون».

[ ٦ ]

## سادسًا: الاستفادة من أزمة القوقاز

أعقب أزمة القوقاز اهتمام دولي بالاستفادة من الأزمة، ومن الدروس التي قدمتها للعالم في مجال التوازنات الدولية، ودور القوى المختلفة في التعامل مع الصراع. واهتم بعض السياسيين بالإعلان عن هذه الدروس المستفادة في محاولة لفتح آفاق النقاش حول ما يمكن أن تسفر عنه الأزمة من فوائد. وقد كتب مثلاً الرئيس الفرنسي نيكولا ساركوزي عقب الأزمة مقالاً أشار فيه إلى «درسين» يمكن أن يُستفاد منهما من أزمة القوقاز، أولهما يتعلق بدور الاتحاد الأوروبي في حل الصراع، والثاني يرتبط بتفعيل معاهدة ليشبونة المتعلقة بإصلاح المؤسسات الأوروبية وضرورة أن تدخل حيز التنفيذ.

وذكر الرئيس ساركوزي «يمكننا الاستفادة من درس من هذه الأزمة هو أن الاتحاد الأوروبي كان حاضرًا، وكانت أوروبا في الخطوط الأمامية منذ بدء الأعمال العدائية من أجل حل هذا الصراع الجديد على الأرض الأوروبية». وأوضح ساركوزي في المقال الذي نشرته صحيفة «لوفيغارو» الفرنسية في ١٨ أغسطس ٢٠٠٨م، أن «أوروبا - رغم بعض الاختلافات في اللهجة - لم تغلق نفسها في إطار الإدانة، وفضلت العمل والتفاوض على الاكتفاء بالتنديد». وأضاف «لقد نجحت أوروبا في إقامة ميزان قوى أساسي مع روسيا»، وذكر أن «روسيا أصغت للاتحاد الأوروبي». وختم ساركوزي مقاله بالقول: إنه يبقى

مقتنعًا بأن مهمة أوروبا هي حماية الأوروبيين، وقال: «هذا ما قمنا به من خلال استخدام كل السبل للحد من صراع كادت نتائجه أن تكون كارثية، فقد بدا وكأنه ينبئ بحرب بادرة جديدة»، على حد وصف ساركوزي. وقد تكون هذه الحرب قد بدأت بالفعل عقب انتهاء أزمة القوقاز.

الكثير من الدول الأخرى أظهر حرصًا واضحًا على استثمار الحدث لمصالحها الخاصة. ويشير الكاتب جورج فريدمان إلى مثال عن ذلك في مقال له على موقع «ستراتفور» حول وجود استراتيجية جديدة للكيان الصهيوني بعد الحرب الروسية ـ الجورجية، ويرى أن كل البلدان المعادية لذلك الكيان في المنطقة، بما في ذلك إيران، لا تمثل تهديدًا لإسرائيل ما لم تحصل على دعم تكنولوجي من دولة أجنبية، وأن هذا الدعم يمكن أن توفره روسيا. ويؤكد فريدمان أن حرص إسرائيل على أن يكون لها حضور على الساحة الجورجية كان الهدف منه ببساطة هو منع عودة روسيا القوية.

وفي مقال نشرته اورلي اوزلاي كاتس مراسلة صحيفة «يديعوت أحرنوت» التي تصدر عن الكيان الصهيوني، دعت حُكام تل أبيب إلى استخلاص الدروس مما جرى في القوقاز، وتحديدًا عدم الإفراط في الرهان على دور واشنطن في إنقاذ إسرائيل ساعة الشدة. وأشارت كاتس إلى أن الرئيس الجورجي استفز روسيا على أمل ألا تتخلى عنه واشنطن في حال ردت روسيا على الاستفزازات. ولكن مفاجأته كانت كبيرة عندما لم تحرك إدارة بوش عمليًّا أي ساكن من أجل إنقاذ حليفها.

وفي نفس سياق الاستفادة من الأزمة، ذكر جلعاد شارون نجل رئيس وزراء الكيان الصهيوني السابق أرئيل شارون في مقال نشرته صحيفة «يديعوت أحرنوت» أن إسرائيل بحاجة إلى شخصية قوية بوزن فلاديمير بوتين، وأضاف أنه يتوجب التعلم من أسلوب بوتين في الرد على «الأعداء العرب، وشن حرب لا هوادة فيها ضدهم». كما اعتبر أنه من خلال نتائج الحرب الجورجية الروسية تبين بشكل واضح أن «العربدة تؤتي أكلها»، وأن العالم يقبل الأقوياء فقط ولا يحترم غيرهم! هكذا يستخدم أعداء وخصوم الأمة هذه الأزمة من أجل تبرير أفعالهم، أو الدعوة إلى فهم الواقع الجديد للعالم والاستفادة منه.

إن الأزمات الدولية بدأت تشغل حيزًا واسعًا من الاهتمام السياسي والاستراتيجي في عالم اليوم. وهذه الأزمات بصرف النظر عن كونها محلية أو إقليمية أو دولية تقدم للدول والشعوب فرصًا جديدة لاستثمارها من أجل تحقيق الأهداف والمصالح. لذلك تلجأ الدول إلى سرعة دراسة الأزمات، وإجادة فنون التعامل معها من أجل تحقيق تلك الأهداف.

## أزمات العلاقات الدولية

إننا نحيا في عالم أصبحت المشكلات المحلية أو الإقليمية مؤهلة للتحول سريعًا إلى أزمات دولية، ولذلك لا بد من فهم كيفية وسرعة الاستفادة من تلك الأزمات. وبالنسبة للعالم المسلم، فإن الدروس المستفادة من أزمة القوقاز كثيرة ومتعددة، وتشمل جوانب العلاقات الدولية من ناحية، وجوانب العلاقات الثنائية بين دول العالم المسلم وبين روسيا من ناحية أخرى، ومصالح الأمة المرتبطة بمنطقة القوقاز من ناحية ثالثة.

لقد أكدت أزمة القوقاز أننا أصبحنا نعيش في عالم تتحول فيه الأزمات المحلية والإقليمية والدولية بسرعة كبيرة إلى أزمات دولية. قد يكون ذلك نتيجة للعولمة، أو لسرعة التواصل بين الدول، أو لقوة وسائل الإعلام الدولية وتأثيرها على الصراعات، أو لتشابك المصالح في عالم اليوم. ولكننا في كل الأحوال بحاجة إلى فهم طبيعة الأزمات الدولية، وأساليب التعامل معها.

ويذكر الباحث عبد الإله البلداوي، المتخصص في إدارة الأزمات، أنه لا يوجد اتفاق بين علماء العلاقات الدولية على تعريف واحد جامع لمفهوم الأزمة الدولية؛ إذ ينقسم علماء العلاقات الدولية في هذا الشأن إلى فريقين:

الفريق الأول ينظر إلى الأزمة الدولية من خلال منظور تحليل النسق، وهو يرى أن الأزمة الدولية هي نقطة تحول في تطور النظام الدولي العام، أو أحد نظمه الفرعية، بشكل يؤثر فيه بالسلب أو الإيجاب، ويتزايد معه احتمال نشوب الحرب، واستخدام القوة العسكرية من قِبل أطراف الأزمة.

أما الفريق الثاني فهو يتمحور حول تحليلات مدرسة صنع القرار، والتي ترى أن الأزمة الدولية هي مواجهة بين دولتين أو أكثر تتسم بمواقف ثلاثة هي: الموقف الأول: موقف يتضمن درجة عالية من التهديد للأهداف والقيم والمصالح الجوهرية للدول، وبحيث يدرك صناع القرار ذلك التهديد لمصالح دولهم. الموقف الثاني: موقف يدرك فيه صناع القرار أن الوقت المتاح لصنع القرار واتخاذه هو وقت قصير، ويستلزم ذلك سرعة فائقة، وإلا فإن موقفًا جديدًا سوف ينشأ لا يجدي القرار المتأخر في معالجته. الموقف الثالث: موقف مفاجئ؛ حيث تقع الأحداث المكونة للأزمة على نحو يفاجئ صانع القرار.

وقد حاول فريق ثالث من علماء العلاقات الدولية إيجاد تعريف توفيقي بين تعريف مدرسة النسق ومدرسة صنع القرار للأزمة الدولية، فعرفها بأنها: «موقف ينشأ عن احتدام

صراع بين دولتين أو أكثر، وذلك نتيجة سعي أحد الأطراف إلى تغيير التوازن الاستراتيجي القائم لصالحه، مما يشكل تهديدًا جوهريًّا لقيم ومصالح وأهداف الخصم الذي يتجه إلى المقاومة، ويستمر هذا الموقف لفترة قصيرة ومحدودة، قد يتخللها لجوء الأطراف إلى استخدام القوة العسكرية، وينتهي موقف الأزمة غالبًا إلى إقرار نتائج مهمة مؤثرة في النظام الدولي العام أو أحد نظمه الفرعية».[١٨٧]

المشكلة الراهنة ـ كما يراها الباحث ـ هو أن العلاقات الدولية المعاصرة تعيش أزمات متلاحقة على نحو جعل هذه الأزمات الدولية ظاهرة متكررة تفرض نفسها على كل من صُناع السياسات الخارجية ومراقبي ومحللي العلاقات الدولية. والواقع أن الاهتمام العلمي بالأزمات الدولية لا يعود إلى مجرد كونها ظاهرة متكررة في العلاقات الدولية المعاصرة فحسب، بل يعزى هذا الاهتمام أيضًا إلى النتائج والتداعيات المهمة والخطيرة التي تؤدي إليها مثل هذه الأزمات، سواء على سياسات ومواقف الأطراف المشتركة فيها، أو على بيئة النظام الدولي ووحداته الأخرى.[١٨٨]

وأغلب الأزمات والنزاعات المعاصرة لها من الأسباب ما لا يمكن احتواؤه عن طريق مفاهيم الأمن العسكري التقليدية التي تكفل الأمن بين الدول. فالخطوط الفاصلة بين المفاهيم قد بدأت تفقد وضوحها، سواء كان ذلك حول الحرب والسلام، أو السياسة الداخلية والخارجية، أو ما هو عسكري وما هو مدني، أو الجهات الفاعلة من الدول ومن غير الدول، أو حتى السياسة والاقتصاد. وحتى على الصعيد الجغرافي، يجب إدراك مفهوم الأمن بشكل شامل. فالأمن تتخطى مرجعياته الإقليمية والوطنية المعهودة، فهو أيضًا خاضع للعولمة. والتشابك الدولي تتأتى معه قابلية دولية للتأثر المتبادل، والحدود لم تعد قادرة على أن تكفل الحماية، فالتهديدات أصبحت متداخلة. الاضطرابات الاجتماعية والسياسية مثل النزاعات العرقية والدينية، وانهيار الدول والتخلف والفقر والتشريد أو تدمير مقومات الحياة، هي أمور لها أثر يحاكي أثر التوترات الجيولوجية التي تسبق وقوع

---

[١٨٧] إدارة الأزمات الدولية، عبدالإله البلداوي، نقلاً عن المادة التدريبية لبرنامج التدريب القيادي لإدارة الأزمات، ملفات خاصة، ٢ أكتوبر ٢٠٠٨م، المركز الدولي لدراسات أمريكا والغرب ICAWS

[١٨٨] إدارة الأزمات الدولية، عبدالإله البلداوي، نقلاً عن المادة التدريبية لبرنامج التدريب القيادي لإدارة الأزمات، ملفات خاصة، ٢ أكتوبر ٢٠٠٨م، المركز الدولي لدراسات أمريكا والغرب ICAWS

الزلازل. إنها تتكون تحت سطح النظام الدولي، ثم تتفجر في صورة موجات عنف تخرج عن نطاق السيطرة، فتضرب مناطق من العالم أيضًا بعيدًا عن منشأها.[189]

إن الأزمات الدولية بالعموم تتسبب غالبًا في نوع من التغيير في التوازنات الدولية. وبحسب حجم الأزمة، وعلاقتها بالمناطق المختلفة من العالم، يتحدد الأثر المتوقع منها، وتداعياته الإقليمية والعالمية.

## التغيرات الدولية نتيجة أزمة القوقاز

إن المتغيرات التي أحدثتها حرب القوقاز على الساحة الدولية، تستحق من صناع القرار العربي والمسلم أن يقوموا ببحث هذه المتغيرات، وكيفية التعامل معها، ثم أيضًا كيفية الاستفادة منها لصالح القضايا العربية والمسلمة في ظل الوضع الدولي الجديد الذي نشأ بعد حرب القوقاز. هناك من يرى أن العالم يشهد في هذه المرحلة لحظة ميلاد نظام دولي جديد أوجدته حرب القوقاز، ومن المهم المشاركة في فهم وتفعيل والاستفادة من هذا النظام، والحرص كذلك على أن نكون أحد «اللاعبين» في هذا النظام، وألا نكتفي بدور المراقبين أو الجلوس في مقاعد المتفرجين.

ويلخص الباحث أسعد خوري التغيرات الدولية التي نتجت عن تداعيات الأزمة الجورجية - الروسية، وتأثيرها على المنطقة العربية والإسلامية، في مجموعة من النقاط يمكن إجمالها في التالي:

- **استعادت روسيا عناصر القوة:** والتي فقدتها منذ مطلع تسعينيات القرن الماضي، ولم تعد دولة مريضة عسكريًا واقتصاديًا، ومضطرة للقبول بما تعرضه عليها الولايات المتحدة المنتصرة في الحرب الباردة. وأعادت ثقة الروس بعظمة أمتهم وقدراتها، مؤكدة بأن المدى الحيوي لروسيا الحالية في البلقان والقوقاز وآسيا الوسطى لا يقل أهمية عن ذلك الذي انتزعه الاتحاد السوفييتي السابق، وأنها تمتلك عناصر القوة لحماية هذا المدى.
- **عادت روسيا لاعبًا دوليًا فاعلاً:** على الخارطة الجيوسياسية العالمية، ليس من منظور قومي تقليدي ولا من موقع أيديولوجي كما كان الحال أيام الحرب الباردة، وإنما

[189] إدارة الأزمات الدولية، خطاب للسيد كروبوج وكيل وزارة الخارجية الألمانية بمناسبة افتتاح مؤتمر حول إدارة الأزمات، المركز الألماني للإعلام، ٦ أبريل ٢٠٠٥م.

من منطلق رؤية واقعية لمصالحها الحيوية، وأظهرت أنها لن تتردد في استخدام القوة المفرطة لإعادة الدول المجاورة المتحالفة مع الغرب وأمريكا إلى حظيرتها. هذا التحول الانقلابي يؤشر جديًّا إلى أن قواعد اللعبة تغيّرت، وأن فضاء التحولات فتح على مسارات جديدة.

- **كسر الهيمنة الأمريكية الأحادية**: أظهرت الأحداث أن الحصن الأمريكي المتقدم في القوقاز بات محاصرًا في أحسن الأحوال حتى الآن، وأن إعادة ترميم هذا الحصن غير ممكنة بدون مشاركة روسية. وبات الرهان الآن هو تحديد الأضرار في مواجهة روسيا، كما أن رد الفعل الأمريكي أعطى انطباعًا بأن الولايات المتحدة باتت نمرًا من ورق، وأن عهد القطب الواحد انتهى. لقد فقد الخصم الأمريكي عناصر ردعه، ولم يعد قادرًا على التفرد بشؤون العالم عمومًا، وشؤون المنطقة وبات أمامه خياران: الأول هو التصرف على أساس أن خياراته محدودة ومكلفة، والرد صمتًا وخوفًا وانزواءً، وهو ما يعني رسالة استراتيجية ذات مغزى ليس لروسيا وحسب وإنما أيضًا لإيران، للمضي بطموحاتها الإقليمية للهيمنة. أما الخيار الآخر فهو التصعيد في مواجهة التصعيد، وكما استعرضت روسيا قواها في جورجيا، لا بد أن تستعرض واشنطن عضلاتها في مكان آخر، وتحديدًا الشرق الأوسط، المنطقة الحساسة والاستراتيجية بالنسبة لها. ولأن استقواء روسيا بإيران في المنطقة خطر غير مقبول، فكل ما يضعف موسكو مطلوب، وإضعاف طهران جزء من إضعاف موسكو.

- **قلق أوروبا التي تخشى من «الدب الروسي» في عقر دارها**: لقد أثارت الحرب على جورجيا مخاوف أوروبية من أن تستخدم روسيا سلاح النفط والغاز للتأثير على محيطها الإقليمي. وترى أوروبا أن أي عمل قد تقوم به روسيا ضد أوكرانيا، الدولة الاستراتيجية بالنسبة لإمدادات الطاقة الروسية، سيشكل كارثة حقيقية للعديد من الدول الأوروبية. وهناك مؤشرات على تدهور العلاقة في الإطار الجماعي، ليس فقط على صعيد العلاقة مع «الناتو» أو في إطار مجموعة الثمانية التي تجمع كبار الاقتصاد العالمي، بل أيضًا داخل مجلس الأمن؛ حيث تنعكس أجواء الانفراج أو التشدد على القضايا الإقليمية.

- **الملف النووي الإيراني**: حتى الأمس القريب كان هناك توجه لدى البعض بأن الحاجة لروسيا لا غنى عنها بالذات نحو ملفات مثل إيران. وحتى إدارة جورج بوش ركّزت على مركزية وحيوية العمل الجماعي في الشأن الإيراني، والحاجة الماسة إلى

الإجماع حوله. الآن، وبعدما أخرجت روسيا نفسها من مرتبة الشراكة، فإن لغة العقوبات الجماعية ستكون معطلة تمامًا في مجلس الأمن بسبب الفيتو الروسي ـ الصيني. ومع هذا الانهيار سينفتح الباب أكثر على الإجراءات الانفرادية خارج مجلس الأمن الدولي.

• **الوجود الأمريكي في العراق:** هل تؤدي تطورات جورجيا إلى التفكير الجدي بالانسحاب المبكر من العراق بهدف إعادة نشر القوات الأمريكية على متن حاملات الطائرات؛ حيث القوة العسكرية الأمريكية البحرية لا مثيل لها، وذلك في إجراء يطيح بالانطباع بأن لا خيارات لدى الولايات المتحدة سوى الانصياع؟ الانسحاب التكتيكي من العراق يطلق أيادي واشنطن للتصرف في البحار بكل ثقة، وهو ما لا تتوقعه روسيا في حساباتها الاستراتيجية في هذه المرحلة.

• **المأزق التركي في القوقاز:** تقف تركيا أمام اختبار إقليمي جديد، نقطة الثقل فيه هذه المرة قلب القوقاز، وتدرك أن المواجهة على رقعة الشطرنج منفتحة على أكثر من احتمال، وأن «الدب الروسي» الذي يظهر وكأنه المستهدف الأول من مخطط رد أمريكي ـ أوروبي ـ إسرائيلي على محاولات تقاسم النفوذ واستبعادهم عن المنطقة، سيطالبها بالإسراع في الكشف عن أوراقها، وتحديد مواقفها وإعلان خياراتها، كلما اشتدت الأزمة وتفاعلت وتشعبت. حرب القوقاز بقدر ما تضر وتهدد مسار العلاقات الأمريكية ـ الروسية، فهي تطال مباشرة علاقة تركيا بهاتين القوتين وحساباتها ومصالحها في أكثر من مكان. إن حكومة العدالة والتنمية التركية ملزمة بتحديد استراتيجية جديدة في القوقاز، والاستعداد لحرب باردة جديدة هناك، وهي تدرك تمامًا مخاطر أي تغيير جذري في سياساتها ومواقفها.

• **قلق الكيان الصهيوني نتيجة انعكاسات الأزمة الجورجية على المنطقة:** هذه الأزمة وضعت الكيان الصهيوني في مواجهة واقع جديد مع التراجع الأمريكي وصعود النفوذ الروسي. استنتجت إسرائيل من الهجوم الروسي على جورجيا أنه إذا فرضت الحرب عليها، فستجد نفسها وحيدة في المعركة، ولا يمكنها أن تعتمد على التدخل التلقائي للولايات المتحدة. يخشى الإسرائيليون نشوء أزمة في العلاقات بين تل أبيب وموسكو على خلفية الحرب في القوقاز ودعم إسرائيل لجورجيا؛ ولأن ـ في الأساس ـ ثمة أزمة قائمة في تلك العلاقات.

# الموقف العربي والمسلم من الأزمة

انتقد العديد من الباحثين المواقف الرسمية العربية والإسلامية من الأزمة في الفترة التي أعقبت انتهائها، وأن البعض اكتفى بالعودة إلى الشعارات، أو التمسك بحلم عودة الاستقرار إلى العالم من خلال أزمة القوقاز. كتب أحدهم قائلاً: «لقد أغرقنا النظام الرسمي العربي في غياب هويته، وغياب استراتيجيته وغياب مشروعه، بل إن هذا النظام أغرقنا في تحالفاته الخاطئة مع أعداء الأمة.. وأصبح هذا النظام لا يفرق بين العدو والصديق، وبين المواطن والأجنبي، وبين المقاومة والإرهاب، وبين السلام والاستسلام، وبين الاحتلال والاستقلال».[190]

وكتب آخر: «إن اليقظة الروسية اليوم والتحفز الذي تتصرف فيه موسكو تجاه حكم الإمبراطورية الأمريكية بات بمثابة القشة التي يحاول أن يتمسك بها العرب لاستعادة بعض ما يحلمون به من عدالة من المجتمع الدولي، فيما يحولها الإيرانيون وجماعة أمريكا اللاتينية من اليسار الثوري الجديد إلى جسر عبور إلى عالم ما بعد الإمبريالية، وهو ما يجعل حكام واشنطن المنهكين أصلاً بالحروب المنتشرة إلى الانكفاء قليلاً لعلهم ينقذون بعضًا من كبريائهم المهدور! ليس مهمًّا أن يكون الروس صادقين مع العرب وملتزمين بقضاياهم أو متضامنين مع الإيرانيين مساندين لهم في ملفهم النووي أم لا، بقدر ما هو مهم للعرب والإيرانيين أن يدركوا أن عالم ما بعد جورجيا هو ليس عالم ما قبله! ومرة أخرى ليس المهم فيما حصل حول جورجيا بل قصة جورجيا نفسها مع الأمريكيين أولاً ومع الروس ثانيًا، بقدر ما أن القصة أصبحت في مكان آخر والعبرة لمن يقرأ الأحداث مبكرًا ويقرأها بشكل حسن! فما حصل في جورجيا كما يقرأه بعض المتتبعين مبكرًا لحروب الطاقة ومعارك السيطرة على الموارد، هو آخر ما في جعبة المحافظين الجدد من محاولات السيطرة الإمبراطورية على العالم بطريقة الحكم الأحادي، والتي يبدو أنها فشلت على صخرة عقيدة بوتين - ميدفيديف الجديدة للسياسة الخارجية الروسية القائلة في أهم مبادئها بأن زمن حكم العالم بالأحادية القطبية قد ولى.[191]

---

[190] هل هو سراب روسي؟، فواز العجمي، ٢٩ سبتمبر ٢٠٠٨م، ملف روسيا وجورجيا، مقال رقم: ١٣٠٦٦، المركز العربي للدراسات الإنسانية ICAWS

[191] عندما تقترب «اللعبة الأمريكية» من نهاياتها!، محمد صادق الحسيني، القدس العربي، ١٥ سبتمبر ٢٠٠٨م.

ويرى بعض المراقبين أن الأزمة في القوقاز ستؤدي إلى تغيرات حقيقية في توازنات العالم، وعلاقة ذلك بأزمات المنطقة العربية والإسلامية أيضًا. ويذكر أحد المراقبين وجود «بُعد عربي شامل لا بد من مراقبته وملاحظته والاستفادة منه. فالوضع الدولي يدخل في مرحلة توازنات جديدة، تنخفض فيها درجة الهيمنة الأمريكية على السياسة الدولية. ومن المحتمل أيضًا أن تنخفض في مجال الصراع العربي ـ الإسرائيلي. وهنا يمكن للطرف العربي أن يبلور تكتيكات سياسية جديدة، تجاه أمريكا للابتعاد عنها قليلاً، وتجاه روسيا للاقتراب منها قليلاً، وذلك من أجل المصلحة العربية وحدها، ومن أجل تحسين فرص المساومة السياسية العربية».[١٩٢]

إن ستارة المسرح السياسي تنكشف عن فصل واضح المعالم، قد يكون اسمه «الحرب الباردة»، ولكن حقيقته هي «المصالح» ولا شيء غير المصالح، وما يحدث بين القطبين يؤكد أن المصالح لا تتأتى إلا بالقوة وإن وجدت المصالح فلا بد لها من قوة تحميها وإلا كان مصيرها الزوال. في عالم لا يعرف إلا «القوة»، وما على الضعفاء فيه إلا الإصغاء لأصحاب القوة. إن العرب يجب أن يستفيدوا من الدرس الروسي ويعلموا أن الموارد الطبيعية وحدها لا تصنع دولاً قوية، ولكن الإرادة النافذة هي التي تصنع الأمم، فإلى وقت قريب كانت روسيا تتلقى المساعدات والمعونات ومن ثم التوجيهات من أمريكا، ولكنها بإرادة واعية قررت أن تكون «قوة» وقد كانت، وها هي تستعيد عافيتها لتحتل مكانها في العالم قطبًا موازيًا لأمريكا بل مناطحًا له.[١٩٣]

كما يذهب البعض إلى القول بأن النهوض الروسي في مواجهة الهيمنة الأمريكية، إنما هو نتاج ثقافة المقاومة التي نشرها العالم العربي والإسلامي في عالم اليوم. ويقول الباحث المغربي الدكتور عبد الإله بلقيز: «من أهم ما تعلمه بوتين ـ ابن الكي جي بي الذكي ـ من أين تؤكل كتف الولايات المتحدة، ووافقه عليه رفيقه السابق ورئيسه الحالي ميدفيديف فبدأ مع بوتين في النيل من أمريكا في نقاط ضعفها وفي توقيت ضعفها المثالي، كانا يدركان أنها لا تقوى على الرد على ما سيفعلانه في جورجيا، بل هي أعجز حتى عن التفكير في الرد، وأنه كلما أمكن فضح عجزها أمام العالم كان ذلك مفيدًا في

---

١٩٢   مواجهة «غير مباشرة» بين سوريا وإسرائيل عبر جورجيا، بلال الحسن، جريدة الشرق الأوسط، العدد ١٠٨٦٢، ٢٤ أغسطس ٢٠٠٨م.

١٩٣   أين موقع العرب من الحرب الباردة وصراع النفوذ الجديد؟.عيد بن مسعود الجهني، هيئة الإذاعة والتلفزيون، سورية، ٢٠ سبتمبر ٢٠٠٨م.

تشجيع المتضررين منها على الرد، لقد خرجت مهزومة من لبنان مرتين: في صيف العام ٢٠٠٦م حين لقّنتها المقاومة اللبنانية درسًا في مواجهة «إسرائيل» وجيشها وقرار أمريكا معها، ثم في ربيع العام ٢٠٠٨م حين فرضت المعارضة اللبنانية وسوريا شروطهما في «اتفاق الدوحة» وطويت حقبة الإدارة الأمريكية للشأن اللبناني، ثم إن أمريكا غارقة في مستنقع العراق وأفغانستان، وتتعرض فيهما إلى نزيف بشري واقتصادي غير مسبوق منذ حربها في فيتنام، وهي تقف عاجزة أمام إيران وبرنامجها النووي فلا تستطيع الرد ولا تأذن لحليفها «الإسرائيلي» بذلك؛ مخافة إشعال المنطقة في وجه أمريكا ومصالحها، ثم إنها ـ أخيرًا ـ بلعت مشروعها الإمبراطوري لبناء «الشرق الأوسط الكبير»، وبلعت مشروع «نشر الديمقراطية» الذي بدأ يأتيها بأعدائها الإسلاميين إلى السلطة. أينما دخلت أمريكا معركة خسرتها! ومن مجموع هذه الخيارات ينمو خيار الرد الروسي. تتقن روسيا كيف ترد ومتى ترد انتقامًا لكرامتها وتكريسًا لهيبتها، ولكن الاعتراف من روسيا واجب عليها تجاه من هيأ لها أسباب وقفتها الشجاعة في وجه أمريكا، فما أحد غير العرب والمسلمين في العالم قلّم مخالب أمريكا وجرّأ عليها روسيا.[١٩٤]

النظرة المتأملة لعالم ما بعد أزمة القوقاز تؤكد ـ كما يذكر الدكتور حسن نافعة ـ أنه «يتعين على الدول العربية منفردة، وعلى النظام العربي مجتمعًا، التعامل مع الأزمة الراهنة من منظور تأثيراتها المحتملة على بنية النظام الدولي في المرحلة المقبلة، وليس من منظور تأثيراتها المحتملة على حقوق الأقليات، أو مبدأ وحدة التراب الوطني، أو من منظور حق الشعوب في تقرير مصيرها. فالمصالح الاستراتيجية العربية العليا تقضي بتشجيع أي خطوة تساعد على انتقال النظام الدولي من نظام تسيطر عليه قوة دولية واحدة هي الولايات المتحدة، خصوصًا إذا كانت هذه الدولة تتبنى سياسات ومواقف معادية للمصالح العربية، وتتحالف مع مصدر التهديد الرئيس للأمة العربية وهو إسرائيل، إلى نظام متعدد القطبية. غير أن ذلك لا يعني أنه بات على العرب تأييد أو تبني مواقف وسياسات روسيا على طول الخط، وإنما يعني الإمساك بما تتيحه تلك اللحظة من فرصة حقيقية لدعم وإصلاح مؤسسات الأمم المتحدة، بدلاً من تشجيع سياسة المحاور الدولية، أو التحالفات العسكرية. ويا حبذا لو تمكنت الدول العربية في هذه الحالة، من التنسيق مع جميع

---

[١٩٤] أسباب تفسر الجرأة الروسية، عبد الإله بلقزيز، صحيفة الخليج الإماراتية، ٨ سبتمبر ٢٠٠٨م.

القوى والتكتلات صاحبة المصلحة في دعم مؤسسات الأمم المتحدة، وتحويل المجتمع الدولي إلى مجتمع يحكمه القانون.[١٩٥]

كما يرى الكاتب الصحفي السيد هاني أن حرب القوقاز قد قدمت إلى الدول العربية، ما أسماه بـ «فرصة تاريخية» لتحقيق ثلاثة أهداف كبيرة، وهي التالية ـ على حد قوله:

الأول: هو التخلص من هيمنة الولايات المتحدة الأمريكية على مقدراتها وقضاياها، إلى درجة وصلت في بعض الحالات إلى سلب النظم العربية الحاكمة سلطاتها وسيادتها واستقلالها في اتخاذ القرار. الآن وبعد النتائج التي أسفرت عنها حرب القوقاز من تراجع المكانة السياسية للولايات المتحدة، وسقوط هيبتها، وانتهاء عصر القطب الواحد الذي تزعمته طوال الفترة الماضية، أصبح بإمكان النظم العربية الحاكمة ـ إذا توافرت لديها الإرادة ـ أن تعلن رفضها للهيمنة الأمريكية، وتعزز علاقاتها مع الأقطاب الكبيرة الأخرى بما يحمي مصالحها في ظل الوضع الدولي الجديد متعدد الأقطاب.

الثاني: الاستفادة من المناخ الدولي الجديد، الذي نشأ بعودة روسيا كقوة عظمى على الساحة الدولية، في استعادة الدور الروسي من جديد إلى الشرق الأوسط، ليحقق التوازن المفقود منذ انفردت الولايات المتحدة برعاية عملية السلام بين العرب وإسرائيل، فانحازت إلى إسرائيل انحيازًا مطلقًا.

الثالث: الحصول على أسلحة متطورة من روسيا لردع إسرائيل، خاصة بعد أن ثبت للروس بما لا يدع مجالاً للشك أن التعاون العسكري بين إسرائيل وجورجيا وصل إلى آفاق عالمية، شملت تزويد جورجيا بأحدث ما أنتجته مصانع السلاح الإسرائيلية من دبابات ومدافع وطائرات تجسس تعمل بدون طيار؛ لاستخدامها في التجسس على روسيا وإيران تحت إشراف الاستخبارات الإسرائيلية. إضافة إلى تدريب القوات الجورجية بالخبراء العسكريين الإسرائيليين. هذا التعاون الجورجي الإسرائيلي في المجال العسكري، من شأنه أن يرفع عن روسيا الحرج في تزويد الدول العربية بأحدث الأسلحة، ويعيد التعاون العسكري بين روسيا والدول العربية إلى ما كان عليه في الماضي، عندما كان الاتحاد السوفييتي هو الحليف الاستراتيجي للعرب.[١٩٦]

---

١٩٥ هل تشكل أزمة جورجيا نقطة تحول في النظام الدولي؟، حسن نافعة، الحياة، لندن، ٣ سبتمبر ٢٠٠٨م.

١٩٦ الأنظمة العربية .. وحرب القوقاز، السيد هاني، وكالة أنباء نوفوستي الروسية، ١٧ أكتوبر ٢٠٠٨م

وفي الناحية الأخرى، هناك من يتبنى آراء فكرية مخالفة لمحاولة الاستفادة من عودة روسيا إلى الساحة الدولية. يذكر رئيس مركز الخليج للأبحاث، الدكتور عبد العزيز بن عثمان بن صقر في معرض توصياته العملية لدول مجلس التعاون الخليجي: «يجب على دول المجلس أن تسعى إلى تعزيز علاقاتها مع حلف الناتو في إطار مبادرة اسطنبول للتعاون، فروسيا لا تمثل بديلاً للولايات المتحدة، ولا يمكن أن تأخذ دورها لتوطيد الأمن في منطقة الخليج. وعلى الرغم من المشاكل والتعقيدات التي ينطوي عليها الدور العسكري الأمريكي في المنطقة، إلا أن واشنطن لا تزال تسهم بشكل كبير في الحفاظ على سيادة واستقلال دول المجلس التي تحيط بها المخاطر والتهديدات من كل جهة. وهنا يمثل الناتو خيارًا عمليًا يمكن أن يساعد في تحقيق الأمن والاستقرار على صعيد المنطقة، وفي الوقت ذاته يعمل على مواجهة التوجهات الأمريكية الفردية التي لا تلقى قبولاً على المستوى الإقليمي. وتعتبر مبادرة اسطنبول منطلقًا جيدًا لتعزيز آفاق التعاون الإقليمي. وحان الوقت لأن تبعث دول المجلس إشارة قوية إلى الناتو تُفصح فيها عن رغبتها في الارتقاء بالتعاون المشترك بين الجانبين في ظل مبادرة اسطنبول للتعاون وتساعد على انضمام السعودية وعمان إلى هذه المبادرة، ولكن يتعين على دول المجلس في المقابل أن تساند الناتو في موقفه إزاء الأزمة الجورجية».[١٩٧]

المصالح العربية والمسلمة متعددة ومتشابكة في عالم اليوم، ولا تتوقف فقط عند المكاسب السياسية والاقتصادية، وإنما تتجاوز ذلك إلى العديد من المصالح الثقافية والاجتماعية والفكرية أيضًا. ومن أجل ذلك لا بد من ترتيب أولويات الاستفادة من هذه الأزمة الدولية بالشكل الذي يحقق الفوائد الأفضل للعالم العربي والمسلم، والتي تكون أيضًا ضمن مساحة الإمكانات المتوفرة في هذه اللحظة الراهنة لصناع القرار والمجتمع المدني والقوى الفاعلة في مجتمعات الأمة.

## تحديد الأولويات

إننا بحاجة حقيقة لأن نهتم بصياغة أولويات منطقتنا العربية والمسلمة انطلاقًا من حاجات مجتمعاتنا، وليس ما تفرضه الكيانات الخارجية عليها. يرى بعض الباحثين أن منطقتنا لم تعد سوى مجال إمبراطوري، أي أنها مطمع لمن يحاول سيادة العالم، وكأنها

[١٩٧] التزام الحياد لم يعد خيارًا مقبولاً، عبد العزيز بن عثمان بن صقر، الشرق الأوسط، ٩ أكتوبر ٢٠٠٨م.

أمة بلا قضايا أو أولويات خاصة بها، وهي نظرة متشائمة إلى حد بعيد، وإن كان ما مر به العالم العربي والمسلم في العقود الأخيرة قد يؤيد هذه الرؤية بدرجة ما. فحتى بعد أن زالت الإمبراطوريات التي كانت الأمة تشكل الجزء الأكبر منها، كما كان واقع الدولة العثمانية، لم تتمكن المنطقة من تحديد أولوياتها الخاصة بها بشكل واضح، وإنما استمرت دولها، وحتى النخبة منها تعيد إنتاج الولاء الإمبراطوري، أو تحاول ذلك، مع ما يتطلبه من انتساب سياسي إلى مركز أو مراكز تقع خارج المنطقة. أصحاب هذه الرؤية المتشائمة يرون أن «المنطقة قد عادت إلى ما كانت عليه دومًا، وهي أنها مجال نفوذ إمبراطوري، وكأنها تتطلبه وتلتمسه من كل من تلوح عليه علامات واعدة بالاستواء قطبًا، سواء في ذلك إيران أو تركيا إقليميًّا، أو روسيا إذا ما استعادت بعض سالف مجدها.[198]

من المهم أن ندرك طبيعة تغير عالم اليوم وتعقد قضاياه أيضًا. وفيما يتعلق بأزمة القوقاز «يتعين على العالم العربي أن يدرك أن اللاعب الروسي الجديد ليس هو الاتحاد السوفييتي السابق، سواء من حيث الموارد والإمكانيات المتاحة له، أو من حيث الرؤية الأيديولوجية التي تحكم تصرفاته. لذا فمن المتوقع، على سبيل المثال، أن تصبح روسيا أكثر استعدادًا لفتح ترسانة سلاحها لكل طرف ترى أن التعاون معه يفيد في تحقيق رؤيتها الاستراتيجية الجديدة، لكن وفق شروط وضوابط مالية وسياسية ستكون مختلفة كثيرًا عن تلك كانت قائمة في زمن الاتحاد السوفييتي.

كما أنه من المتوقع، على سبيل المثال أيضًا، أن تصبح أكثر استعدادًا من ذي قبل لاستخدام وتوظيف الفيتو لدعم مواقف حلفائها في القضايا المعروضة على مجلس الأمن. غير أن ذلك سيتوقف في نهاية المطاف على أمرين رئيسين: الأمر الأول: خريطة ما تعتبره روسيا مجالاً حيويًّا لأمنها القومي وفقًا لرؤيتها الاستراتيجية الجديدة، والتي ما تزال تفاصيلها غامضة إلى حد كبير. الأمر الثاني: ردود فعل الأطراف الغربية، وتحديدًا حلف شمال الأطلسي، تجاه التصميم الروسي ومدى استعداد هذه الأطراف للتعامل بمرونة مع ما تملكه روسيا في المرحلة الراهنة من عناصر قوة ومن أوراق جديدة.[199]

---

[198] إذ ننشغل بـ«عودة الحرب الباردة» كأننا منطقة بلا داخل، صالح بشير، جريدة الحياة، عدد ٨ سبتمبر ٢٠٠٨م، لندن.

[199] هل تشكل أزمة جورجيا نقطة تحول في النظام الدولي؟ حسن نافعة، صحيفة الحياة، لندن، ٣ سبتمبر ٢٠٠٨م.

لكي ينجح العالم العربي والمسلم في التعامل مع الأزمة، فلا بد أن يكون له رؤية موحدة حول تشخيص الواقع الدولي الراهن، ومدى ما تتيحه الأزمة الجورجية الراهنة من فرص، أو تثيره من قيود لإعادة تصحيح الخلل الراهن في النظام الدولي، والتحرك الجاد في اتجاه تأسيس نظام دولي متعدد الأطراف.

ومن المهم كذلك أن يكون للعالم العربي والمسلم رؤية موحدة لما يتعين القيام به لتحقيق الأهداف والمصالح العليا، وتوزيعًا واضحًا للأدوار والمسؤوليات. وقبل ذلك فلعله من المهم أن نضع إطارًا للتعامل مع هذه الأزمة، وغيرها من الأزمات التي ستشهدها المرحلة القادمة، والمتوقع أن تتوالى فيها الأزمات الدولية بسبب حالة عدم الاستقرار في المشهد الدولي.

**التعامل مع الأزمات الدولية**

إن إدارة الأزمات من النواحي الاستراتيجية تتضمن العديد من الأنشطة، يأتي على رأسها استشراف الأزمات المحتملة، والتخطيط للتعامل معها، والخروج منها بأقل الخسائر الممكنة، وأكبر المكاسب أيضًا. الرصد العلمي الدقيق لعوامل النجاح في إدارة الأزمة يجب أن يركز على أهم العوامل ذات الصلة المباشرة بموقف الأزمة وبالمراحل المختلفة لتطورها، وفي هذا الإطار يذكر الخبير الاستراتيجي، عبدالإله البلداوي، العوامل التالية:

١- **معرفة وإدراك أهمية الوقت:** إن عنصر الوقت مهم جدًّا ولا يمكن تعويضه بثمن، وكما يقول المثل: الوقت كالسيف إن لم تقطعه قطعك، وهو أحد أهم المتغيرات الحاكمة في إدارة الأزمات، فهو العنصر الوحيد الذي تشكل ندرته خطرًا بالغًا على إدراك الأزمة، وعلى عملية التعامل معها؛ إذ إن عامل السرعة واستثمار الوقت مطلوب لاستيعاب الأزمة والتفكير في البدائل واتخاذ القرارات المناسبة، والسرعة في تحريك فريق إدارة الأزمات، والقيام بالعمليات الواجبة لاحتواء الأضرار أو الحد منها.

٢- **إنشاء مركز لجمع المعلومات والبيانات:** وهي المعلومات الخاصة بكافة أنشطة الدولة ومؤسساتها، وبكافة الأزمات والمخاطر التي قد تتعرض لها، وآثار وتداعيات ذلك على مجمل أنشطتها، ومواقف الأطراف المختلفة من كل أزمة أو خطر محتمل. المعلومات هي المدخل الطبيعي لعملية اتخاذ القرار في مراحل الأزمة المختلفة، والإشكالية تقع في أن الأزمة بحكم تعريفها تعني الغموض ونقص في المعلومات، من هنا فإن وجود قاعدة

أساسية للبيانات والمعلومات تتسم بالدقة والتصنيف الدقيق وسهولة الاستدعاء قد يساعد في وضع أسس قوية لطرح البدائل والاختيار بينها.

٣- **آليات الإنذار المبكر لصانع القرار:** وتتسم هذه الآليات بالكفاءة والدقة والقدرة على رصد علامات الخطر وتفسيرها، وتوصيل هذه الإشارات إلى صاحب القرار. آليات وأجهزة الإنذار المبكر هي أدوات تعطي إشارات مسبقة لاحتمالية حدوث خلل ما، ويمكن من خلال ذلك التعرف على أبعاد موقفٍ ما قبل تدهوره، وتحوله إلى أزمة تمثل مصدرًا للخطر. ونظرًا لأهمية آليات وأجهزة الإنذار المبكر؛ فإن هناك إجراءات لقياس فاعلية هذه الأجهزة وتقييم أدائها بشكل دوري. وفي حال الدول، فإن هذه الآليات قد تشمل المعلومات الاستخباراتية، ومتابعة الإعلام وكذلك الجوانب الاقتصادية وغيرها من الوسائل المتخصصة في استشراف الأزمات.

٤- **التهيؤ والاستعداد الكامل والدائم لمواجهة الأزمات:** إن عملية التهيؤ والاستعداد لمواجهة الأزمات تعني تطوير القدرات العملية لمنع الأزمات أو مواجهتها، ومراجعة إجراءات التعامل معها، ووضع الخطط حول مواجهة الأزمات. وتشير أدبيات إدارة الأزمات إلى وجود علاقة طردية بين استعداد فريق ما لمواجهة الكوارث، وثلاثة متغيرات تنظيمية، وهي حجم الفريق، والخبرات السابقة للفريق بالكوارث، والمستوى الإداري والتنظيمي لإدارة فريق التعامل مع الأزمات.

٥- **القدرة على حشد وتعبئة الطاقات والموارد:** والتركيز على الموارد المتاحة، مع تعظيم الشعور المشترك بين أعضاء الفريق والمجتمع بالمخاطر التي تطرحها الأزمة، وبالتالي حشد واستنفار الطاقات من أجل مواجهة الأزمة. التحديات الخارجية التي تواجه دولة أو مجتمع قد تلعب دورًا كبيرًا في توحيد مكونات هذا المجتمع، وبلورة شعارات واحدة ينضوي المجتمع تحت لوائها في مواجهة ذلك التهديد الخارجي.

٦- **آليات تواصل متطورة وحديثة:** أثبتت دراسات وبحوث الأزمة والدروس المستفادة من إدارة أزمات وكوارث عديدة أن اتصالات الأزمة تلعب دورًا بالغ الأهمية في سرعة وتدفق المعلومات والآراء داخل فريق إدارة الأزمة، ومع العالم الخارجي كذلك. وبقدر سرعة ووفرة المعلومات يمكن أن يقدر نجاح إدارة الأزمة، وحشد وتعبئة الموارد اللازمة، ومواجهة الشائعات، وكسب الجماهير، علاوة على كسب الرأي العام، أو على الأقل تحييده إلى أن يتم التعامل مع الأزمة.

## أولويات الاستفادة من أزمة القوقاز

فيما يلي عرض لأهم أولويات الاستفادة من أزمة القوقاز في المرحلة التالية مباشرة للأزمة. وقد تتغير هذه الأولويات مع مضي الوقت، وظهور التعددية القطبية بشكل أكثر وضوحًا في عالم الغد، ولكنها تبقى أولويات هامة في المرحلة الراهنة من التعامل مع تداعيات أزمة القوقاز. وأهم هذه الأولويات:

• **التخلص من محاولات الهيمنة الغربية:** أظهرت الأزمة ضعفًا واضحًا في قدرة الولايات المتحدة الأمريكية على تمرير مشروعاتها في عالم اليوم، وهو ما يمكن استثماره في رفض أي محاولات خارجية للعبث بالمجتمعات العربية والمسلمة تحت شعارات الديمقراطية والحكم الرشيد. لا يعني هذا قبول الأوضاع الحالية من التسلط والفساد، ولكن المهم ألا تعطى أمريكا فرصة استغلال هذه الأوضاع في تقديم حلول أكثر فسادًا للمجتمع على المدى الطويل.

• **تكوين إجماع عربي ومسلم حول الموقف من الأزمة:** يتحرك العالم في الآونة الأخيرة من خلال الأقطاب. وبقدر قوة كل قطب يتحدد بشكل عملي مساحة التأثير المتاحة له على الساحة الدولية. من أجل ذلك لا بد أن يكون هناك قدر عالٍ من الإجماع العربي والمسلم حول التعامل مع الأزمة، ولا يتم ذلك دون مناقشة الأزمة على العديد من المستويات للوصول إلى قناعات مشتركة في ذلك.

• **التعرف على المواقف الروسية:** من الخطورة أن تبقى التصورات عن المواقف الروسية مرتبطة بحقبة الاتحاد السوفييتي. فرغم أن هناك بعض القواسم المشتركة بين روسيا اليوم، وبين الاتحاد السوفييتي بالأمس، إلا أن الأسس الفكرية والاقتصادية والاستراتيجية التي تقوم عليها اليوم روسيا الاتحادية مختلفة تمامًا عن الاتحاد السوفييتي، وبالتالي لا بد من إعادة التعرف والفهم الحقيقي لواقع روسيا، واهتماماتها خصوصًا بمناطق العالم العربي والمسلم، والدور الذي تريد روسيا أن تقوم به على الساحة الدولية.

• **وضع تصور متكامل للتعامل مع تبعات الأزمة:** وهي أولوية هامة للنجاح في استثمار أزمة القوقاز لصالح قضايا العالم العربي والمسلم، وكذلك للاستفادة الإيجابية منها في تطوير القدرات الاقتصادية والاستراتيجية للأمة. إن أزمة القوقاز لن تتوقف تداعياتها على المستوى الإقليمي فقط، ولكنها ستمتد لتؤثر على العالم العربي

والمسلم على أكثر من مستوى، وهذا ما يؤكد أهمية وجود تصور متكامل للتعامل مع نتائج وتبعات تلك الأزمة.

# دروس مستفادة من الأزمة

يمكن للعالم العربي والمسلم استخلاص عِبَرًا مهمة من حرب القوقاز. ويمكن تلخيص هذه الدروس في جملة من الأمور، المرتبطة بالسياسات والاستراتيجيات الدولية، وكذلك ما يتعلق بتغيرات موازين القوى، وأثر ذلك على المنطقة العربية والعالم الإسلامي، وكذلك على القضايا الهامة للأمة. ومن الدروس المهمة التي يمكن استخلاصها من حرب روسيا ـ جورجيا ما يلي:

• **انهيار المركزية والأحادية العالمية:** العالم مقبل على شكل جديد لظاهرة العولمة يبدأ بانهيار نظام القطب الأوحد، ويظهر على أنقاض ذلك عصر التعددية القطبية، أو اللامركزية الكونية، وبالتالي دخول العالم إلى قرن جديد يختلف عن كل ما سبقه من قرون.

• **نحن أمام نظام عالمي جديد تشكل عبر سنوات:** ثمة فكرة ما فتئت تتكرر بكثرة في أوساط المراقبين والمعلقين الدوليين تقول: إن ٠٨/٠٨/٠٨ (الثامن من أغسطس ٢٠٠٨م) يوم تاريخي؛ لأنه عرف ظهور نظام عالمي جديد. فقد شهد هذا اليوم وقوع حدثين لا رابط بينهما على ما يبدو ميّزا الأخبار الدولية، وجاء تزامن حدوثهما ليقوي ويكرس فكرة القطيعة التاريخية بين مرحلة ما قبل الثامن من أغسطس ومرحلة ما بعد الثامن أغسطس. شهد هذا اليوم افتتاح أولمبياد بكين ٢٠٠٨م، الذي اعتُبر رمزًا لتقدم الصين وتبوئها مكانة الصدارة على الساحة الدولية، وكذلك انفتاحها الطوعي على العالم تأكيدًا لإنجازاتها ونجاحاتها في المجالات الرياضية والاقتصادية والتكنولوجية. وشهد أيضًا بداية حرب صغيرة اندلعت بين جورجيا وروسيا، وحققت فيها هذه الأخيرة نصرًا عسكريًّا واستراتيجيًّا، كما شكلت مناسبة لها أيضًا ذكّرت فيها البلدان الغربية بقوةٍ بأنه لا ينبغي الوقوع في خطأ التقليل من شأنها. النظام العالمي الجديد يقوم على أساس التعددية القطبية. إن تحول العالم إلى التعددية القطبية (الذي لا يعني أن كل الأقطاب متساوية من حيث القوة) هو في الواقع عملية قائمة ومتواصلة من الصعب تحديد تاريخ لها على وجه الدقة. ولكن ميل المراقب أو المعلق أحيانًا، إلى تحويل المستجدات إلى تاريخ، والتطور إلى ثورة، وتأكيد عملية ما

إلى قطيعة. وبهذا المعنى، فإن ٠٨/٠٨/٠٨ ليس في الواقع سوى تأكيد توجه جذوره قديمة.[٢٠٠]

- **التعددية القطبية لا تعني بالضرورة الاستقرار:** لن يكون تعدد الأقطاب بالضرورة مصدر استقرار لعالم الغد، ولكنه من الممكن أن يكون مصدرًا للحروب والصراعات الكبرى، خصوصًا مع توفر المعلومات، وقدرة الدول الصغيرة على مهاجمة الدول الأكبر منها، من خلال التقنيات الحديثة وحروب الفضاء والحروب الإلكترونية، التي من الممكن أن تعيد تشكيل خرائط القوى الدولية.

- **روسيا ستكون هدف هجوم الغرب في المرحلة القادمة:** فهي نهضت اقتصاديًا، واضطلعت بدور مستقل في الساحة الدولية. وهي رمز إعادة توزيع الناتج الإجمالي العالمي ونقله من الغرب إلى آسيا، والإشراف على مصادر الطاقة، وأيقونة نجاح الرأسمالية الجديدة «السلطوية». وتكبد الغرب خسائر كبيرة جراء تغير مكانة روسيا. وتحسنت أوضاع الروس الاقتصادية عما كانت في عهد «الاشتراكية الفعلية»، وهم يتمتعون بشيء من الحرية المقيدة.[٢٠١] إن روسيا تقدم للعالم نموذجًا فاعلاً في الاستقلال عن الغرب من ناحية، والقدرة على النجاح من ناحية أخرى.

- **أهمية الاعتماد على النفس من الناحية الاستراتيجية:** يمكن أن يكون التأييد من القوى الكبرى خادعًا. إن إظهار التأييد على غرار ما أظهرته الولايات المتحدة الأمريكية إزاء جورجيا قد يقود إلى مساعدة عسكرية، ولكن ليس بالضرورة إلى دعم حقيقي في وقت الأزمات. وإذا هُوجمت دولة حليفة لأمريكا في المستقبل القريب، فليس من المؤكد أن تضطر الولايات المتحدة إلى مساعدتها، وخصوصًا إذا كان المهاجم من ذوي السلاح الردعي، مثل سلاح نووي قادر على ضرب أهداف أمريكية.[٢٠٢] وكما ذكر أحد المحللين: «لا تستفز الدبّ «الروسي» متوقعًا أن يطير النسر «الأمريكي» للقيام بعملية إنقاذ. تصور الرئيس الجورجي ميخائيل ساكاشفيلي أن بإمكانه تشجيع البلدين على القتال من أجل جورجيا. النتيجة كانت أن ساكاشفيلي ترك قواته وحدها لتواجه جيشًا روسيًا غاضبًا».

---

[٢٠٠] النظام العالمي وبوادر التعددية القطبية، باسكال يونيفاس، مركز الإعلام العربي، قسم الترجمات، ٢٧ سبتمبر ٢٠٠٨م.

[٢٠١] روسيا هدف هجوم الغرب والحرب الباردة الجديدة، س.أ.كاراغانوف، نشرة «غلوبالنوي - بوليتيكي» الروسية، ١٩ أكتوبر ٢٠٠٨م.

[٢٠٢] ٧ دروس من حرب القوقاز، إرئيل كوهين، مركز الإعلام العربي، ٢٣ أغسطس ٢٠٠٨م.

- **المفاجأة والسرعة لا تزال أمورًا مهمة:** عشرات القرون من تاريخ الحروب في العالم تثبت أن هناك أهمية لعناصر المفاجأة والسرعة في تنفيذ العمليات العسكرية. ومن أجل إنهائها بنجاح، يجب وضع أهداف محدودة وسهلة المنال للحرب. روسيا قد أنجزت معظم أهدافها في الحرب ما بين يومي الجمعة والاثنين، في الوقت الذي تخرج فيه البرلمانات في أرجاء العالم للاستمتاع بإجازة نهاية الأسبوع. العالم كله، وحتى جورج بوش، كان مشغولاً بالأولمبياد.[٢٠٣]

- **الجغرافيا مهمة:** يجب على الدول الصغيرة الملاصقة لقوى كبرى، ألا تنسى من هم جيرانها. وهذا الدرس قد يكون واضحًا في جورجيا، وقد يكون من المهم كذلك ألا يغيب عن كثير من دول العالم العربي والإسلامي الصغيرة سكانيًّا وجغرافيًّا، والمجاورة لدول أكبر منها كثيرًا في الجوانب السكانية والجغرافية أيضًا، وتحمل لها قدرًا واضحًا معلنًا من الخصومة والعداء.

- **لا يكفي أن يكون الحق إلى جانبك:** في هذا العالم، ليس مهمًّا من هو على حق. الأهم هو القدرة على أن تقدم قضيتك للعالم بشكل صحيح، وأن يكون لديك القوة الكافية للدفاع عن هذه القضية، والإرادة القادرة على فرض الرؤية التي تحملها - سواء كانت عادلة أو غير عادلة - على سياسات العالم، وأن تكسب لها الأنصار. الحق القانوني لا يكفي - كما يروي أحد الصحفيين العرب - فرئيس الاتحاد السوفييتي الأسبق جوزيف ستالين قيل له ذات مرة: إن البابا أصدر بيانًا قاسيًا ضدك، فرد عليهم: «كم دبابة لدى البابا؟». والمفارقة أنه من أصل جورجي، ولو تعلم أحفاده من جملته الشهيرة لما تورطوا في حرب القوقاز.

- **النفط والغاز وخطوط الأنابيب ستشعل مواجهات المستقبل:** من الخطورة أن يستقر في أذهان البعض، أن الحروب العسكرية لن تنشأ بسبب الاقتصاد أو موارد الطاقة. أثبتت أحداث القوقاز أن الحروب قد لا تنشأ فقط حول منابع النفط والغاز، وإنما ستمتد أيضًا إلى خطوط نقل هذه الموارد المتمثلة في خطوط الأنابيب، وهي سبب رئيس للحرب في القوقاز. الحرب التي شنتها جورجيا، والتي يمر بها أحد أهم أنابيب النفط القادم من باكو إلى تبليسي فجيهان التركية، قد سبقها بأيام اتفاقان بالغا الخطورة على صعيد الطاقة بين شركة «غاز بروم» الروسية الحكومية العملاقة

---

[٢٠٣] ٧ دروس من حرب القوقاز، إرئيل كوهين، مركز الإعلام العربي، ٢٣ أغسطس ٢٠٠٨م.

وبين تركمانستان «القوقازية أيضا». الاتفاق الأول الذي تم توقيعه في اشغابات عاصمة تركمانستان حدّد آلية تسعير مشتريات الغاز من الاتحاد الروسي ولمدة عشرين سنة، فيما أعطى الاتفاق الثاني شركة غاز بروم «وحدانية» المساهمة في بناء مشاريع الطاقة في تلك الدولة القوقازية. اللافت هنا أن الرئيس الروسي الجديد ميدفيديف كان رئيسًا لمجلس إدارة «غاز بروم» على مدى ٨ سنوات (٢٠٠٠ – ٢٠٠٨م). وحسب الخبير الدبلوماسي الهندي السيد م. ك. بهادراكوما، فإن ما جرى، ويجري، في القوقاز «لم يكن له مثيل في الجغرافيا السياسية للنفط، بل إن الولايات المتحدة عانت من هزيمة كبرى في سباقها من أجل غاز قزوين».

- **الإعلام والحرب النفسية هي الوسائل الأكثر أهمية:** لم يُسقط الروس مواقع إنترنت جورجية رئيسة وحسب، بل قاموا أيضًا بتغيير الوضع لمصلحتهم، عبر تغيير عناوين الأخبار من «مهاجم إلى ضحية» ومن «معتدٍ» إلى «حماية مواطني أوسيتيا من الوحشية الجورجية». أعمال إعلامية مثل هذه، هي أيضًا ذات أهمية داخلية؛ لأنها تسهم في رفع الروح القومية. الإعلام سلاح هام من أسلحة حروب المستقبل.

- **أهمية القيادة القوية والشخصية ذات الهم الوطني:** إن الأمم هي ما يصنعه التاريخ بها؛ وذلك يشمل تجاربها السيئة وتجاربها الجيدة. وقد أثبت بوتين أنه يتمتع بشعبية واسعة جدًّا في روسيا، وإن كان يفتقر إليها كثيرًا لدى الحكومة ووسائل الإعلام الأمريكية، وذلك للأسباب ذاتها: فهو قومي روسي، منح روسيا وضعًا مستقلاً وقويًّا يرضي الكبرياء الروسي، وذلك بعد عقدين من الإذلال والفوضى والانقسام. وفضلاً عن ذلك، فإنه وضع نهاية سريعة وناجحة في جورجيا لما يُنظر إليه في روسيا على نطاق واسع على أنه استفزاز مقصود ومتعمد من جانب الولايات المتحدة. لقد أظهر بوتين أن الولايات المتحدة و«الناتو» ضعيفان بالفعل في منطقة القوقاز، وأنهما ليسا في وضع يسمح لهما بإزعاج روسيا في أماكن تقع ضمن منطقة نفوذها التاريخي.[٢٠٤]

- **العدوان والاعتداء باقيان في السياسات الدولية:** إن السياسة الأمريكية وهي تندفع لاحتلال دول مستقلة كالعراق وأفغانستان، وتدفع العالم للاعتراف باستقلال كوسوفو (رغم أنه في صالح العالم المسلم)، وتدعم تل أبيب في حروبها العدوانية المتواصلة ضد فلسطين ولبنان، كانت تؤسس لمنطق في السياسة الدولية، لم تدرك

[٢٠٤] روسيا والغرب... الوعد المنكوث، ويليام فاف، تريبيون ميديا سيرفيس، ٢٦ أكتوبر ٢٠٠٨م.

أنها ستدفع هي بالذات ثمنًا لانتشاره، وهو منطق «الاحتلال والانفصال والعدوان». لذلك لم يجد الرئيس الروسي ميدفيديف ما يستند إليه للدفاع عن موقف روسيا، من حجة أكثر قوة ووضوحًا، من مسألة دعم واشنطن لانفصال كوسوفو، ولم يجد مندوب روسيا في مجلس الأمن، أفضل من حرب أمريكا على العراق، لتبرير حرب بلاده على جورجيا.[٢٠٥]

• **تكلم بهدوء عندما لا تنوي أن تحمل عصا كبيرة:** تصرفات الولايات المتحدة وتصريحاتها، التي عنت ضمنًا أنها ستدافع عن جورجيا، بينما لم تكن لديها الإرادة ولا نية القيام بذلك، بعثت بالرسائل الخاطئة التي شجعت ساكاشفيلي على استفزاز الروس ومواجهة ردهم وحيدًا، رأى الروسي في التحذيرات الأمريكية مجرد خديعة. الرئيس الجورجي لم يكن مؤهلاً لمستوى الخطاب العدائي الذي استخدمه طوال الفترة التي سبقت الأزمة، وبالتالي أوقع شعبه ودولته في مأزق الخطابات الإعلامية الفجة التي لا تستند إلى قوة أو إرادة داخلية، أو إمكانات حقيقية على أرض الواقع.

قائمة الدروس لا تنتهي، وتتطور مع استمرار تداعيات الأزمة، وما ذكرناه أعلاه لا يمثل سوى نقطة انطلاق في مجال التعرف على تلك الدروس المستفادة. ونأمل أن يكون في الدراسات والأبحاث التي ستصدر عن العالم العربي والمسلم في المرحلة القادمة إلقاء المزيد من الضوء على تلك الدروس.

## استراتيجيات عملية لصُناع القرار

إن ما حدث في القوقاز في صيف عام ٢٠٠٨م يعبر عن تغير جذري في التوازنات الدولية المرتبطة بعالم الغد. ولكي ننجح في التعامل مع النظام العالمي الجديد المتميز بتعدد الأقطاب، ودخول الاقتصاد محركًا حقيقيًّا للحروب والصراعات، واختلاف النظرة إلى المصالح الاستراتيجية والحيوية وارتباطها بالهوية الثقافية للدول والشعوب .. من أجل النجاح في إدارة هذه الأزمات الحالية والمرتقبة، فلا بد من أن يكون لصانع القرار في العالم العربي والمسلم رؤية متكاملة عن أفضل الاستراتيجيات التي تضمن ـ بعون الله ـ الاستقرار لشعوب العالم العربي والمسلم، والدفاع عن مصالحها، وتحقيق أهدافها في التنمية والسلام والتواصل مع بقية الشعوب والمجتمعات.

---

[٢٠٥] حرب جورجيا النفط: أيضًا وأيضًا ، معن بشور، صحيفة النهار اللبنانية، ٢٢ أغسطس ٢٠٠٨م.

من أجل ذلك، فإننا نقدم في هذه الصفحات القادمة مجموعة من التوصيات العملية التي يمكن أن تساند صانع القرار العربي والمسلم في التعامل مع تداعيات أزمة القوقاز المحلية والإقليمية والدولية. ومن ضمن هذه التوصيات الاستراتيجية العملية ما يلي:

• **إعادة فهم روسيا ومصالحها وأهدافها:** يغلب على البعض تصور أن روسيا اليوم هي امتداد للاتحاد السوفييتي بالأمس، وفي هذا مغالطة استراتيجية تحتاج إلى استدراك. هناك قواسم مشتركة بالطبع، ولكن الانطلاقة الفكرية والاقتصادية والاستراتيجية لروسيا الاتحادية مختلفة عن الاتحاد السوفييتي.

❖ **توصية عملية:** إعداد مجموعة من الدراسات الاستراتيجية حول التحولات الروسية في العقدين الماضيين، وما تعنيه للعالم العربي والمسلم.

• **القوقاز عمق استراتيجي للعالم الإسلامي:** تعتبر روسيا أن علاقتها بالعالم العربي والإسلامي هامة للشأن الداخلي والإقليمي لها. وهذا في ذاته يؤكد أن النظرة إلى منطقة القوقاز في عالم اليوم، ترتبط إلى حد بعيد بالنظرة إلى العلاقة مع العالم الإسلامي. ولكن البعض في العالم العربي والإسلامي ينظر إلى القوقاز على أنه «كان» من العالم الإسلامي، أو أنه «عالم» مختلف عن عالمنا بتقاليد شعوبه، ولغاته، وعاداته، وارتباطاته الأوروبية والآسيوية. لا بد من تفعيل العلاقات مع هذا الجزء من العالم المسلم، واستحضار بُعد الهوية الدينية المشتركة في العلاقات السياسية والاستراتيجية مع القوقاز.

❖ **توصية عملية:** تطوير العلاقات الدبلوماسية والثقافية مع دول القوقاز، وإنشاء مراكز ثقافية عربية ومسلمة في عواصم الدول ذات الكثافة المسلمة في وسط آسيا والقوقاز.

• **تنمية استراتيجيات القوة الذاتية:** لن يكون متصورًا أن تسارع أي قوة دولية في عالم متعدد الأقطاب إلى حماية أو الدفاع عن دول أخرى إلا في أضيق الحدود؛ لتضارب المصالح بين الكيانات العظمى، وصعوبة عزل الصراعات الإقليمية عن امتداداتها الدولية. من أجل ذلك فمن المهم أن تنمي دول العالم العربي والمسلم الاستراتيجيات اللازمة للحفاظ على الحد الأدنى والرادع من القوة الذاتية سواء من خلال التسلح، أو مكامن القوة الناعمة في الدول، أو التحالفات القوية، أو ربط المصالح القومية بمصالح دول كبرى ترى من مصلحتها الحفاظ على استقرار الأمن في الدولة.

❖ **توصية عملية:** التركيز على تقوية القوات المسلحة للدول العربية والمسلمة، والاعتناء ببناء تحالفات اقتصادية وعسكرية وثقافية متنوعة مع كل الدول الكبرى، وعدم الوقوع في التركيز على دولة واحدة من هذه الدول.

• **العناية بإنشاء مراكز فكرية متخصصة:** كشفت أزمة القوقاز عن الحاجة إلى فهم التغيرات الدولية بشكل متزامن مع تطور أحداث العالم. ومن المهم في إدارة الأزمات أن يكون للدول قدرة على استشراف تداعيات الصراعات، وأثرها على المصالح القومية والاستراتيجية لدول العالم العربي والمسلم.

❖ **توصية عملية:** إنشاء مركز دراسات متخصص في الدراسات الروسية، وشؤون القوقاز، وكذلك مركز فكري يُعنَى بالعلاقات الدولية الاقتصادية، ودراسات الطاقة والأمن الدولي.

• **تطوير العلاقات الثقافية مع روسيا:** ستحتل روسيا مكانة هامة في السياسات الدولية في المرحلة القادمة. ويشتكي المحللون الروس من أن العالم العربي والإسلامي يتجاهلهم، في مقابل الارتماء في أحضان الغرب، أو أنه لا يرى روسيا إلا من خلال منظار الاتحاد السوفييتي الشيوعي السابق، رغم الفوارق الكبرى بين الكيانين. العالم العربي والإسلامي بحاجة ماسة إلى تحسين صورته في روسيا، وكذلك تطوير العلاقات الثقافية والاجتماعية مع المجتمع الروسي من أجل تقوية سبل التواصل والفهم المشترك للقضايا الدولية.

❖ **توصية عملية:** إنشاء مراكز للتبادل الثقافي بين روسيا وبين الدول العربية، وتشجيع التبادل الثقافي مع روسيا في مجالات الفكر والاقتصاد والدراسات الاجتماعية. ونوصي كذلك بتكوين مؤسسة إعلامية تحت مظلة جامعة الدول العربية تُعنَى بتصحيح الصورة الإعلامية السلبية عن العرب والمسلمين في روسيا، وتشجيع التبادل الإعلامي كذلك.

• **التحالف الاقتصادي مع روسيا:** تتشارك روسيا مع العالم العربي والمسلم في أنهما معًا يملكان أكثر من ٦٥٪ من احتياطي العالم أجمع في كلّ من الغاز والنفط. أي أنهما معًا يشكلان المصدر الرئيس للعالم من موارد الطاقة الحيوية واللازمة للحفاظ على دوران عجلة الاقتصاد والمدنية والتقدم. من أجل ذلك، فإن التحالف الاقتصادي القوي بين الكيانين يسمح بالكثير من الفوائد الاستراتيجية، ويضع العالم العربي والمسلم في بؤرة الاهتمام والتأثير العالمي. ومن الملاحظ كذلك وجود عوائق في روسيا

تقلل من الاستثمارات العربية في تلك البلاد، ووجود عوائق مماثلة في الكثير من دول العالم العربي والمسلم تعوق الاستثمارات الروسية من القطاع الخاص في تلك الدول. ومن المهم إزالة هذه العوائق، وتشجيع التبادل التجاري بين روسيا والعالم العربي والمسلم.

❖ **توصية عملية:** تشجيع قيام مؤسسة دولية على غرار «الأوبك» للتعامل مع قضايا الغاز، وأن ترعاها الدول العربية والإسلامية بالتعاون مع روسيا. ونوصي كذلك بتسهيل القيود على الاستثمارات الروسية في دولنا، ومطالبة روسيا بتقديم التسهيلات والحوافز لرأس المال العربي والمسلم، وتشجيع الاستثمار في روسيا.

• **التأكيد على ضرورة الإجماع في مواجهة أقطاب المستقبل:** إن تحول العالم إلى كيانات متحالفة اقتصاديًّا واستراتيجيًّا، وتعدد القطبية يقتضي أن يهتم العالم العربي والمسلم بتفعيل الكيانات الجامعة والموحدة لإمكاناته وقدراته الاستراتيجية والفكرية والاقتصادية. إن عالم الغد لن تنجح فيه الدول الصغيرة في الحفاظ على استقرارها إلا من خلال ارتباطها بكيانات إقليمية قوية. والعالم العربي والمسلم مؤهل لأن يكون أحد الكيانات القوية في العقود القادمة إن أحسن استثمار مكامن القوة المشتركة للدول المكونة لهذا الكيان.

❖ **توصية عملية:** إحياء الدور الفاعل للجامعة العربية، وتمكين منظمة المؤتمر الإسلامي من لعب دور سياسي واقتصادي في المستقبل.

• **التخفف من أعباء الارتباط بالولايات المتحدة:** من مصلحة العالم العربي والمسلم ألا ينظر إليه في عالم الغد على أنه تابع للولايات المتحدة، أو أسير لإرادتها. إن العالم يتحرك بعيدًا عن الهيمنة الأمريكية، وتزداد المطالبات الدولية بوضع حدّ لها. وليس من صالح العالم العربي والمسلم أن يحسب على قوة تتحرك نحو الانهيار على مستويات متعددة.

❖ **توصية عملية:** التخلص من ارتباط العملات بالدولار الأمريكي. والدعوة إلى تنشيط التجارة البينية داخل العالم العربي والإسلامي، وتسهيل إجراءات ذلك. كما نوصي بتقليل الاعتماد في المجالات الثقافية (كالابتعاث والتعليم والتواصل الثقافي) على الولايات المتحدة تحديدًا، وتشجيع البدائل الأخرى.

❖ **الدعوة إلى إصلاح المؤسسات الدولية أو استبدالها:** إن قيمة المؤسسات الدولية أو جدواها ترتبط أساسًا بالتسليم لها من قِبَل الأعضاء طوعًا، وافتراض أن العدل سيتحقق ـ في المجمل ـ من خلالها، وأنها تمثل رأي العالم، وليس فقط دولاً بعينها. وقد يكون الوقت قد حان لخيارات دولية وعالمية أخرى. لماذا لا يجتمع أنصار مقاومة الهيمنة الصهيوأمريكية في شكلٍ دولي يعبر عن آمالهم، ويعلقون عضويتهم في تلك المؤسسات التي تُدار من الغرب ـ والغرب فقط، ما لم يتم إصلاحها بشكل جذري وفعال؟ إن ما يُسمى بالمنظمات الدولية ليست إلا منظمات أنشأها الغرب لإدارة العالم وتَقَاسُم مصالحه، دون الحاجة إلى حروب عالمية مرةً أخرى، بحيث تُوفّر الجهود العسكرية للغرب للهيمنة على باقي العالم. المنظمات الدولية لم تَعُد تسوي الخلافات بين الدول العظمى في العقود الأخيرة، وإنما تُدار هذه الأمور خارج أروقة تلك المنظمات، ومع ذلك يؤكدون أنها منظمات دولية. كما أن هذه المنظمات لا تحل مشكلات الدول الصغرى مع الدول العظمى أبدًا، ومرة أخرى يؤكدون أنها دولية. وأخيرًا فإن الدول الكبرى ـ أو الدول المُدَللة في العالم ـ تملك أن تضرب بقرارات تلك المؤسسات عرض الحائط دون أي إمكانية حتى للاعتراض على ذلك بشكلٍ عمليّ. القائمة طويلة والإصلاح غير ممكن، ولكن البدائل يجب أن تُدرَس. وقد أظهرت أزمة القوقاز هذه الإشكالية بشكل واضح، وعانت منها روسيا، وقد تكون هي المدخل لتقديم البديل الدولي، أو التحالف من أجل إصلاح هذه المؤسسات.

❖ **توصية عملية:** ندعو إلى أن نقوم نحن ـ معظم دول العالم (غير الغربي) ـ بإنشاء منظمة دولية تعبر عن طموحات ورغبات وآمال غالبية شعوب الأرض، وتصبح قرارات تلك المنظمة الجديدة مُلزِمة لأعضائها ومن يرغب في الانضمام إليها، وبالتالي لا حاجة لأعضاء المنظمة الجديدة أن يُلزِموا أنفسهم بأي كيان دولي آخر. نوصي بالدعوة إلى إنشاء كيان دولي يُسمَّى مثلاً «منظمة العالم الحر» لكي تكون منظمة دولية مقابلة للأمم المتحدة.

• **التعامل مع احتمال عودة الحرب الباردة** : إن احتمالات عودة الحرب الباردة قائمة، وهي ستؤدي إلى تسارع وتيرة الصراعات المسلحة في العالم، ويحتاج ذلك إلى وضوح في المواقف السياسية والاستراتيجية، وإلى قوة عسكرية تسمح بالدفاع عن تلك المواقف.

❖ **توصية عملية:** تنويع مصادر الحصول على السلاح، والاهتمام بالتسلح من الجانب الروسي والأوروبي، والتقليل من الاعتماد على السلاح الأمريكي. كما نوصي بالاستفادة من القدرات الكامنة في الأمة للوصول إلى قدر من الاعتماد على الذات في مجالات التسلح، وتشجيع الأبحاث والدراسات والتصنيع في تلك المجالات.

● **تنويع مصادر الدخل القومي :** أظهرت أزمة القوقاز أهمية أن يكون للدول مصادر متعددة من الدخل القومي، وأن الدول القوية لا تقوم فقط على تصدير الموارد الطبيعية كالنفط والغاز. معايير القوة الحقيقية في عالم الغد تتجاوز ذلك إلى التصنيع والاهتمام باقتصاديات المعرفة، وتطوير القدرات الكامنة في المجتمعات العربية والإسلامية، وتشجيع الإبداع والابتكار في مختلف مجالات الحياة العامة.

❖ **توصية عملية:** وضع خطط واضحة المعالم للاستغناء التدريجي عن موارد النفط كموارد أساسية لدعم الاقتصاد. الاهتمام باقتصاد المعرفة، وتشجيع الإبداع من خلال إنشاء المدن الاقتصادية والمدن المعرفية، واستقطاب العلماء والباحثين من المهاجرين، ومن غيرهم كذلك.

● **ترشيد والحفاظ على ثقافة المقاومة والممانعة للهيمنة :** أثبت العالم العربي والمسلم قدرته على المقاومة الثقافية والفكرية في مواجهة محاولات الهيمنة الغربية المتكررة، وأصبح ينظر إليه من قبل الدول الأخرى على أنه يقدم نموذجًا رائدًا في مقاومة الانحلال الغربي. لا شك أن هذه المقاومة قد صاحَبها بعض ظواهر الغلو غير المقبول. ولذا من المهم ترشيد المقاومة، وتنقيتها من ظواهر الغلو، مع الدفاع عن الحاجة لها، والحفاظ عليها في عالم يحتاج إلى البدائل الحقيقية في مجالات التصورات الحضارية والثقافية. إن العالم المسلم يشكل رصيدًا كامنًا للنقاء الحضاري للبشرية من خلال التزامه برسالة وقيم الإسلام، وحفاظه على مركزية عبادة الله والخضوع له في مواجهة مشروع غربي يهدف إلى تحويل الكون ليصبح مركزه هو الإنسان المجرد من أي التزام تجاه القيم المستمدة من الدين.

❖ **توصية عملية:** دعم الدراسات الدينية والأخلاقية، والدعوة إلى قيام مؤسسات دولية تهدف إلى الحفاظ على المكتسبات الحضارية الأخلاقية للإنسانية، في مواجهة مشروعات الليبرالية غير المقيدة بأي شروط.

إن الجغرافية السياسية للقرن الحادي والعشرون ستشهد حالة فريدة من نوعها ـ كما يرى أحد الباحثين ـ ستتشكل من خلال تراجع دور السيادة الأمريكية، ولكن ليس

نهايتها، وبروز الصين وروسيا كقوى موازنة لتلك الهيمنة، وتشكل تحالفات دولية «عسكرية واقتصادية» جديدة على وجه التحديد في مختلف أنحاء العالم، وخصوصًا تلك المعنية بالروابط والمصالح الخاصة العابرة للحدود القومية. بمعنى آخر، ستتلاشى دور المحورية أو المركزية القطبية خلال القرن الحادي والعشرين، وذلك على حساب نظام حكم الكثرة، أو البولياركي «Polyarchy»، وهو نظام يمثل «طيفًا واسعًا متباين الألوان من التحالفات وعلاقات الخصومة المتشكلة حول مئات القضايا والمشكلات: التشريعية منها والإقليمية، وعلى مختلف الأصعدة الاقتصادية والبيئية والثقافية والأخلاقية، ويبقى مفتقرًا إلى نوع من محور التعاون والصراع المهيمن، مع امتلاكه لعدد من جيوب النظام العالمية والإقليمية والمتخصصة وظيفيًا، بعضها مفروض عنوة وبعضها الآخر طوعي» حسب تعريف سيوم براو، أستاذ التعاون الدولي في قسم العلوم السياسية بجامعة برانديز.

عالم الغد سيصبح عالمًا أكثر تعقيدًا وتشابكًا أيضًا. ومن مصلحة العالم العربي والمسلم أن يكون له مكان بارز في ذلك العالم؛ حتى لا يقع ضحية لتلك التعقيدات، بل ليكون لاعبًا مؤثرًا في مجريات هذا الكون، وليس ضحية لأطماع القوى الأخرى.

## وبعد

لا شك أن كثيرًا من العرب يراقب بارتياح نهوض روسيا كقوة موازية لأمريكا، فشعور أمريكا بأنها القطب الأوحد هو الذي جعلها دولة باطشة متعدية؛ تجتاح الدول وتحتل أراضيها. إن قيام روسيا كقطب موازٍ لأمريكا قد يحُدّ من سياسة أمريكا التوسعية، ولكنه لن يزيد العرب قوة كما يعتقد البعض، بل قد يزيدهم ضعفًا إذا اتبعوا السياسات التي كانوا يتبعونها في الستينيات والسبعينيات. وأمن العرب ليس في قيام روسيا كقطب موازٍ لأمريكا، ولكن أمنهم في وحدتهم وإصرارهم على أن يصبحوا هم أنفسهم قوة يُحسب لها ألف حساب، وكفى العرب ضعفًا وتبعية، ومن العار أن ننتظر ما ينكشف عنه غبار هذه الحرب الباردة بين روسيا وأمريكا، وقد تدخل الساحة الصين والهند، لنحدد أيّ الفرقاء نتبع، وقد كنا قادة العالم وسادته.[٢٠٦]

---

[٢٠٦] أين موقع العرب من الحرب الباردة وصراع النفوذ الجديد؟.عيد بن مسعود الجهني، هيئة الإذاعة والتلفزيون، سورية، ٢٠ سبتمبر ٢٠٠٨م

ما هو فحوى النظام العالمي الجديد؟ إنه منافسة دولية وصراعات شهدها التاريخ كثيرًا في فترات ما قبل الحرب الباردة. الصراع من أجل مناطق النفوذ والمحافظة على وضع متميز في ميزان القوى العالمي، قائم على صراعات بين دول وليس بين كتل. روسيا تحاول إرسال رسالة قوية إلى جيرانها بألا تكون معبرًا لحصار أمريكي، وتحاول أن تثبت نفسها دوليًا بعد أن استهانت بها أمريكا كما بينت أزمة استقلال كوسوفو أو الدرع الصاروخية في بولندا، وهي تستغل فترة الضعف الأمريكي النسبي بسبب التورط في العراق وأفغانستان أو الصراع مع إيران. ثم هناك تعاطف عالمي حاليًا مع أية دولة تحاول كسر سيطرة القطب الواحد، بعد أن أساءت أمريكا استعمال تفوقها إلى حد كبير. باختصار، الشطرنج الدولي الحالي ليس عودة للحرب الباردة، لكنه حركة احتجاج من جانب روسيا ضد سياسة القطب الأوحد ومحاولة لإثبات وجودها العالمي كقطب سابق، وبالتالي إنشاء ميزان قوى عالمي أكثر توازنًا.[٢٠٧]

إن أمريكا ومعها العالم يدخل منعطفًا جديدًا. وبتعبير المؤرخ المسلم عبد الرحمن بن خلدون: «إذا تبدلت الأحوال جملة، فكأنما تبدل الخلق من أصله، وتحول العالم بأسره، وكأنه خلق جديد، ونشأة مستأنفة، وعالم محدث، فاحتاج لهذا العهد من يدوّن أحوال الخليقة». إن العالم يدخل مرحلة جديدة تذكر بوضع روما بعد معركة زاما عام ١٤٦ ق.م، وتفرد قوة واحدة في العالم القديم؛ حيث اعتبر المفكر الغربي أوسفالد شبنجلر في كتابه «أفول الغرب» أن نهاية «قرطاجنة» أعلنت نهاية «روما»، فانتهت الجمهورية لتتحول إلى دولة استعمارية. يقول شبنجلر أيضًا: «كانت السيطرة الرومانية على العالم القديم ظاهرة سلبية، فلم تكن هذه السيطرة وليدة فضلة من حيوية لم تَخْبُ في الرومان. فالرومان استنزفوا آخر طاقات حيويتهم منذ عهد زاما. بل جاءت نتيجة لعجز الشعوب الأخرى عن المقاومة والدفاع. الشيء المؤكد أن الرومان لم يفتتحوا العالم، بل وضعوا أيديهم على غنائم وأسلاب كانت في متناول يد كل راغب. فلم تسلك الإمبراطورية الرومانية طريقها للتجسد والوجود كتلك التي طبعت الحروب الكونية بطابعها، بل مارست وجودها لأن الشرق القديم كان قد تنازل عن جميع حقوقه في تقرير مصيره».[٢٠٨]

[٢٠٧] الحرب الباردة... بين شارعين!، بهجت قرني، الاتحاد الإماراتية، ٤ سبتمبر ٢٠٠٨م.

[٢٠٨] هل ستنهار أمريكا كما انهار الاتحاد السوفييتي؟ خالص جلبي، صحيفة الاقتصادية السعودية، الرياض، ٢٨ سبتمبر ٢٠٠٨م.

الغرب يرتكب حماقات، وينتهج سياسات خاطئة، كما هو الحال في سياسات روسيا. وعندما يكون طرفا النزاع على خطأ، تبدو معالم كارثة حقيقية في الأفق.[٢٠٩]

إن انهيار الاتحاد السوفييتي تسبب في سيادة الغرب على العالم، وسعيه إلى نهب الشعوب الأخرى، وفرض نموذجه الخاص عليها. ولكننا نشهد اليوم عالمًا آخر تبدلت فيه سريعًا الهيمنة الأمريكية، ليظهر مكانها العديد من مظاهر الفشل والإخفاق والانحسار والانهيار. ساهم ذلك في عودة روسيا إلى ساحات التأثير العالمي، ولكن قد لا يعني ذلك حربًا باردة بين طرفين أضعف من سابق عهدهما، ولكنه قد يشير إلى مرحلة من الفوضى وعدم الاستقرار المرتبط «بتحول العالم بأسره، وكأنه خلق جديد، ونشأة مستأنفة، وعالم محدث» كما كتب ابن خلدون.

---

[٢٠٩] بماذا يخوض معسكر روسيا الحرب المرجوة؟ أنطون أوريخ، موقع يجيدنيفني جورنال الإلكتروني الروسي، ٩ سبتمبر ٢٠٠٨م.

# الفصل السابع: ملاحق ووثائق

الوثيقة الأولى: من هم الأبخاز؟

الوثيقة الثانية: هل هناك مكان للإسلام في دولة مايكل
شاكسفيلي الجورجية المسيحية؟

الوثيقة الثالثة: تاريخ الإسلام في القوقاز

# [٧]

## سابعًا: ملاحق ووثائق

## الوثيقة الأولى

## من هم الأبخاز؟

الكتاب الأبيض لأبخازيا، تأليف: ب.ف . فلورينسكي، يوري فورنوف، آ.شوتوفا، ترجمة: تيسير كم نقش

### لمحة تاريخية

إن تاريخ كل شعب يتكون من وقائع تفاعله وتعامله مع الشعوب المجاورة، وفي هذا السياق لا يشكل تاريخ الأبخاز استثناءً؛ إذ إن الأرض التي سكنوها كانت على الدوام جسرًا بين القفقاس الشمالي وسواحل البحر الأسود. وكان البحر يحدد الاتجاه الثاني للعلاقات؛ إذ كانت السفن منذ قديم الزمان تجتاز سواحله نحو آسيا الصغرى والقرم. ولعب دورًا غير قليل الأهمية؛ لأن أساس المثلث الذي يشغله الأبخاز كان متأثرًا من الجنوب الشرقي حيث يمتد طريق جبلي تحتي اسمه الطريق الأبخازي الذي كان يستخدمه الغزاة والتجار. هذا وقد تشكل اقتصاد سكان الأطراف وسياستهم وثقافتهم في مجرى هذه المنظومة المعقدة بما فيه الكفاية من الصلات والتي تتجاوب مع كل التغيرات الخارجية، ولكل مساحة

محددة من الأراضي خصائصها وآثارها الأركيولوجية والهندسية المعمارية، والتي تقوم على أساس تنوعها تصورات عن الثقافات القومية، وإن ارتباط الخصائص الإقليمية العريقة الطبيعية مع مجموعة إثنية حديثة ومحددة، قد انتشر انتشارًا واسعًا في ظروف نظام الكيانات القومية، وأدى إلى أن صارت المواد والمنشآت تُستخدم لتعليل حقوق هذه القومية أو تلك في السلطة على الأرض المعنية، أي أن المنتجات صارت تعطي لغة محددة.

منذ ذلك الوقت الذي أخذ فيه الإنسان يستقر على هذه الأرض على امتداد العصر الحجري اكتسبت أهمية رئيسة تلك الطرق التي تسربت من خلالها من الجنوب الشرقي مجموعة بشرية، وتلك المهارات في معالجة الحجر والاستيراد العريق، ألا وهو الزجاج البركاني.

وفي العصر البرونزي صار القفقاس الغربي مقاطعة عميقة من النوع الخاص بآسيا الصغرى ضمن المجموعة الثقافية الشرق أوسطية. وكانت الطرق القفقاسية الدولية تساهم في نشر المدافن على طرفي سلسلة الجبال الرئيسة. وهي تعود إلى العصر البرونزي. في العصر الحديدي المبكر، وإلى جانب التأثيرات من آسيا الصغرى، فقد لعبت دولة أوراتو دورًا حاسمًا في تكوين الثقافة المادية المحلية. ومنذ القرن الثامن قبل الميلاد أخذ تأثير عالم إيجة في تعاظم.

وعن طريق الإغريق أخذت تظهر على الشواطئ القفقاسية المدن، وكذلك الكيانات الدولية المرتبطة بها. ولغاية القرن الثالث قبل الميلاد كانت كل حياة السكان المحليين، حتى في الأودية الجبلية متشربة بعناصر من الثقافة اليونانية. ونالت أسواق ديوسكوربادا (سيفاستوبل، الآن عاصمة جمهورية أبخازيا - سوخومي) المجد العالي.

وتقول المصادر أنه هنا، في العصر الهلنستي (القرن الثالث  القرن الأول قبل الميلاد) عقد ممثلو العشرات من القبائل والشعوب صفقات تجارية. وتطورت صناعة الخمور وصنع الأواني الخاصة بشرب النبيذ وعليها بصمة ديوسكورbادا، كما صارت تصك النقود. وحافظ البحر الأسود على دوره الحاسم في الاقتصاد والسياسة والثقافة في أبخازيا القديمة حتى عصر السيطرة الإيرانية والعربية في كولخيدا (القرن السادس _ القرن الثامن الميلادي) مع العودة تدريجيًا إلى ذاك الدور في العصر اللاحق أيضًا (وصولاً حتى بداية القرن العشرين).

في القرنين السادس _ الثامن اكتسبت أهمية خاصة الطرق القفقاسية الدولية من خلال المعابر الجبلية، والتي بفضلها صارت أرض أبخازيا فروعًا وشعابًا لطريق الحرير العظيم الذي كان يربط البحر الأبيض المتوسط مع الهند والصين. وفي مدافن ممثلي القبائل الأبخازية القديمة للأبسليين والأباسفيين تم اكتشاف الأواني المنزلية والأسلحة ومواد الألبسة الزينة والعملة وغيرها من المواد المرتبطة من حيث منشؤها بعشرات المراكز الأوروبية والآسيوية والإفريقية. هذا ولعبت طرق الشعاب الجبلية دورًا مهمًّا في قيام المملكة الأبخازية الإقطاعية المبكرة عندما تدخلت في شؤون المنطقة في نهاية القرن الثامن وفي ظروف ضعف البيزنطيين مملكة الخزر التي ضمت إلى حدودها في ذاك الوقت القفقاس الشمالي.

إن التاريخ اللاحق للمملكة الأبخازية قد ارتبط ثانية ببيزنطة التي حفزت على ازدهارها في القرن العاشر وأثرت في حياة الإقليم البعيدة تمامًا حتى غروبها في القرن الخامس عشر. ومنذ نهاية القرن الحادي

عشر حتى أواسط القرن الثالث عشر دخلت الولاية الأبخازية الحكم الذاتي ضمن قوام (مملكة الأبخاز والكارتفيل) وفي فترة متأخرة تم ضمها قسرًا وبصورة جزئية من قبل جارتها من جهة الشرق.

يتميز القرنان الرابع عشر- السابع عشر في تاريخ الأطراف بإحياء وتعمق الصلات بين مناطق البحر الأبيض المتوسط، وقد لعبت دورًا مميزًا في هذا الصدد محطة جنوه التجارية على ساحل أبخازيا التي تركت أثرًا عميقًا في الاقتصاد المحلي والتاريخ والثقافة، وفي هذه الفترة تنتعش من جديد طرق الشعاب الجبلية التي كانت تربط المراكز الجبلية مع القفقاس الشمالي ومنطقة الفولغا (القبيلة الذهبية)، وأما في سيفا ستوبل المتعددة اللغات (سوخومي المعاصرة) فقد نشط ثانية مركز العملة، وفوق المدينة رفرفت أعلام القناصل الجنوبيين، ومنها علم المالك المحلي - المنديل الأحمر- بكف فضي في الوسط. وأما في الحياة اليومية المحلية فقد انتشرت على نطاق واسع عمليات استيراد المصنوعات الخزفية والزجاجية، ومنها من البندقية والأواني المنزلية والأسلحة وأدوات الزينة وغيرها. وفي الأودية الجبلية اجتاحت العسكريين موضة منتشرة بين البحارة الأوروبيين وهي وضع الأقراط (الحلقات) في الأذنين.

غير أن تعاظم الوجود التركي منذ نهاية القرن الخامس عشر قد أضعف، ومن ثم أوقف نهائيًا الصلات التقليدية مع أوروبا، وكان القرن الثامن عشر هو قرن التأثيرات الأساسية على تلك الأطراف للإمبراطورية العثمانية التي استخدمت أبخازيا كرأس جسر لاحتلال القفقاس الغربي. وفي هذه الفترة انتشرت بصورة واسعة الأسلحة النارية في المنطقة، وكذلك الخناجر القفقاسية والتفصيلات الجديدة للألبسة مثل الباشليك (نوع من القلنسوة) وغليون التدخين، كما تأسس المطبخ الأبخازي الأصيل مع ثمار بلدان ما وراء البحار كالذرة والفاصوليا والفليفلة... وبدءًا من عام ١٨١٠م جرت في أبخازيا بصورة عاصفة عملية الأوربة على الخصوص عن طريق روسيا . وقد سببت الحرب القفقاسية ويلات رهيبة ومرعبة للأبخازيين ثم تلتها فترة ١٨٦٦- ١٨٧٧م حيث اضطر عشرات الألوف من الأبخاز للنزوح إلى تركيا، ومن هناك تشتتوا في أنحاء العالم، وفي أماكن حرائقهم ظهرت، في النصف الثاني من القرن التاسع عشر العزب والضياع العائدة لليونانيين والبلغار والأرمن والروس والأوكرانيين والمرغيليين والألمان والأستونيين، وغيرهم من النازحين الذين أضفوا سمات الاختلاط والتنوع على ثقافتي الريف والمدينة.

إن أبخازيا هي بلد الثقافة اللغوية الساطعة والتي تعود منابعها إلى العصر الباليوليتي الأعلى، ومن سمات هذه الثقافة المميزة تلوين الجسد الطقوسي بوشمات متعددة الألوان تعود إلى المصدر الحديدي المبكر والسجود للأدغال والأشجار والحيوانات، والظواهر الطبيعية وطقوس الدفن الثاني في الصناديق الحجرية والجرار والأكواز. وهي مشهورة ومعروفة من خلال آثار العصرين البرونزي والحديدي المبكر، والتي انتشرت ثانية في العصر الوسيط المتأخر على شكل شنق الموتى على الأشجار، وعادة إحراق جثث الموتى ودفنهم في ساحات خاصة.

في الوقت ذاته، تعتبر أبخازيا بلاد المسيحية الأرثوذكسية القديمة في القفقاس. فهنا في نهاية القرن الثالث عشر تتشكل طوائف المسيحيين المنفيين. واتخذ الأبخاز الديانة المسيحية رسميًا في القرن السادس في ظل الإمبراطور جوستنيان؛ حيث بنيت كنائس عديدة في المنطقتين الساحلية والجبلية. وطوال الفترة ما بين القرن الرابع والقرن العاشر كانت الكنيسة الأبخازية خاضعة إداريًا لبيزنطة (القسطنطينية أنطاكية وغيرهما). ثم ظهر دور الكنيسة الكاثوليكية؛ حيث أقامت صلات كنيسة خلال الفترة ما بين القرن

الثالث عشر والسابع عشر مع بيزنطة وآسيا الصغرى وسورية وفلسطين. وأما الكتابة اليونانية فكانت المهيمنة في أراضي أبخازيا حتى القرن العاشر. ومنذ نهاية القرن العاشر وحتى السادس عشر أصبحت الكتابة الجيورجية مستخدمة بالتوازي مع اليونانية. وخلال القرنين التاسع عشر _ العشرين تجذرت الكنيسة الأرثوذكسية.

ومما يذكر في هذا السياق اتصال الأبخاز المبكر بالأديان العالمية الأخرى كالبوذية والإسلام. وأما اليهود فقد استوطنوا في الجبال منذ عصر الرومان واليونان. وتركز وجودهم في العصور الوسطى في غاغرا (القرن الحادي عشر) وسيفاستوبل _ سوخومي (القرن الرابع عشر)، وارتبط أسلاف الأبخاز بالإسلام للمرة الأولى في النصف الأول من القرن الثامن. وكانت الطائفة الإسلامية موجودة في سيفاستوبل _ سوخومي في بداية القرن الرابع عشر، ومنذ نهاية القرن السادس عشر اشتد تأثير الإسلام في الأطراف. وفي القرن الثامن عشر _ بداية التاسع عشر بنيت عدة مساجد خشبية، وفي الوقت ذاته كان السكان يواصلون تربية الخنازير. هذا ولا يزال جزء من الأبخاز يحافظ على الشعائر الإسلامية حتى وقتنا هذا. اطلع الأبخاز على ديانة الإيرانيين من عبدة النار في القرن السادس وآثارها باقية على بعض الأيقونات الحجرية من النصف الثاني من القرن السادس من تسبيلدا .

## الأبخاز: أهل وأقارب لشعوب الأرض كافة

كانت علاقات الزواج اليونانية الأبخازية متطورة في العصر الهلنستي (نهاية القرن الرابع قبل الميلاد) كما تموضعت أواصر القربى الأبخازية الرومانية، لاسيما في ظروف الحملات العسكرية المختلفة. ترافقت هذه العلاقات في بعض الأحيان بحملات تأديبية ومذابح جرت في طرابزون في نهاية القرن الخامس قبل الميلاد. وأدى العنف إلى ولادة (أطفال الحرب)، وصار اختطاف النساء ظاهرة اعتيادية.

إن العيش سوية مع الإغريق لمدة ألف ومئتي عام لم يستطع إلا أن يترك أثرًا جديًّا في الناحية الوراثية الأبخازية. وبما يخص جيران الأبخاز من الأوبيخ والأديغ والميغريل إلخ..) وثمة صلات متنوعة وطويلة الأمد كانت قائمة بين الأبخاز والقبائل القفقاسية الشمالية، والدرجة الأولى (القرن الأول - القرن الثاني عشر) مع الآلانيين، أحفاد الآسنيين الحاليين. ولم تختصر نتائج الصلات الأبخازية الآلانية في انتشار الثقافة المادية (الفسيفساء والأسلحة الخ) فحسب، بل أيضًا في ظهور كثرة من الهجناء وكان الفرس قد أسهموا إسهامًا معينًا في علم الوراثة الأبخازية في القرن السادس. وخلال الأعوام الفائتة الأخيرة (ألفي عام) قطن في هذه المنطقة ممثلو العديد من اللغات والثقافات، ومنهم الألمان والأرمن والعرب والخزر والترك والسلافيون والمنغول والإيطاليون واليهود. وحقر الصينيون. فمثلاً يعود أول تذكير عن وصول السلافيين إلى أراضي أبخازيا يعود إلى أواسط القرن السادس، ثم أخذ في الازدياد... واليوم من بين الترك والعرب واليهود واليونان واليوغسلاف والإيطاليين والفرنسيين والأسبان والإيرانيين والأرمن والروس والتتر. يقطن العديد من أحفاد أولئك الناس الذين قد تم نقلهم في وقت مضى من شواطئ البحر الأسود.

# الوثيقة الثانية

## هل هناك مكان للإسلام في دولة مايكل شاكسفيلي الجورجية المسيحية؟

*Is there a place for Islam in Mikhael Saakashvili's Christian Georgia? By Bayram Cucaz Europenews، 06/08/2005، Pankisi، Marneuli، Batumi، BALCI in Tbilisi*

"أيًّا كان المذهب، فإن مسلمي جورجيا يجدون صعوبة في التعرف على الأيديولوجية الوطنية الجديدة التي وُضعت من قِبَل نظام ساكاشفيلي. فعلى مدى السنوات القادمة، مع عدم تحديد هويتهم بالنسبة للدولة التي أكدت بوضوح على ارتباطها بالقيم المسيحية، فمن المرجح أن يضعف التفاهم بين الأقاليم والمقاطعات المسلمة من جهة وبين العاصمة، والتي كان لها مشاكل سابقة في توفير الدعم لنفسها.

### هل يجب أن يخشى الإسلام في جورجيا من التهميش؟

في مراكز الأيديولوجية الوطنية الجديدة في جورجيا، سواء في تبليسي، أو في منطقة كفيمو كارتلي حيث يقطن غالبية السكان من الشيعة الآذرية، وفي أدجاريا، وعلى الرغم من عمليات التنصير التي جرت منذ الاستقلال، فإن الكنيسة الجورجية قد أوجدت نموذجًا مناوئًا للإسلام في جورجيا، والذي استمر في تلك الدولة منذ بداية الفتح الإسلامي. ففي اليوم التالي لتوليه السلطة، اعتمد الرئيس الجورجي ميخائيل ساكاشفيلي عَلَمًا وطنيًّا جديدًا، مما يدل بوضوح على التزام النظام السياسي بالقيم المسيحية. فالصلبان الخمسة (للملك داوود) على هذا العلَم الجديد ترمز إلى أن الدولة تريد أن تستأنف الروابط مع الماضي المسيحي، وتريد وضع القيم الدينية المسيحية أساسًا في البناء الوطني. بالإضافة إلى الدور الحاسم الذي تضطلع به الكنيسة في تاريخ جورجيا؛ حيث كانت من أوائل الدول التي اعتمدت المسيحية كديانة رسمية بعد أرمينيا، والذي يفسر لماذا بعد ٧٠ عامًا من الإلحاد تحت حكم الاتحاد السوفييتي ومنذ استقلالها، قد أعادت من جديد الدولة المسيحية. ففي القرن التاسع عشر تجمع الوطنيون الجورجيون حول شعار «اللغة، والوطن، والعقيدة المسيحية».

مع ذلك؛ فإن الإسلام راسخ في جورجيا اليوم. وهذا التنوع الجورجي موجود أيضًا في منطقة كفيمو كارتلي؛ حيث إن السكان في هذه المنطقة غالبيتهم من الشيعة الآذرية، كما أن الإسلام ما زال موجودًا

في منطقة أدجاريا، بالرغم من فرض المسيحية منذ الاستقلال. كما يوجد أيضًا في جورجيا بعض المناطق المسلمة الأخرى: أقلية صغيرة في أبخازيا، فضلاً عن ١٢٠٠٠ في كيستيني ( يرتبطون بصلات مع الشيشانيين) في وادي بانكيسي، والذين يمارسون الإسلام الجورجي، ولكن بسبب قلة عددهم لا يوجد لهم أي تأثير، كما كان الحال بالنسبة إلى المسلمين المسخيت، والذين تمكن جزء قليل منهم من العودة إلى الدولة بعد سنوات عديدة من الهجرات القسرية بين آسيا الوسطى والاتحاد الروسي.

## كيفية دخول الإسلام إلى جورجيا

جاء الإسلام إلى ما يُعرف الآن باسم جورجيا في بداية الفتح الإسلامي من القرن الثامن، وأصبحت الدولة إمارة عربية، غير أن الأمور تغيرت في عام ١١٢٢م عندما استولى الملك داوود الرابع على تبليسي لتحويل رءوس الأموال إلى الدولة المسيحية. ويرجع تطور الإسلام في هذه الدولة إلى اثتين من القوى الإقليمية المسلمة، وهما الإمبراطورية الصفوية في إيران، والإمبراطورية العثمانية، واللتين قامتا بترسيخ نفسيهما على التوالي على الحدود الحالية لجورجيا. فإن الهيمنة الصفوية تسببت في هجرة القبائل التركية من المنطقة، مما أدى إلى دخول بعض المناطق في الإسلام، ولا سيما كفيمو كارتلي والقرى المحيطة بها. وتم تطبيق الإسلام في أدجاريا بطرق مختلفة وبدأ بطريقة سطحية. وفي القرن التاسع عشر أدى انحدار الدولة الصفوية والعثمانية في مواجهة روسيا المسيحية القيصرية إلى إضعاف الإسلام في جميع أنحاء جورجيا دون القضاء عليه تمامًا. فقد تذبذبت السياسة الروسية في منطقة القوقاز، تمامًا كغيرها من المناطق الآهلة بالسكان المسلمين بين التسامح والأرثوذكسية المتشددة.

## الانفتاح ورياح الحرية الدينية

عمل الإلحاد الأيديولوجي على سحق جميع الأديان الموجودة في اتحاد الجمهوريات الاشتراكية السوفييتية، والإسلام على وجه الخصوص. ومع ذلك، ففي الفترة من عام ١٩٤٤م وبعد ذلك تراجعت هذه السياسة المعادية للدين. وقد أُسس أحد أربع إدارات تابعة للشئون الدينية لبناء الاتحاد السوفييتي في باكو، والتي يعتمد عليها كل مسلمي جورجيا سنة وشيعة. يتيح الانفتاح قدرًا أكبر من الحرية الدينية، والتي لا تفيد الكنيسة وحدها، بل أيضًا جميع عناصر الإسلام الأخرى الموجودة في جورجيا. فمنذ تفتت الاتحاد السوفييتي تطورت الروابط بين الإسلام على المستوى المحلي والمنظمات الإسلامية الأجنبية، ولا سيما إيران وتركيا. وفى ظل غياب إحصاءات موثوق بها، فمن الصعب إعطاء أرقام دقيقة حول عدد المسلمين في جورجيا اليوم. ومع ذلك، تشير إحدى الدراسات المحايدة نسبيًا إلى أن عدد المسلمين يقدر بحوالي ٦٤٠,٠٠٠ في عام ١٩٨٩م، أي ما يعادل ١٢٪ من إجمالي عدد السكان. ويبدو أن هذا الاتجاه آخذ في الانخفاض بسبب ظاهرة الهجرة التي تحدث بين بعض السكان المسلمين، وقبل كل شيء بين الأذربيجانيين، والمرشحين للهجرة إلى روسيا لأسباب مادية أو إلى أذربيجان لأسباب عائلية.

## المسلمون المسخيت في جورجيا وتأثيرهم الضعيف

بالإضافة إلى اثتين من أهم الجاليات الإسلامية في جورجيا: الأجاريانس، والأذربيجانيين فهناك أيضًا غيرهما من المجموعات الإثنية المسلمة الصغيرة. المسخيت هم مجموعة مسلمة صغيرة تسكن الحدود

التركية الجورجية، وشكّلت أحد العناصر الأساسية للإسلام في جورجيا حتى الحرب العالمية الثانية. وتقع في الجنوب الغربي من البلاد، في مقاطعة مسخيتيا أخالتشيخ بالنسبة للعثمانيين، وهذه الأقلية التركية خضعت للترحيل على نطاق واسع من جانب ستالين في عام ١٩٤٤م (حوالي ١٠٠٠٠٠ نسمة)؛ لأنه كان يخشى من تعاونهم مع الألمان أو مع الأتراك (حلفائهم المحتملين).

المسخيت الذين يعرفون أنفسهم بـ أهيسكا ترك ليري (الأتراك الذين يعيشون مقاطعة أهيسكا أخالتسيا)، والذين لم يتوقفوا أبدًا عن المطالبة بالرجوع إلى وطنهم من أماكن استبعادهم مثل (أوزبكستان وكازاخستان وقيرغيزستان). فمنذ الانفتاح، وخاصة في أعقاب المواجهات العرقية بين الأوزبك والمسخيت في مدينة فرغانا، وقد طالب المسخيت بحقهم في العودة بشكل أكثر إصرارًا. رفضت حكومة زيفا جهاماسكورديا، تمامًا مثل إدوارد شيفرنادزه، وخلفه، تلبية هذه المطالب لأسباب سياسية وقومية وجغرافية.

إذا حصلت بعض الأسر على حق العودة إلى جورجيا، فلا يزال القليل فقط من تلك الأسر مسموحًا لهم بالإقامة في المنطقة التاريخية من مسخيتيا، في حين أن الغالبية العظمى من هؤلاء السنة المسخيت قد وطنوا في روسيا وأذربيجان. وخوفًا من رد فعل عنيف للغاية من جانب المسخيت الجورجيين المقيمين في القرى الذين تم إجلاؤهم في عام ١٩٤٤م، فقد سعت الحكومة الجورجية لعرقلة أي جهود تبذلها جمعيات المسخيت، والذين يصرون على العودة إلى وطنهم التاريخي بروح فدائية. ولهذا السبب، فانقسام المسلمين المسخيت الذين يعيشون في جورجيا يبدو غير ذي أهمية، على عكس الشكل الديناميكي النسبي للإسلام من المسخيت الذين استقروا في أذربيجان وروسيا.

## إحياء الإسلام في أبخازيا

تعيش مجموعة أخرى من الأقليات المسلمة، الأبخاز، في جميع أنحاء المنطقة الانفصالية في أبخازيا وجورجيا وغيرها من المدن. وعاشت تلك المجموعة في جزء اعتنق الإسلام طوال القرنين السابع عشر والثامن عشر، وكان خاضعًا لسيطرة الدولة العثمانية. فمع بداية الستينيات من القرن التاسع عشر، ومع انحدار الدولة العثمانية والتي يواجهها التقدم الروسي في القوقاز وجزء كبير من الأبخاز المسلمين (مثل الأقليات المسلمة الأخرى في القوقاز)، والذين هاجروا إلى جنوب المدن العثمانية. وخلال الفترة السوفييتية، ضعف الإسلام في أبخازيا، ولكن يبدو أنه منذ سقوط الاتحاد السوفييتي، وإقامة روابط بين أبخازيا الجورجية، ونسل الأبخاز المهاجرين في تركيا والذين فضلوا النهضة الإسلامية.

## عندما عانى كيستنز بانكيسي من الآثار المدمرة للحرب في الشيشان

وهناك أقلية أخرى وهم المسلمون الكستن، وهي مجموعة عرقية تنتمي إلى مجموعة فايناخ، ولذلك فهي قريبة من الشيشانيين والإنجوشيين. نشأت هذه المجموعة في وادي بانكيسي، في شمال شرق جورجيا، منذ وقت ليس ببعيد، وهذا المجتمع مكون من ١٢٠٠٠ شخص، ممن اتسموا بالأخوة في الإسلام، وخصوصًا لارتباطهم ببعض الطرق الصوفية مثل القادرية (والتي قدمها كونتا حاجي الشهير في القرن التاسع عشر) والنقشبندية (والتي قدمت إلى قرى الكستن المسلمة من قبل أذربيجاني صوفي يدعى

عيسى أفندي في عام ١٩٠٩م). عانى إسلام الكستن منذ عشرات السنين من الآثار الكارثية للحرب التي يخوضها المقاتلون الشيشان ضد جبروت الجيش الروسي. تفاقم النزاع في الشيشان، والذي أدى إلى تطرف المسلمين في الشيشان، كما أدت إلى تدفق اللاجئين إلى بانكيسى، وهو الأمر الذي ألقى بكثير من الضغوط على الكستن. ومن المعتقد أن هذا المزيج من العوامل، التي أدت إلى التطرف الجديد، لها جذور بين المسلمين الكستن. وهذا الاتجاه غالبًا ما يشار إليه خطأ بـ «الوهابية»، إلا أنها أكثر تعقيدًا مما كان يعتقد كثير من الناس.

وعند الاشتباه بأن بعض المقاتلين الشيشان قد لجأوا إلى قرى الكستن في وادي بانكيسي، فقد هددت حكومة روسيا بشكل مستمر الحكومة الجورجية بالدخول في أراضيها للقضاء على المقاتلين. ولكونه معزولاً في الوادي، كان للمسلمين الكستن اتصال قليل جدًا مع المجموعات المسلمة الأخرى، مثل تلك الأشكال السائدة والتي توجد بين الأجاريانس (نسبة إلى إقليم أدجاريا) والأذربيجانيين في جورجيا.

## المدارس الدينية في جورجيا

في أثناء الحقبة السوفييتية، كانت المدارس الإسلامية متاحة في مدينتي بخارى وطشقند، والتي اشتهرت بمدارسها الدينية [المدارس الإسلامية]. واليوم، فإن غالبية المسئولين التنفيذيين الإسلاميين الذين تبلغ أعمارهم فوق الـ٤٠ قد تلقوا تعليمهم هناك.

وفي جورجيا، في ظل اتحاد الجمهوريات الاشتراكية السوفييتية، ذهب المسلمون أيضًا إلى آسيا الوسطى الإسلامية للاستفادة من التعليم المدرسي. ومع ذلك، وبالتوازي مع هذه الأماكن الرسمية فقد أُنشِئت المؤسسات غير الرسمية. لقد كانت أصغر ووُجدت بشكل رئيس في أماكن الحج والمساجد الصغيرة غير المعلنة. وبهذه الطريقة، كان لدى بعض الشيوخ الكبار حلقات صغيرة من الطلاب والتي غالبًا لم تكن تتجاوز الـ١٠ طلاب، والذين تم تعليمهم بطريقة غير رسمية. وبعد الاستقلال، بدأت المدارس الدينية بالانتشار في البلاد التي توجد فيها التقاليد الإسلامية العريقة، مثل أوزبكستان وطاجيكستان وأذربيجان.

وفي أذربيجان، فقد أنشئت كلية دينية ذات تعاليم تركية سُنّية وجامعة إسلامية إيرانية شيعية بعد أن نالت البلاد استقلالها. تجذب هذه المؤسسات الطلاب من جميع أنحاء القوقاز، بما في ذلك جورجيا. ولكن هذا لا يعني بالضرورة أنه من المستحيل الحصول على التعليم الإسلامي في جورجيا. وعلى الرغم من قلة المدارس وعدم انتشارها يوجد عدد قليل من المدارس الدينية؛ حيث يمكن الحصول على نوعية جيدة من التعليم الإسلامي. وبصرف النظر عن التحركات التركية، والقواعد الإيرانية التي أُنشِئت في المناطق الناطقة باللغة الآذرية، والتي تقدم التعليم الأساسي للإسلام، كما توجد كلية دينية صغيرة في تبليسي، أسستها مؤسسة خيرية إيرانية، والتي ترتبط بمؤسسة الإيمان. وبالمثل، ففي قرية كوسالي التي تقع على الحدود الأذربيجانية - الجورجية على بعد ٣٠ كيلو من مارنيولي، أسست مدرسة تركية صغيرة من قبل النقشبندية التركية أتباع عثمان نوري طوبا، والذين ينشطون في أذربيجان. هذه المدارس السنية ترحب أيضًا بالأطفال الذين ليس لهم معرفة بالانقسام السني- الشيعي والذين، لهذا السبب، يصبحون من السنة المخلصين بعد تخرجهم من هذه المدرسة.

## تعايش السنة والشيعة ولكن دون اندماج

على الرغم من أن الإسلام في البلاد منظّم من قبل الإدارة ذاتها (الجامع الرئيس في تبليسي، الذي يشرف عليه الحاج علي، والذي عيّن من قبل شيخ الإسلام من باكو، (شكر الله باشا زاده)، تتعايش مجموعتان مسلمتان في جورجيا بشكل واقعي وهما الأذربيجانيين الشيعة والأجاريانس السنة، بينما الروابط والاتصالات بين الطائفتين شبة معدومة، باستثناء عدد قليل ممن يصلون أحيانًا في الجامع الرئيس في تبليسي، والذي صُمّم للسماح للطائفتين بممارسة شعائرهما.

وعدم وجود الإسلام الموحد في جورجيا يعني أن اثنتين من المدارس ليس لهما نفس المطالب للمطالبة بها من الدولة المركزية. فمطالب الشيعة الأذربيجانيين اقتصادية أكثر منها دينية، ولا سيما في ضوء تدهور وضعهم منذ استقلال البلاد. وكانت المسائل الدينية موجهة إلى باكو وإدارة الشؤون الدينية، والتي بدورها تنقل مشاكل الأذربيجانيين الشيعية إلى تبليسي. ومن ناحية أخرى، فالمسلمون الأجاريانس، والذين لا يشكلون أقلية عرقية مثل الأذربيجانيين، لديهم علاقة مختلفة مع الدولة الجورجية. إنهم مسلمون، ولكن جورجيون، فهم في موقف صعب؛ إذ تشجع الدولة المركزية الأجاريانس للعودة إلى الدين المسيحي، والذي يتم الترويج له بأنه الدين الحقيقي للجورجيين. تهدف سياسات الدولة حول التعليم والهوية إلى نشر المسيحية، ولكنها لا تفعل ذلك بطريقة مباشرة، بل تفضل بدلاً منه التبشير والتوجيه إلى الكنيسة. وبشكل عام، فإن المشكلة الرئيسة اليوم في جورجيا؛ حيث تأسست أيديولوجية الدولة الجديدة على القيم المسيحية، هي تهميش قطاعات كبيرة من السكان الذين لا يعتنقون المسيحية.

## الجورجيون الأذربيجانيون يتبنون سياسة الانفتاح تجاه إيران

هناك ٣٠٠,٠٠٠ من الجورجيين الأذربيجانيين يعيشون في كفيمو كارتلي، ولا سيما في مدن بولنيسي، ومارنيوللي، وديمانيسي، ويسكنون منطقة استراتيجية على الحدود بين أرمينيا وأذربيجان. وتقع اليوم على مفترق طرق هامة لنقل الهيدروكربون على بحر قزوين، ولا سيما على خط أنابيب باكو- تبليسي- جيهان، فقد تناست كفيمو كارتلي دورها السلمي أثناء الحقبة السوفييتية. وقد شهد عام ١٩٩٢- ١٩٩٣م وقوع عدة اشتباكات بين الأرمن والأذربيجانيين، وذلك كجزء من حرب ناجورنو كاراباخ.

يصر قادة المجتمع المحلي على أن تبقى الأقلية الأذربيجانية في جورجيا اليوم لمواجهة نتائج السياسة القومية الجديدة التي اعتمدتها تبليسي تجاه السكان غير الجورجيين. وفي الواقع صُدمت السلطات في تبليسي بالصراعات التي اندلعت في أعقاب انهيار الاتحاد السوفييتي، خصوصًا في أبخازيا وأوسيتيا الجنوبية، والذين يميلون إلى اعتبار الأقليات – حسب وصفهم - عقبة في سبيل بناء الوطن.

تعاني السياسة الثقافية الجورجية عمومًا من اللهجات الدخيلة (أي كثرة الحديث عن الدخلاء في لغة الشعب). ففي الواقع، تعتبر الحكومة أن الأقلية الأذربيجانية ضيوف قد تم استقبالهم من قِبَل السكان الجورجيون الأصليون، وبسبب هذا يُتوقع منهم أن يعيشوا على الطريقة الجورجية التي تتبعها الأغلبية. وقد أدى ذلك إلى أن الجورجيين الأذربيجانيين يشعرون بالتهميش على الرغم من أن ذلك ليس صحيحًا، وخصوصًا فيما يتعلق بخصخصة الأرض، وهى عملية يشعر من خلالها الأذربيجانيون بالظلم. وبالرغم من

أن الأذربيجانيين يعيشون في المناطق الحدودية، فإن الأرض التي يسكنونها لم يتم تخصيصها؛ لأن السلطات في تبليسي تخشى احتلالها من قِبَل الأقليات الأجنبية، مما سيؤدي إلى تشجيع هذه الأقليات للقيام بأعمال انفصالية مما سيشكل خطرًا على الدولة بأكملها.

## قلة الوعي الديني

هذه المنطقة التي عاشت لسنوات عديدة كجزء من الإمبراطورية الإيرانية الصفوية، كانت تحت تأثير مباشر من الشيعة الإمامية، وهو الدين الرسمي للإمبراطورية منذ عهد الشاه إسماعيل. وأدى توسع الصفويين في منطقة القوقاز، في عهد الشاه عباس في القرن السابع عشر، إلى انتشار المذهب الشيعي في المنطقة. وفي ظل الدولة الصفوية كان الحكم الإسلامي في شكل هرمي صارم، ويرتبط رجال الدين ارتباطًا وثيقًا بالحكومة.

ومع ذلك، في الفترة من عام ١٨٢٨م فصاعدًا، عندما سيطرت روسيا على منطقة القوقاز بالكامل، ورسمت حدودها مع إيران، أسفر ذلك عن اقتطاع المناطق الشيعية في أذربيجان وجورجيا عن المراكز الشيعية الرئيسة في إيران والعراق. وقد عمّقت السيطرة الروسية على الحدود هذا التمزق بين الإسلام الشيعي في منطقة القوقاز وإيران، خصوصًا عن طريق إحكام السيطرة السوفييتية على الحدود، وجعل الحج إلى المدن الشيعية مثل كربلاء، ومشهد، وقُمّ والنجف مستحيلاً.

في عشية استقلال أذربيجان وجورجيا، كان وضع الإسلام في تلك المنطقة في موقف ضعيف ومنظم بشكل سيئ، وكان لدى المسلمين سيطرة ضعيفة على أولئك الذين تأثروا بشدة بالعلمانية التي فرضها السوفييت. ويشمل هذا، التقاليد الإسلامية التي لم تعد موجودة في المنطقة بسبب سياسة الإلحاد التي تبناها السوفييت. وفي عام ١٩٩١م، يمكن أن نعرف إلى أيّ مدًى عانى الإسلام من نقص الوعي الديني والعلماء والذين كانوا قادرين على إعطاء معنًى لتوجهات الناس وأعمالهم. وهذا الافتقار إلى الوعي الديني وانعدام القدوة والكيان التنظيمي للإسلام أدى إلى التوجه السريع إلى إعادة الروابط مع الدول الإسلامية القريبة من منطقة القوقاز. أما بالنسبة للمسلمين الشيعة في جورجيا، فقد كان حالهم هو نفس حال إخوانهم في أذربيجان، وأول وأهم تأثير قد جاء من إيران؛ ويمكن أن يقول المرء: إن هذا كان متوقعًا؛ إرساءً للدعم العقائدي لكلا الجانبين في منطقة آراكس.

## نحو استرداد الروح

بعبارات محددة، جاء الدعاة الإيرانيون إلى منطقة القوقاز قبيل سقوط الاتحاد السوفييتي لإعادة الإسلام إلى السكان الشيعة الذين تعرضوا لعقود من الإلحاد. وسرعان ما أُعيد فتح المساجد، والمدارس الدينية غير الرسمية، وترجم العديد من الأعمال الأدبية من الفارسية إلى الأذربيجانية، وانتشرت في كل المناطق الناطقة باللغة الأذربيجانية في أذربيجان وجورجيا. وعلاوة على ذلك، كان هناك ارتفاع كبير في عدد الحجاج إلى المدن الشيعية المقدسة ككربلاء والنجف (قبل الغزو الأمريكي للعراق) وأيضًا إلى قم ومشهد في إيران. وعلاوة على ذلك، ففي أثناء الحقبة السوفييتية، كان الإسلام يُدَرَّس في المدارس الدينية

السوفييتية أو في طشقند أو بخارى، وفي بداية عام ١٩٩١م بدأ القوقازيون الدراسة في جامعات العالم العربي وإيران وتركيا.

أما بالنسبة لشيعة أذربيجان وجورجيا، فقد أخذ مئات من الشباب زمام المبادرة عن طريق الذهاب إلى قم ومشهد، والقليل منهم ذهب إلى طهران وقزوين، لدراسة العلوم الدينية. وفي حوزة قم، وهو نوع من حرم الجامعة الإسلامية، رحّبت اثنتان من المدارس الدينية وهما مدرسة الإمام الخميني ومدرسة الحُجة بعشرات من الطلبة الشيعة الأذربيجانيين القادمين من جورجيا. وأدى إعادة الروابط بالسماح بعودة الشيعة مجددًا إلى منطقة القوقاز تدريجيًّا قبل أن ينخرطوا في المجتمع الشيعي الدولي.

## رجال دين إيرانيين في تبليسي

قبل عام ١٩٩١م كان عدد قليل جدًّا من الناس داخل الطائفة الشيعية في جورجيا وأذربيجان مدركين لحقيقة التشيع. ولكن اعتبارًا من عام ١٩٩٢م، أصبح المجتهدون والمرجعيات ورجال الدين قادرين على تدريس وتفسير النصوص الدينية المقدسة في الأقاليم القوقازية إلى درجة أنك يمكن أن تجد اليوم في جورجيا عددًا من الشخصيات الشيعية على مستوى عالٍ.

وفي تبليسي، حيث يمكن العثور على مسجد واحد في العاصمة الجورجية، وهي منطقة تسكنها أغلبية من الأذربيجانيين حوالي ١٠,٠٠٠؛ حيث توجد مؤسسة الإيمان، والتي يديرها شيخ إيراني ومساعده الأذربيجاني من جورجيا. ومع وضعها القانوني، توفر دروسًا دينية لأتباعها، ومكتبة صغيرة تحتوي في معظمها على مراجع الشيعة المترجمة من الفارسية، وغرفة اجتماعات دينية صغيرة حيث تجرى المناقشات في كثير من الأحيان. ولأن الكل يدين بالمذهب الشيعي ويمارسه، فإن الشخص المسئول عن المؤسسة يتبع تعليمات المجتهد، وفي مثل هذه الحالة تكون تعليمات محمد خامنئي، قائد الثورة الإسلامية الإيرانية. ولذلك فإن هذه المؤسسة الخاضعة للنفوذ الإيراني من خلال سفاراتها في أذربيجان، وجورجيا لا تتردد في التعاون الإسلامي مع جيرانها. وفي مارنيولي، يوجد واحد من أبرز مجتهدي الشيعة في العالم. وفي مدينة مارنيولي، حيث غالبية السكان من الأذربيجانيين، توجد مؤسسة أخرى مماثلة تسمى «**أهل البيت**»، وهو مصطلح عربي يشير إلى بيت النبوة، وهي أفضل تنظيمًا وأكثر شعبية من مؤسسة الإيمان؛ لأن المؤسسة وجدت في مدينة أذربيجان الشيعية، وهي مؤسسة نشطة إلى حد ما. وبغض النظر عن دروس اللغة العربية والتعاليم الشيعية، فإنها تقدم دروسًا في اللغة الإنجليزية، والجورجية من أجل مساعدة الشباب على الاندماج في جورجيا المستقلة. هذه المؤسسة التي يديرها مرجعية أخرى، من أجل تقليد المؤسسة الأخرى، وهو أحد أبرز المجتهدين الشيعة في العالم اليوم. ونحن نتكلم هنا عن السيستاني، الذي تُرجمت أعماله من العربية إلى الأذربيجانية، والتي يمكن العثور عليها بسهولة في السوق أو في مسجد الدولة، ناهيك عن المكتبة الخاصة بالمؤسسة. وإحدى مسئوليات المرجعية هو جمع الخُمس، وهي الضرائب (الزكاة) الشيعية. وهو ما يعادل خُمُس ما يفضل عن حاجة الفرد بعد الملابس الضرورية والاحتياجات الغذائية. ومن الصعب أن نحسم الجدل الدائر حولها؛ فهذه المبالغ لا يتم جمعها من قبل الوكيل، ولكن يجمعها ممثلو المرجعيات. وفي الواقع، وفي تناقض (للعلمانية) الموجودة في قوانين هذه الدولة وأخذًا بعين الاعتبار حقيقة أن السكان المحليين يعيشون حالة اقتصادية بالغة الصعوبة، فمن المستحيل تصور أن هذه المبالغ يمكن أن تؤخذ من الطلاب الشيعة في أذربيجان وجورجيا.

## التأثير القوقازي للينكراني الزعيم الديني لمدينة قم

وبدون وكيل أو مكاتب في المدن الشيعية في جورجيا، حصلت مرجعية أخرى وهو فضل لينكراني على سلطة واسعة بين الشيعة في مارنيولي، وبولنيسي، ديمانيسي، وتبليسي. بالإضافة إلى الاحترام الكبير الذي يتمتع به في أذربيجان، هذا العالم الشيعي، الذي يبلغ من العمر أكثر من ٧٥ عامًا، والذي حقق سمعة وشهرة لأنه ينحدر من أسرة أذربيجانية أصيلة من لينكران، والتي هاجرت إلى إيران في العشرينيات من القرن الماضي، ووُضع بين أبرز الزعماء الدينيين في حوزة قم في إيران، وقد كان للينكراني مجموعة من الأتباع في أذربيجان وجورجيا بفضل مئات الطلاب الذين جاءوا من منطقة القوقاز، والذين يستمرون في المجيء كل عام، إلى قم لدراسة التعاليم الدينية. ويبين البحث الفوري الذي أُجري في قم مدى تأثيره على الطلاب الشباب، والذين ينشرون أفكاره في المناطق الشيعية في القوقاز.

## فشل باكو في السيطرة على الإسلام في جورجيا

جميع المساجد والجمعيات الدينية في المدن الأذربيجانية والجورجية، من الناحية النظرية، تحت سيطرة وزارة الشئون الدينية في باكو التي يرأسها شيخ الإسلام شكر الله باشا زاده. ويعود إليه أمر تسمية الشباب بـ «إخوند» في تبليسي، وهو المسئول عن الإسلام في جورجيا، إلا أن سيطرة باكو على الإسلام موجودة نسبيًا. ليس كل المساجد والجمعيات الدينية مسجلة في إدارة الشؤون الدينية في باكو. والمفروض أن تكون مسجلة، فالمبادرات المحلية لإنشاء تلك الجمعيات والمساجد، والتي أحيانًا ما تكون مدعومة من قبل المعونة الأجنبية قد أُنشِئت بدون الرجوع إلى رأي مرجعية باكو. إن الإشراف النظري الذي تقوم به باكو على الإسلام في جورجيا يأتي نتيجة للعلاقات الجيدة بين أذربيجان وجورجيا، ولكن سيطرتها التامة لا تزال بعيدة المنال، لا سيما فيما يتعلق بالإسلام في أدجاريا؛ لأنها بعيدة من الناحية الجغرافية والدينية عن المسلمين الأذربيجانيين.

## أدجاريا، أرض جديدة للدعاة الأتراك

يختلف الإسلام في أدجاريا عن الإسلام في كفيمو كارتلي؛ بحيث من الصعب تصديق أنها تتعايش في نفس الدولة. فالشيعة الأذربيجانيين الذين يعيشون في كفيمو كارتلي وورثة الدولة الصفوية الذين سيطروا على المنطقة لفترة طويلة، يعارضون السنة في أدجاريا الذين برزوا أثناء الحكم العثماني، من القرن السادس عشر فصاعدًا. وهذا الانقسام التاريخي القوي لا يزال قضية مطروحة على الساحة حاليًا. ومنذ استقلال جورجيا، والإسلام في أذربيجان ترعاه إيران، ولكن الإسلام في أدجاريا يشهد صحوة كبيرة بفضل العلماء الأتراك.

## نبذة تاريخية ضرورية لفهمٍ أفضل حول كيفية انتشار الإسلام في أدجاريا

يخبرنا التاريخ أن الإسلام بدأ في أدجاريا بين ١٥١٠م وبداية القرن السابع عشر عندما بدأت الإمبراطورية العثمانية في التوسع في منطقة القوقاز. وبمجرد اندماج أدجاريا بشكلها الحالي تحت حكم الإمبراطورية العثمانية، ازدهر الإسلام، ولا سيما بين النخب المحلية، والتي استخدمها الأتراك كوسيلة لتوطيد سلطتهم. وبالنسبة للحكام العثمانيين، فقد مثل دخول النخب في الإسلام الخطوة الأولى نحو دخول

السكان الخاضعين لتلك القوى في الإسلام أيضًا. كانت الهيمنة العثمانية، والتي لم تكن مُقيِّدة جدًّا، مقبولة إلى حد ما على الرغم من اندلاع المقاومة المتفرقة بدرجات متفاوتة احتجاجًا على السلطة في اسطنبول. فالولاء للإمبراطورية العثمانية كان قويًّا خلال الحروب بين تركيا وروسيا، وحارب الأدجاريون التوسع الروسي في المنطقة.

## التراث العثماني

كانت هجرة عدد كبير من أدجاريا إلى الإمبراطورية العثمانية إحدى النتائج المترتبة على انحسار الوجود التركي في أدجاريا في القرن التاسع عشر، والذي يعود بالفائدة على الوجود الروسي الجديد في المنطقة. فالسلطات الدينية العثمانية أرادت هذا النزوح الجماعي، بينما حاولت روسيا القيصرية منعه من خلال اتخاذ سلسلة متتابعة من التدابير الضريبية والإدارية (حيث أعطيت المناصب المهمة إلى النخبة الإسلامية)، وتدابير عسكرية (مثل الإعفاء من بعض الواجبات العسكرية).

وخلال الفترة العثمانية، كان الإحساس بالهوية الجورجية ضعيفًا إلى حد ما. أما بالنسبة للأدجاريين، فقد عرفوا أنفسهم أولاً بأنهم مسلمون، و«تتر»، (وهو مصطلح يُستخدَم من قبل الإدارة الروسية على جميع المسلمين في المنطقة). كما عرفوا أنفسهم بالجورجو، أو المسلمين الجورجيين، خلافًا لمجموعة كارتفيليان الذين يعنون بالجورجيين المسيحيين. وبعد انسحاب العثمانيين بفترة طويلة، فقد عاش تراثهم في أدجاريا. ومن ثَم، لا يزال التعليم في المدارس الدينية، والسلطات الدينية التي جاءت من تركيا لا تزال قدوة للأدجاريين حتى بعد الحرب العالمية الأولى. وخلال الحرب العالمية الأولى، خاض العديد من الأدجاريين جنبًا إلى جنب مع الأتراك الحرب ضد الإمبراطورية الروسية. وكان الوضع مقلقًا لروسيا التي حاولت أن ترحل الأدجاريين، ولكن سرعان ما وُضعت نهاية لهذا المشروع، خوفًا من الأعمال العدائية التي ستلي هذه السياسة.

## الأدجاريون والحكم الذاتي

إن مجيء النظام السوفييتي على أنقاض الإمبراطورية الروسية كانت له معاني بالنسبة لأدجاريا. وبالفعل، كانت خصوصية المسلمين الدينية داخل الاتحاد الروسي معيارًا استخدمته موسكو لمنح الحكم الذاتي للأدجاريين داخل جورجيا. غير أن هذا الحكم الذاتي قد تم اكتسابه نظرًا لخصائص الأدجاريين الإسلامية، والذي لم يمنع الجمهوريات السوفييتية من شن سياسة إبادة ضد الإسلام في المنطقة، كما هو الحال في جميع أنحاء الاتحاد السوفييتي. وتم إغلاق جميع المساجد والمدارس الدينية تقريبًا، وحظر عرض الإسلام على الملأ، ولم يبق الإسلام إلا في ضمائر الناس وخواصهم.

## جامساكورديا جورجيا يعيد أدجاريا إلى المسيحية

بمجرد تقسيم الاتحاد السوفييتي، شهدت جميع الجمهوريات صحوة دينية وأعادت الروابط بين الهوية الوطنية والمشاعر الدينية. وفي جورجيا، قرر زيفياد جامساكورديا، الرجل القوي الجديد في جورجيا المستقلة الاعتماد على الكنيسة لإيجاد دولة جديدة ونظام جديد للمواطنة. وأعرب المثقفون عن خشيتهم من الإسلام النشط، تلك الخشية النابعة في الآونة الأخيرة من إعادة فتح الحدود التركية. وقد اعتُبر عودة

رجال الأعمال والدعاة الأتراك عودة إلى العثمانيين وإلى العهد العثماني. وبعد هذا التنبيه الذي قام به المثقفون ووسائل الإعلام في باتومي، قررت السلطات الجورجية تنفيذ سياسة لتحويل الأدجاريين إلى المسيحية بمساعدة من الكنيسة الجورجية.

وقد كانت هناك العديد من التحولات بين الشباب الأدجاري، والذين اعتقدوا أنه عودة إلى الوضع الطبيعي: وتماشيًا مع التقاليد المسيحية الأدجارية، فإن جورجيا تعتبر أول منطقة دخلتها المسيحية في البلاد بفضل الرسول سانت اندروز (كما يقولون). وعلى الرغم من أن عملية العودة إلى المسيحية كانت مدعومة من الكنيسة والسلطات في تبليسي، تحت حكم جامساكورديا وشيفرنادزه، فإن هذا لم يمنع انتشار الإسلام بعد صعود ساكاشفيلي إلى الحكم، ويعود هذا لجهود الدعاة الأتراك.

## الدعم التركي للعودة إلى الإسلام

وعلى أعتاب تفكك الاتحاد السوفييتي، لم تكن هناك أية روابط بين تركيا وجورجيا. ومع ذلك، ومنذ تدفق الهجرة نحو الإمبراطورية العثمانية وتركيا خلال الحرب الروسية - التركية، وفقدان أدجاريا من جانب تركيا، فقد توطن عدد كبير من المسلمين الأدجاريين في المدن الحدودية في تركيا، مثل أرتفين أو هوبا أو في العاصمة اسطنبول.

وذكّر فتح الحدود هذه الجماعة بالإخوة الذين ينتمون إلى نفس العرق والذين مازالوا في جورجيا، وسرعان ما وضعوا العديد من الروابط التجارية. وبالنسبة لأدجاريا، فقد جلب فتح الحدود فرصًا تجارية جديدة تتجاوز تركيا المجاورة. ورأى الجورجيون أن الباب أصبح مفتوحًا إلى أوروبا. وخلال السنوات الأولى من الاستقلال، نظر السكان المحليون بعين الرضا إلى فتح الحدود، ولكن سرعان ما تسربت المشاعر السلبية في باتومي والمناطق المحيطة بها. وفجأة، شعر الناس أن رجال الأعمال الأتراك قد جاءوا لتحقيق الربح على حساب الجورجيين، من خلال إغراق أسواق المدينة بمنتجاتهم المنخفضة الجودة. ولكن بصفة خاصة، بالنسبة لكثير من الجورجيين، أيقظ وصول الأتراك ذكريات غير طيبة عن العهد العثماني.

وفي أدجاريا، ظل الحال في الاتحاد السوفييتي السابق أو حتى بلدان المعسكر الاشتراكي السابق كما هو منذ حدوث الظاهرة نفسها في منطقة البلقان، حتى قبل إعلان الاستقلال، فقد كان يعتقد أن الجماعات الدينية التركية لديها مجموعة من المشاريع والروح الدعوية، وسعت إلى تصدير التعاليم الدينية. واليوم يوجد أربع حركات إسلامية، بالإضافة إلى حركات الديانات الرسمية، والذين يشاركون في النشاط الديني الحقيقي في باتومي، ولكن الأهم من ذلك مشاركتهم في القرى المحيطة بها.

## الأسباب الكامنة وراء النشاط الديني التركي في أدجاريا

حتى لو كانت الظروف غير مواتية جدًا لوجود نشاط دعوي حقيقي في أدجاريا كنتيجة للسياسة القومية الجديدة في تبليسي؛ فإن الوجود الإسلامي التركي لا يزال ملحوظًا. والقدرة التي أظهرها الدعاة الأتراك على الساحة الأدجارية الدينية لها العديد من التفسيرات.

أولاً وقبل كل شيء، القرب الجغرافي مع وجود خلفية دينية مماثلة، وهو المذهب الحنفي السني الذي يعتبر مذهب كلا الجانبين الذين يسكنون الحدود، كما يوفر مزايا كبيرة في زرع الحركات الإسلامية

التركية في أدجاريا. وقد استمرت الحدود الصربية والتي كانت مغلقة طوال الحقبة السوفييتية وتعد في الوقت الراهن أهم نقطة عبور بين الاتحاد السوفييتي السابق وتركيا. ففي زمن قياسي، يمكن لرجال الدين الأتراك عبور الحدود إلى باتومي؛ حيث يمكنهم أداء الصلاة في المسجد الجامع الكبير أحد أكثر الآثار العثمانية وضوحًا. وعلى الرغم من انتهاء السيطرة العثمانية في عام ١٨٧٨م، لا تزال أدجاريا تعرض الإرث التركي السابق. علاوة على ذلك، فإن اللغة التركية لم تختفِ تمامًا من الريف والمناطق الجبلية في أدجاريا؛ حيث لا يزال يتحدث بها كبار السن. ومنذ استقلال البلاد، تجددت الاتصالات بين جورجيا وتركيا في الشتات والوطن الأم، وقد تم إنعاش الأجواء التركية التي سادت في أدجاريا . وقد لعب هذا الشتات أيضًا دورًا كبيرًا في نشر مجموعة كبيرة من الأدب الإسلامي في أدجاريا، وفي تدريب عدد من الكوادر الجديدة من الأدجاريين المسلمين في تركيا، وأيضًا في تمويل العديد من المدارس الدينية على مشارف باتومي. وتعتبر أدجاريا أيضًا منطقة تبشيرية؛ حيث يتنافس الأتراك ضد دول إسلامية أخرى، مثل إيران، والتي هي العلامة التجارية للمذهب الشيعي بدلاً من جذب الأذربيجانيين من كفيمو كارتلي .

## «كل شيء طبقًا للقرآن، والكل من أجل القرآن»

وأهم حركة وعظ تركية في أدجاريا هي حركة «سليمان»، وهم أتباع الزعيم الإسلامي التركي، سليمان حلمي تاناهان (١٩٥٩–١٨٨٨م) وتركت وراءها حركة إسلامية قوية، فضلاً عن شبكة واسعة من المدارس القرآنية، والتي أدى انتشارها إلى وجود نزاع مع الدولة التركية. فمنذ سنواتها الأولى، وهي تحمل شعار «كل شيء طبقًا للقرآن، والكل من أجل القرآن»، وقامت بحملة نشطة لفتح المزيد من المدارس القرآنية في جميع أنحاء البلاد. هذه الفكرة التقليدية التي تهدف إلى تعليم الأطفال كيفية قراءة القرآن الكريم هي جزء من الأنشطة التي تقوم بها الحركة، والتي تشمل إرسال البعثات الدعوية إلى أوروبا وآسيا الوسطى والقوقاز. وفي مدينة باتومي والمناطق المحيطة بها، يوجد ست مدارس دينية صغيرة يسيطر عليها الجورجيون، وهي الآن تخضع لفكر تاناهان. ووفقًا للمسئولين، فمعظم مؤسسي هذه المدارس الدينية تم تدريبهم في تركيا بين عامي ١٩٩٢ و ١٩٩٦م، وكثيرًا ما تكون في المدن القريبة من الحدود الجورجية، وبخاصة في منطقة البحر الأسود .

وبالنسبة للوقت الحالي، فإن جميع المدارس الدينية تُدَار من قبل الأدجاريين، بينما كانت تدار خلال السنوات الأولى من الاستقلال، من قِبل تركيا ورجال الدين. وهذه علامة على أن الأتراك قد وصلوا إلى الهدف، ونجحوا في إقناع السكان المحليين. وفي يوليو ٢٠٠٥م، كانت هناك مؤسسات جديدة في طور الافتتاح، بما في ذلك مدرسة للفتيات. وتبقى هناك مسألة حساسة وهي وضع هذه المدارس الدينية فيما يتعلق بالتشريعات القائمة. فمنذ عام ١٩٩٦م هناك هيئات إفتاء (المجلس الأعلى الإسلامي) في باكو، والذي من المفترض أن ينظم الإسلام في المنطقة، بما في ذلك أدجاريا من حيث المبدأ، فكل حركة يجب أن تطلب الإذن من السلطات المحلية وهيئات الإفتاء لتأسيس مدرسة أو مؤسسة دينية. وبالرغم من ذلك، ففي كثير من الأحيان فُتِحَت أغلب المؤسسات من قبل الأتراك، سواء كانت من حركة سليمان أو غيرها، ولديهم وجود شبه قانوني. وفي الواقع، بسبب الصعوبات الإدارية التي يواجهها الناس في تسجيل أنشطتهم، فإن معظم الدعاة الأتراك وكذلك شركاؤهم المحليون يفضلون العمل في المدارس الدينية الصغيرة، التي وإن لم تكن سرية فليس لها وضع رسمي .

## أتباع نورجو يحسّنون صورة الأتراك

انخرط أتباع سعيد نورجو، والذي كان ناشطًا في ظل فترة الاتحاد السوفييتي السابق، (١٨٧٦-١٩٦٠) والمعروف باسم سعيد النورسي، كما شارك في النشاط الإسلامي الهام في جورجيا، وعلى الأخص في أدجاريا . انقسمت حركة سعيد النورسي إلى عدة فروع، والمجموعة الحالية في أدجاريا تتبع مصطفى سُنجر، وهو أحد أتباع سعيد النورسي التاريخيين. وكانت لديهم مدرسة في تبليسي، وأخرى في ضواحي باتومي. وتقدم مجموعة من الكوادر المحلية للانضمام إلى أفكار سعيد النورسي. وفي مدارسهم في باتومي، والتي تدار من قبل رجال الأعمال الأتراك، يقدم أتباع سعيد النورسي دروسًا عن الإسلام وتعاليم سعيد النورسي الرئيسة التي تقوم على مؤلفاته هو مثل «رسالة النور»، وتفسيرًا للقرآن مكتوب بالخط العثماني، ولكن تُرجم إلى اللغة التركية الحديثة، وهو كتاب ضخم يمتد إلى أكثر من ٦٠٠٠ صفحة .

وعلى قدم المساواة في أدجاريا توجد حركة الإخوة، والتي أسسها الأخوان فتح الله جولن، وهم أيضًا من أتباع سعيد النورسي، والتي تتمتع بقدر كبير من الاستقلال الذاتي، وهي إحدى المؤسسات التعليمية الأربع لحركة فتح الله في جورجيا، وتقع في باتومي، والبعض الآخر في تبليسي وكوتايسي. والشيء الذي تتميز به الحركة هو إعطاء الأولوية للتعليم العلماني . وفي الواقع، فإن جميع مدارسها، التي انتشرت في جميع أنحاء الاتحاد السوفييتي السابق، قد توفرت فيها حركة التعليم الحديث، مع التركيز على المواد العلمية، والحوسبة، واللغة الإنكليزية. وفي مدرسة باتومي الثانوية، وعلى الرغم من أن معظم التلاميذ من المسلمين، فإن هناك أيضًا عددًا من الطلاب المسيحيين، ولذلك اكتسبت المدرسة سمعة جيدة؛ نظرًا إلى نتائجها الجيدة، وتسهم المدرسة في تحسين صورة الأتراك الذين يعملون في جورجيا، وكثيرًا ما يُنظَر إليهم على أنهم «الانتهازيون».

### إسهام مؤسسة «ديانت»

لا يقتصر التأثير التركي الديني على ما ذُكر سابقًا من أنها مبادرات خاصة؛ لأن الدولة التركية لديها مؤسسة رسمية تسمى «ديانت»، وقد دعا مسئول منظمة «ديانت» وزارة الشؤون الدينية الموضوعة تحت سلطة رئيس الوزراء، بوضع سياسة التعاون بين كل دول الاتحاد السوفييتي السابق. وبصفة عامة، تمتلك «ديانت» عددًا من مكاتب التمثيل في كل المدن الكبرى، والتي تقدم خدماتها للمواطنين. وفيما يتعلق بأدجاريا، فعلى الرغم من عدم وجود مكتب تمثيل حقيقي فيها، فإن مبعوثيها يعبرون الحدود بصورة منتظمة لتقديم ما لديهم من سياسة التعاون الإسلامي إلى هيئات الإفتاء. وبمساعدة القنصلية التركية في باتومي، تنشر «ديانت» الأدب الإسلامي على نطاق واسع، وفي بعض الأحيان يرسل أفراد الوعظ الديني إلى المساجد مسئولاً عن اختيار الطلاب الذين يرغبون في دراسة التعاليم الدينية في تركيا. ومع ذلك، فإن أعمال الحركات السالفة الذكر أكثر كفاءة بكثير من تلك التي تقوم بها «ديانت»، والتي لا تملك الوسائل الكافية لتحقيق أهدافها.

# الوثيقة الثالثة

# تاريخ الإسلام في القوقاز

الدكتور محمد السيد علي بلاسي، عضو اتحاد الكتاب ـ القاهرة

## التحديد الجغرافي للقوقاز

يكوّن المسلمون ٢٠ % من مجموع سكان الاتحاد السوفييتي (سابقًا)، الذي يبلغ عدده ٦٥ مليونًا وفقًا لإحصاء ١٩٩١ م. ويتركز معظم هؤلاء المسلمين (٤٠ مليونًا) في إقليمي تركستان والقوقاز.[١]

## إقليم القوقاز:

ويشمل جمهورية أذربيجان الاتحادية، وجمهوريات وأقاليم ذات استقلال ذاتي في جمهوريتي أرمينيا وجورجيا، والجمهوريات المستقلة ذاتيًا في روسيا الاتحادية، وتقع جميعًا في مرتفعات القوقاز. وتبلغ مساحة الأراضي التي يشغلها المسلمون ٣٨٩،٠٠٠ كلم٢، وتضم ٢٠،٣ % من مجموع المسلمين في الاتحاد السوفييتي.[٢]

## التقسيم الجغرافي للقوقاز

ينقسم إقليم القوقاز جغرافيًّا إلى قسمين: الأول: القوقاز القريب: وهو يضم الجمهوريات الإسلامية ذات الحكم الذاتي والتي تقع في نطاق جمهورية روسيا الاتحادية، وهي كاباردين البلكار وأوسيتيا الشمالية، والشاشان والأنجوش وداغستان، وهذا غير الأقاليم الأخرى ذات الحكم الذاتي (أوبلاستي Oblasti).الثاني: القوقاز البعيد: ويضم جمهورية أذربيجان الاتحادية في الشرق، وإلى غربها جمهورية جورجيا التي تضم أبخازيا وجمهورية آجاد ذات الحكم الذاتي، وإقليم أوسيتيا الجنوبية ذات الحكم الذاتي، وإقليم أوسيتيا ذات الحكم الذاتي ـ أيضًا ـ (أوبلاستي Oblasti).[٣]

## التركيب العرقي للقوقاز:

ينتمي مسلمو القوقاز إلى مجموعتين عرقيتين هما: ١) مجموعة الشعوب التركستانية: وتضم سكان أوزبكستان وكازاخستان وأذربيجان وتركمانستان وقيرغيزيا. وهؤلاء يتحدثون بلغات قريبة من اللغة

التركية، وهم أقرب ثقافيًا إلى تركيا. ٢) مجموعة الشعوب الإيبروقوقازية: وهؤلاء يعيشون في مجموعات متفرقة في القوقاز وروسيا هذا، ويسود في أذربيجان المذهب الشيعي، ويتحدثون لغة تركية محلية (٤).

## الإسلام في القوقاز[٥]

تبدأ قصة الإسلام في آسيا الوسطى منذ القرن الأول الإسلامي وتستمر حتى يومنا هذا؛ حيث اتحدت مجهودات العرب والإيرانيين والأتراك الشرقيين والعثمانيين والقوقازيين لزرع الإسلام بطرق شتى في الأراضي الشاسعة التي تمتد من القوقاز حتى حدود الصين، ومن قازان حتى الحدود الإيرانية والأفغانية. وانتشر الإسلام عن طريق الفتوحات والعمل الدبلوماسي لخلفاء الدولة العباسية والدولة العثمانية، وبفضل نشاط المسلمين أيضًا، وبفضل النشاط المكثف للطرق الصوفية التي تحولت إلى حركة شعبية حتى أصبحت آسيا الوسطى إحدى المناطق الأكثر فاعلية في انتشار التصوف[٦].

## الفتح الإسلامي للقوقاز

في سنة ٢٢ هـ/ ٦٤٢ م، أرسل المغيرة بن شعبة، والي الكوفة، قوات من عرب الكوفة لغزو أذربيجان. وتوغلت هذه القوات في أقاليم طبرستان وجيلان وقومس، وعقدت قواتها اتفاقيات سلام مع حكامها أو أصحاب الأمر فيها. ولم ينتج عن هذه الحملات استقرار للفتح الإسلامي في هذه النواحي، فقد كانت كلها غارات خاطفة، ولم يلق المسلمون مقاومة كبيرة من أهلها. وقد أعيد فتح مدن هذه النواحي مرة بعد أخرى! وبعد موقعة نهاوند، أرسل المغيرة بن شعبة، والي الكوفة، قوات كافية من هناك إلى أذربيجان بقيادة حذيفة بن اليمان، فسار إلى العاصمة أردبيل، وقاتلهم وانتصر عليهم، وصالحهم على جزية وشروط. ثم غزا حذيفة بن اليمان - أيضًا - موقان وجيلان، وأوقع بهم، وصالحوه على إتاوة.

ولي أذربيجان بعد ذلك عتبة بن فرقد السلمي، فأتاها من شهرزور، وغزا نواحي كانت قد انتقضت على المسلمين. ثم قام الوليد بن عتبة بغزو أذربيجان سنة ٢٥ هـ/ ٦٤٦ م، وكان على مقدمة جيشه عبد الله ابن شبل الأحمس ومعه الأشعث بن قيس، فأغار على أهل موقان والبهير والطيلسان. وفي ولاية سعيد بن العاص على الكوفة غزا أذربيجان، وأوقع بأهل موقان وجيلان. وهزم أحد قواده، وهو جرير بن عبد الله البجلي، أهل أذربيجان عند أرم. ثم ولى علي بن أبي طالب الأشعث بن قيس أذربيجان، فوجد أكثر أهلها قد أسلموا. فأنزل أردبيل جماعة من أهل العطاء من العرب، ووحدها وبنى مسجدها[٧].

## الدولة الأموية والقوقاز

يبدو أن الفتنة الكبرى التي أَلَمَّت بالدولة الإسلاميَّة في أواخر عهد عثمان بن عفان والحرب الأهلية التي كانت بين الإمام علي - كرم الله وجهه - ومعاوية بن أبي سفيان، قد عطلت حركة الفتح الإسلامي لبلاد ما وراء النهر. ولكن مع بداية العصر الأموي، بدأ تواصل الغارات الثغرية على هذه المنطقة حتى عام ٨٥ هـ الذي ستشهد فيه هذه البلاد فتحًا مستقرًا[٨]. وبدأ الإسلام يشق طريقه بثبات بين الناس. وخلال بقية العصر الأموي حتى سقوط الدولة سنة ١٣٢ هـ، كانت جهود الأمويين منصرفة إلى تثبيت السيادة العربية والتمكين للنفوذ الإسلامي من الانتشار بالطرق السلمية، ومن أهمها: توظيف المسجد في المهام الدعوية والتعليمية وتوطين القبائل العربية في المدن الكبرى[٩].

وأصبحت بلاد ما وراء النهر بدورها مدافعة بحماس عن الإسلام وعاملة على نشره بين الأتراك الشرقيين. ولم تكن تلك المهمة سهلة، بل كانت أصعب من مهمة الفتح ذاتها، وكانت بعيدة الأثر في تاريخ الإسلام بصفة عامة، وتاريخ أواسط آسيا بصفة خاصة. ولقد أخلصت بلاد ما وراء النهر للإسلام كل الإخلاص وغدت جزءًا من أهم أجزائه، غيرة عليه وتمسكًا به. وظلت الدولة الأموية والأتراك الشرقيُّون في صراع، يتبادلون النصر والهزيمة، حتى تغلبت كفة الدولة الأموية على يد الوالي الشجاع أسد ابن عبد الله القسري ونصر بن سيار (١٢١ - ١٢٩ هـ) الذي حظي بمكانة في تاريخ الجهاد الإسلامي في تلك البلاد لا تقل عن مكانة قتيبة بن مسلم؛ فهو الذي حمى بلاد ما وراء النهر من خطر الأتراك[١٠].

## القوقاز في الدولة العباسية

ومع ظهور العصر العباسي، توطدت الأمور في هذه البلاد نتيجة ظهور النزعة العربية والانفتاح على الأعاجم، والميل إلى الدعوة بالطرق السلمية، والتمكين للنظم الإدارية في البلاد، واستخدام العناصر التركية في الجيش، لدرجة أننا عندما وصلنا إلى عصر المعتصم كان الإسلام قد رسخت أقدامه، وبدأ الأتراك أنفسهم يتبنون حركة نشر الإسلام [١١]. وقامت في تركستان، تحت ظل الإسلام، دول وإمبراطوريات إسلامية كان لها فضل كبير في نشر الإسلام وحضارته، كدولة «آل سامان» التي أسست عام ٨٧٤ م، وخانات تركستان المعروفة (إيلكا خانات)، والدولة الغزنوية، ودولة السلاجقة[١٢].

وهكذا مضى العباسيون قدمًا في تنفيذ السياسة التي رسمها الأمويون لإسلام بلاد ما وراء النهر، وحققوا نجاحات هائلة، وسارت الثقافة الإسلامية في ركاب الإسلام، وتوطدت أركانها بين أهل البلاد، وبدأ أهل البلاد يتعلمون اللغة العربية. وإذا كانت المراكز الثقافية في ما وراء النهر - خاصة في بخارى وسمرقند - لم تبرز وتحدد معالمها إلا في عهد الطاهريين (٢٠٥ - ٢٥٩ هـ)[١٣]، والتي كان ظهورها - في حد ذاته - جزءًا من السياسة العباسية ومكافأة للذين أخلصوا للخلافة ولم يتمردوا عليها، وكان ظهور هذه الأسرة - بالفعل - دفعة قوية للإسلام في بلاد ما وراء النهر؛ فقد واصل الطاهريون السياسة التي وضع أسسها الأمويون، وعمّقها العباسيون، وهي سياسة التمكين للإسلام في الداخل ودرء الأخطار الخارجية، بل يمكن القول: إن الطاهريين كانوا أكثر إدراكًا للخطر الذي هدد البلاد من الأتراك الشرقيين[١٤].

وإذا كان الطاهريون قد قاموا بدور كبير وهام في التمكين للإسلام والثقافة الإسلامية في ما وراء النهر، فإن السامانيين (٢٦١ - ٣٨٩ هـ) كان دورهم أكبر وأعظم أثرًا. فبالرغم من أن كلتا الأسرتين من أصل فارسي، فإن السامانيين كان دورهم في ما وراء النهر أعظم؛ لأن الطاهريين حكموا ما وراء النهر من خراسان: فقد كانت عاصمة دولتهم نيسابور؛ أما السامانيون، فقد حكموا خراسان من وراء النهر: فقد كانت عاصمتهم مدينة بخارى. لذلك كان من الطبيعي أن يكون اهتمامهم بما وراء النهر أعظم؛ لأنه مقر حكمهم ومركز دولتهم. ففي عهد السامانيين، وضحت ثمار الجهود التي بذلها العرب في رفع مكانة الإسلام هناك طيلة قرنين من الزمان تقريبًا، وأحرزت الحركة الإسلامية نجاحها المرجو؛ فثبت الإسلام في قلوب الأتراك الغربيين، بل أخذ ينتشر بين الأتراك الشرقيين.[١٥]

ومهما يكن من أمر، فلولا أن جعل الله تعالى السلاجقة، ثم الخورازمشاه، سببًا في تمكين الحكم الإسلامي في بلاد ما وراء النهر والقوقاز، لاستطاع المغول - بتحريض القوى الصليبية التي كانت تدفعهم -

القضاء على الإسلام في تلك المناطق بعد أن قضوا على كل أثر للحضارة الإسلامية هناك. ولكن لما دخل سكان هذه المناطق من الترك تحت راية الإسلام طواعية من قبل، راح خانات المغول يدخلون في دين الله تتبعهم شعوبهم. فقد أسلم خان «التون أوردا» (القبيلة الذهبية)، وهو من أحفاد جوجي بن جنكيز خان - ويدعى «بركه خان» - وعقد علاقات ودية مع الظاهر بيبرس - سلطان المماليك في مصر - الذي تزوج ابنته لتوثيق أواصر الصداقة بينهم. وفي حوالي ٦٨٠ هـ أسلم شقيق أبا قاخان ابن هولاكو من الأسرة الإلخانية، وسمى نفسه باسم محمود، وأسلم بإسلامه معظم تتار الغرب (٦٩٨ هـ). ولم ينقض القرن السابع الهجري حتى كان معظم المغول قد أسلموا. وفي ٧٢٦ هـ، أعلن خان ما وراء النهر طرماسيرين خان إسلامه، ثم تبعه السلطان توغلق تيمور خان (٨٤٧ هـ) في اعتناق الإسلام[١٦].

## القوقاز في ظل العثمانيين

جاء العثمانيون عام ١٢٩٩م ليحكموا الأناضول وليفتح السلطان محمد الفاتح القسطنطينية سنة ١٤٥٣م...، ثم جاء تيمورلنك وأقام إمبراطورية بعد كارثة المغول، ثم تمزقت إمبراطورية تيمورلنك بين أولاده وأحفاده الذين كانوا مخلصين للإسلام وحضارته وثقافته إلى أن أقام مظفر الدين بابر، حفيد تيمورلنك، الإمبراطورية التركية المغولية في أفغانستان والهند، وأكمل نشر الإسلام في الهند بعد أن كان السلطان محمود الغزنوي قد نشره في عهده. وهكذا حكم الأتراك المسلمون جميعَ البلاد من شبه جزيرة البلقان في شرق أوروبا والشاطئ الشمالي للبحر الأسود والقرم والقوقاز إلى تخوم الصين في النصف الأول من القرن السادس عشر الميلادي[١٧].

ولقد مر العالم الإسلامي والمنطقة الإسلامية بأحداث مهمة خلال مطلع القرن ١٦م، كان لها آثارها بعيدةُ المدى، ونتائجها واضحةُ الأثر على علاقات الدولة العثمانية بممالك آسيا الوسطى والقوقاز. فقد أدى نشاط حركة الجهاد الإسلامي في شرق أوروبا حتى سقوط بيزنطة وضم الدولة العثمانية للأملاك البيزنطية في البحر الأسود - أدى إلى دخول إسلامبول منطقة القرم وقفقاسيا، وخوض صراع طويل بواسطة حليفها خان القرم على أملاك دولة «التون أوردا» في قازان واسترخان مع إمارة موسكو، انتهت بإلحاق الدولة العثمانية القرم تحت حمايتها، وضم موسكو لقازان واسترخان. ومنذ ذلك الحين، أصبح للدولة العثمانية نفوذ في القرم، وعلاقات وطيدة مع خانات القرم. وعلى الرغم من عدم وصول هذه العلاقة إلى درجة التبعية التامة بصفتها ولاية عثمانية، فإن تعيينَ خان القرم كان يأتي من الآستانة رأسًا، وكانت شؤون القرم الداخلية تترك لخان القرم يديرها بنفسه دون الرجوع للدولة العثمانية.

ومن ناحية أخرى، فقد كان لظهور إمارة موسكو بصفتها قوّة في منطقة أوكرانيا شمال البحر الأسود، وسعي أمير هذه الإمارة للحصول على لقب القيصرية من بابا روما، ووراثة الإمبراطورية البيزنطية، وحرص بابا روما على دفع روسيا القيصرية لحمل الراية الصليبية ضد العالم الإسلامي، كان لهذا كله أثره العظيم في توجيه القيصر الروسي بَصَرَهُ صوب الممالك الإسلامية في الجنوب، وبخاصة تلك التي كانت توشك على الانهيار (ممكلة التون أوردا). ومنذ سقوط أملاك التون أوردا في قازان واسترخان في يد الروس، لم تتوقف السياسة الروسية عن التخطيط لبسط نفوذها على قفقاسيا، فسواحل الخزر، حتى

وصلت إلى ممالك آسيا الوسطى والقوقاز في بخارى وخوقند وخوارزم وتركستان. وفي هذا السبيل، قامت روسيا القيصرية بتوظيف كل إمكانات العالم الصليبي بالتنسيق مع الدولة الأوروبية أو دون التنسيق المباشر معها، حتى تمكنت من قطع اتصالات ممالك آسيا الوسطى ببقية العالم الإسلامي، وبخاصة الدولة العثمانية.

كل هذا ساعد على عدم إيجابية التنسيق بين الدولة العثمانية وممالك آسيا الوسطى والقوقاز لمواجهة الخطر الروسي في المنطقة. ومهما يكن من أمر، فقد كان التنسيق الصليبي - الاستعماري - لا يستهدف أملاك الرجل المريض فحسب، بل استهدف احتلال كل بلاد المسلمين، وتمزيق كل علاقة تربط بعضها ببعض. وقد قامت حركة التغريب ونشر الأفكار القومية والعنصرية في أنحاء العالم الإسلامي بهذا الدور خير قيام [١٨]. واعتبارًا من القرن التاسع عشر الميلادي، تعرض العالم الإسلامي عمومًا، والدولة العثمانية على وجه الخصوص، وروسيا وأوروبا وإيران، لمتغيرات هائلة، كان لها أثرها المباشر على علاقات الدولة العثمانية مع مناطق آسيا الوسطى بعد سقوط القرم وقفقاسيا حتى بحر قزوين في يد الروس. ويأتي على رأس هذه المتغيرات ضعف الدولة العثمانية، وتقسيم أملاكها إلى مناطق حماية بين الدول الاستعمارية - سقوط الممالك الإسلامية في القرم والقوقاز، وانفتاح الطريق أمام الروس لاحتلال ممالك آسيا الوسطى الإسلامية [١٩].

ومنذ ذلك الحين، بدأ الروس يعدون العدة لتثبيت دولتهم وبسط سلطتهم، فتوجهت جيوشهم بوحشية بربرية زاحفة نحو الشرق لإخضاع تلك البلاد الإسلامية الشاسعة والقضاء على سكانها الآمنين المطمئنين. وفعلاً، وصلت الجيوش حتى أقصى حدود تركستان الكبيرة بعد أن استولوا على كل مدن هذه المملكة، التي كان قد تفشى فيها التفكك والانشقاق وقيام دويلات تشبه ملوك الطوائف. وكانت تركستان إذّاك مقسمة إلى ست دول: دولة بني أوزبك في ما وراء النهر، ودولة بني بادكار في خوارزم، ودولة بني قوندي في الشمال الغربي لسيبيريا، ودولة أمراء مانفيت - نوغاي في غربي ولاية قازقستان، ودولة سلاطين قازان في الشمال الشرقي لقازاقستان، ودولة بني جغتاي (روغلات) في تركستان الشرقية. ثم تجزأت تركستان فيما بعد إلى ثلاث إمارات: إمارة فرغانة وإمارة خيوة وإمارة بخارى، استولى عليها الروس القيصريون عام ١٨٧٥م، ثم عام ١٨٨٥م، ثم عام ١٨٨٦م، وجعلوها تحت الانتداب. ولم تفد مقاومة التركستانيين لهذا الغزو الذي دام قرابة أربعين عامًا [٢٠].

وفي النصف الأول من القرن التاسع عشر، ركز القيصر نيقولا الأول (١٨٢٥ - ١٨٥٥ م) جهوده للسيطرة على منطقة القوقاز؛ ولتحقيق هذا الغرض، تم بناء خط من الحصون لمحاصرة هذه القبائل والقضاء على مقاومتها. وبانتهاء حرب القرم عام ١٨٥٦م، تم تكثيف الحملات العسكرية ضد الشيخ شامل حتى اضطر إلى الاستسلام في ٢٥ أغسطس ١٨٥٩م [٢١]، ونجح الأمير الروسي باريانسكي في الاستيلاء على حوانيت العاصمة. وكان القضاء على ثورة الشيخ شامل في القوقاز معناه تأمين الوضع العسكري في المنطقة، فبدأ التقدم الروسي في خانات آسيا الوسطى والتي كانت مناطق مجهولة تمامًا للدول الأوروبية والعالم الغربي حتى أطلق عليها «الأرض المجهولة» [٢٢].

هذا، في الوقت الذي أدرك فيه قياصرة روسيا خطر الإسلام عليهم؛ حيث اعتبروا أنفسهم الورثة الحقيقيين للإمبراطورية البيزنطية، وأنهم حماة المذهب الأرثوذكسي، وأن عليهم العمل على نشره بزعزعة العقيدة الإسلامية من نفوس المسلمين. وهذا ما حدث فعلاً بعد إتمام التوسع في منطقة آسيا الوسطى [٢٣].

ومهما يكن من أمر، فقد كانت هذه المتغيرات سببًا في وقوع كل من الدولة العثمانية وممالك آسيا الوسطى تحت النفوذ الاستعماري المباشر، بحيث بدأت تتعالى في الآفاق صيحات من هنا وهناك للعودة لرابطة الجامعة الإسلامية من جديد[٢٤].

## القوقاز تحت نير الشيوعية

دخلت روسيا وما كانت تسيطر عليه من أراضٍ عهدًا جديدًا في أعقاب نجاح البلاشفة بزعامة لينين في الاستيلاء على الحكم في نوفمبر ١٩١٧م، ثم أطلقوا على أنفسهم: «الحزب الشيوعي الروسي». وقد خاضت روسيا غمار حرب أهلية (١٩١٨ - ١٩٢٠ م) أسفرت عن منح روسيا الحكم الذاتي لجمهوريات، وأقاليم بداخلها، كان أولها بشكيريا في مارس ١٩١٩م، وبعد ذلك تتاريا وغيرها... ثم جمهوريات وأقاليم إسلامية، وغير إسلامية، حصلت كلها على الحكم الذاتي.

وكانت جمهوريات القوقاز قد ظهرت أمرًا واقعًا بالفعل منذ عام ١٩٢٠م. ومنذ ذلك التاريخ، تم ضم أربعة أقاليم إلى أرمينيا هي: أروزوم، وترابزون، وفان، وتبليس. وفي آخر عام ١٩٢٢م، أقطع إقليم نخشيفان من أرمينيا، وتم ضمُّه إلى أذربيجان ليصبح سببًا مستديمًا للتوتر بينهما. وبموت لينين عام ١٩٢٤م، شهد الاتحاد السوفييتي صراعًا حول السلطة، حسمه ستالين لصالحه، ومن ثم أعلن عام ١٩٢٩م ضرورة الإسراع بالتحول إلى الشيوعية التي كان قد اعتبرها بمثابة عقدية (Creed)، وأطلق عليها «الماركسية - اللينينية».

ومنذ عام ١٩٣٦م، تم تقسيم القوقاز إلى جمهوريات مستقلة هي: أرمينيا، وأذربيجان، وجورجيا؛ وأصبحت أبخازيا، والإظهار، وأوسيت أقاليم ذات حكم ذاتي. وقد شهدت فترة حكم ستالين، التي دامت حتى عام ١٩٥٣م، ألوانًا من القهر والسخرة في العمل؛ فقتل عشرات الملايين، أو طردوا، أو سجنوا، أو شردوا، وتم القضاء على الملكية الفردية، كما شنق مئات الآلاف ممن أطلق عليهم: «أعداء الشعب»[٢٥].

وقد تعرض المسلمون خلال تلك الفترة إلى صنوف القهر والتعذيب والتشريد والتهجير والإجبار، وإلى تقسيم أراضيهم والاقتطاع منها، وتهجير الروس والأوكرانيين إليها، بهدف تغيير التكوين «الديموغرافي»، والعرقي، والديني لهذه الأقاليم[٢٦]. ومن ناحية أخرى، فرضت على المسلمين اللغة الروسية لغةً رسميةً، ولغةً للتعامل في كل نواحي الحياة؛ فانفصل معظم المسلمين عن كتاب الله وسنة رسوله صلى الله عليه وسلم، وعن كتب الفقه، التي لم تكن مكتوبة باللغة الروسية... وصار من بقي من علماء المسلمين المسنين يعلّمون الإسلام لمن يتيسر له ذلك سرًّا![٢٧]

وزاد الطين بلة، عندما مارس الروس نشر الأيديولوجية الإلحادية بين صفوف المسلمين، مع تجذير الثقافة الشيوعية، بالإضافة إلى تحطيم نظام الأسرة القوي المتماثل لدى المسلمين، وإطالة وقت عمل المرأة بين الرفاق، ومنع الدراسة الدينية وتدريس اللغة العربية منعًا باتًا، ومنع الكتابة بالحرف العربي؛ وقد حول الحرف أولاً إلى اللاتيني، ثم حول بعد ذلك إلى الحرف الروسي.

وقد أوجد الروس الثغرة القوية بين مسلمي روسيا، مع أن الفكر الشيوعي يصطدم أساسًا مع القوميات. ولهذا قسم الروس المناطق الإسلامية إلى ست جمهوريات، وجميعها محكومة بالمستعمر الروسي المتمثل في سكرتير الحزب الشيوعي في كل منطقة من هذه المناطق.

واسم «جمهورية» ليس إلا مجرد اسم. والواقع المر أنها مستعمرات روسية يدير شؤونها موظفون من موسكو. ولهذا، فإن سياسة روسيا تعتمد على أن يكون السكرتير الأول والثاني في كل جمهورية من هذه الجمهوريات الإسلامية روسيًا، وليس محليًا مهما تظاهر بالشيوعية. وكان تولي المسلمين للمناصب العامة أدنى كثيرًا من نسبتهم الحقيقية إلى كل الشعوب السوفييتية [٢٨].

وقد ساعد على تمكن السلطات السوفييتية من السيطرة على بلاد المسلمين في وسط آسيا والقوقاز انضمامُ بعض المسلمين - ممن تأثروا بالثقافة الروسية، وتعلموا في مدارسهم وجامعاتهم، لأكثر من ثلاثين عامًا- إلى الحزب الشيوعي. ومن ثم تولوا مناصب هامة في بلادهم، وأصبح ولاؤهم للسلطات السوفييتية [٢٩].

هذا، وبعد أن حاصر الألمان الروس في أوروبا أيام الحرب العالمية الثانية ووصلوا إلى ١٥٠ كلم قرب موسكو، وحاصروا لننكَراد (بطرسبورغ الحالية)، وقطعوا طريق الوصول إلى جمهوريات القوقاز، نقل الروس مصانعهم الضخمة التي تنتج الصناعات الثقيلة والحربية إلى أراضي جمهوريات آسيا الوسطى السوفييتية. وبما أنهم كانوا بحاجة إلى مزيد من الجنود للدفاع عن الاتحاد السوفييتي المهدد بالألمان، فقد منحوا نوعًا من الحرية الدينية لمسلمي آسيا الوسطى، وسمحوا بفتح مسجد في كل مدينة كبيرة كثيفة السكان. وفي عام ١٩٤٤م، أسست في مدينة باكو الإدارة الدينية لمسلمي ما وراء القوقاز، وهي تدير شؤون المسلمين من الشيعة والسنة في أذربيجان وجورجيا. وكان رؤساء مثل هذه الإدارات الدينية من دعاة الإسلام المستضعفين المضطرين إلى طاعة أوامر موسكو [٣٠].

ومؤخرًا، حدث ما لم يكن في الحسبان؛ إذ أخذت قوة اتحاد الجمهوريات الاشتراكية تتجه إلى الهبوط حتى وصل الأمر إلى انهيار الاتحاد السوفييتي. وفي الثامن من ديسمبر ١٩٩١م، أعلن رؤساء ثلاث جمهوريات سوفييتية، في خطوة غير مسبوقة، إنشاء كومنولث جديد ونهاية الاتحاد السوفييتي [٣١]. {ويأبى الله إلاّ أن يتمّ نوره ولو كره الكافرون}.

---

## مصادر البحث

(١) محمد صبحي عبد الحكيم، «الجمهوريات الإسلامية عبر الحاضر للمستقبل»، مجلة شمس الإسلام، عدد تجريبي، ذو القعدة ١٤١٣ هـ/ مايو ١٩٩٣ م، ص ٥٤.

(٢) محمود طه أبو العلا، المسلمون في الاتحاد السوفييتي «سابقًا». دراسة اجتماعية واقتصادية وسياسية، ط. ١، مكتبة الأنجلو المصرية، القاهرة، ص. ٨.

(٣) محمود أبو العلا، المرجع السابق، ص. ٥٠.

(٤) عبد العزيز محمد عوض الله، «بين التركمان. دراسة أنثروبولوجية وتاريخية لتركمان آسيا الوسطى»، مؤتمر المسلمون في آسيا الوسطى والقوقاز، جامع الأزهر، ٢٨ ـ ٣٠ سبتمبر ١٩٩٣ م، مج. ٢، ص. ١٧٦.

(٥) عمر محمد الصادق أحمد، «اقتصاديات الجمهوريات الإسلامية في آسيا الوسطى. دراسة جغرافية»، مؤتمر المسلمون في آسيا الوسطى والقوقاز، المرجع نفسه، مج ١، ص. ٧٤.

(٦) Asia Centrala، Collection Autrement، Série Monde، No. 64، octobre 1992. عرض وترجمة أ. د. سلوى سليمان، مؤتمر المسلمون في آسيا الوسطى والقوقاز، المرجع نفسه، مج ٤، ص. ٣٦.

(٧) حسين مؤنس، أطلس تاريخ الإسلام، الزهراء للإعلام العربي، د. ت.، ص. ١٣٠، ١٣٢.

(٨) خليل عبد المجيد أبو زيادة، «جمهورية طاجيكستان الإسلامية ماضيها وحاضرها»، مؤتمر المسلمون في آسيا الوسطى والقوقاز، المرجع نفسه، مج ٢، ص. ٢٧٦.

(٩) الطبري، تاريخ الأمم والملوك، تحقيق أبي الفضل إبراهيم، دار المعارف، القاهرة، ١٩٦٠، ج ٨، ص. ٨٤.

(١٠) عبد الشافي محمد عبد اللطيف، «الفتح الإسلامي لبلاد ما وراء النهر وانتشار الإسلام هناك»، مؤتمر المسلمون في آسيا الوسطى والقوقاز، المرجع نفسه، مج ٢، ص. ٢٥.

(١١) الطبري، تاريخ الأمم والملوك، المرجع السابق، ج ٨، ص. ٨٤ وما بعدها.

(١٢) نصر الله مبشر الطرازي، «الجمهوريات الإسلامية في رابطة الدول المستقلة. ماضيها وحاضرها»، مؤتمر المسلمون في آسيا الوسطى والقوقاز، مج ٤، ص. ١٢.

(١٣) عبد الشافي محمد عبد اللطيف، «الفتح الإسلامي لبلاد ما وراء النهر وانتشار الإسلام هناك»، المرجع نفسه، مج ٢، ص. ٢٧.

(١٤) حسن أحمد محمود، ندوة الإسلام في آسيا الوسطى، المرجع السابق، ص. ١٦٧.

(١٥) عبد الشافي محمد عبد اللطيف، المرجع السابق، ص. ٣٩.

(١٦) سيد محمد السيد، «لمحات من تاريخ العلاقات بين الدولة العثمانية وممالك آسيا الوسطى والقوقاز»، مؤتمر المسلمون في آسيا الوسطى والقوقاز، المرجع السابق، مج ٢، ص. ٧٧.

(١٧) نصر الله مبشر الطرازي، «الجمهوريات الإسلامية في رابطة الدول المستقلة. ماضيها وحاضرها»، المرجع نفسه، مج ٤، ص. ١٣.

(١٨) عبد العزيز محمد عوض الله، «دراسة أنثربولوجية وتاريخية لتركمان آسيا الوسطى الإسلامية في النصف الثاني من القرن التاسع»، مؤتمر المسلمون في آسيا الوسطى والقوقاز، المرجع نفسه، مج ٢، ص. ٢٠٠.

(١٩) مصطفى دسوقي كسبه، المسلمون في آسيا الوسطى والقوقاز، هدية مجلة الأزهر، جمادى الآخرة ١٤١٤ هـ، ص. ١٢٨ ـ ١٢٩.

(٢٠) نصر الله مبشر الطرازي، «الجمهوريات الإسلامية في رابطة الدول المستقلة»، المرجع السابق، مج ٤، ص. ١٤.

(٢١)Raymand Beazley، Russia from the Varangians to Balsheviks ، Great Britain، 1918 ، p.45.

(٢٢) W. Morfill، The Story of Russia، London، 1904 ،. p. 322 ؛ وانظر: إلهام محمد علي ذهني، «التوسع الروسي في خانات آسيا الوسطى في النصف الثاني من القرن التاسع عشر»، مؤتمر المسلمون في آسيا الوسطى والقوقاز، مج ٢ ، ص. ١٤٨ وما بعدها.

(٢٣)Frederic Bondensted، Les peuples du Caucase et leur lutte d'indépendance contre la Russie، Paris، 1859 ، pp. 1-5.

(٢٤) المسلمون في آسيا الوسطى والقوقاز، المرجع السابق، ص. ١٢٩.

(٢٥)A. Almond Gabriel and R. Bingham، Comparative Politics Today، 3rd ed.، 1984 ، p. 302.

(٢٦) المسلمون في آسيا الوسطى والقوقاز، المرجع السابق، نقلاً عن د. فوزي طايل، ص. ١٥٣.

(٢٧) دائرة المعارف البريطانية، ص. ١٠٨٩.

(٢٨) محمد عبده يماني، «مسلمو آسيا الوسطى بين محنة الحاضر وتحديات المستقبل»، مؤتمر المسلمين في آسيا الوسطى والقوقاز، مج ٢ ، ص. ٩.

(٢٩) دائرة المعارف البريطانية، ص. ١٠٨٩.

(٣٠) نصر الله مبشر الطرازي، «الجمهوريات الإسلامية في رابطة الدول المستقلة. ماضيها وحاضرها»، المرجع السابق، مج ٤ ، ص. ١٩.

(٣١) مصطفى دسوقي كسبه، «المسلمون في آسيا الوسطى والقوقاز»، المرجع السابق، ص. ٩٦.

**الترقيم الدولي: ٠-٠٠-٦٢٦-٨٨٩-١-٩٧٨**

الأكاديمية السياسية الوطنية

القاهرة - اسطنبول